¡NO LA VI VENIR!

¡NO LA VI VENIR!

Para que la vida no te tome por sorpresa

FERNANDA FAMILIAR

Grijalbo

¡No la vi venir!
Para que la vida no te tome por sorpresa

Primera edición: septiembre, 2012
Primera reimpresión: noviembre, 2012
Segunda reimpresión: enero, 2013

D. R. © 2012, Fernanda Familiar

D. R. © 2013, derechos de edición mundiales en lengua castellana:
Random House Mondadori, S. A. de C. V.
Av. Homero núm. 544, colonia Chapultepec Morales,
Delegación Miguel Hidalgo, C.P. 11570, México, D.F.

www.megustaleer.com.mx

Comentarios sobre la edición y el contenido de este libro a:
megustaleer@rhmx.com.mx

ISBN 978-607-311-141-6

Impreso en México / *Printed in Mexico*

Índice

Dedicatoria

Natalia, Santiago:

Cuando ¡no la vean venir! encuentren, internamente, la fuerza suficiente para sacarse adelante. Cuentan con ella, no tengan miedo, únicamente es cuestión de guardar silencio y escucharla. Sólo entonces podrán dar un primer paso con buen rumbo.

La vida, mis hijos, es un estar de forma única e irrepetible. Y en ese trayecto, aprender a tenerse a uno mismo es sabio.

Agradecimientos

Los reconozco con gran sinceridad con la palabra *gracias,* porque sin el apoyo de cada uno de ustedes este trabajo no podría estar impreso. Su ánimo, entrega y complicidad me han dirigido a desahogar historias que llegarán a manos de personas que tampoco ¡la vieron venir! Este trabajo lo hicimos juntos y es ya una realidad. Gracias por dar vida a estas páginas de reflexión (en orden alfabético) a:

Roberto Banchik

Jorge Bucay

Blanca Charolet

Pedro Ferriz de Con

Daniel Goleman

Avith Gutiérrez Reyna

Emilia Kanan

Dania Mirelle Domínguez

Raymundo Morado

Gilda Moreno Manzur

Érika Pedroza Luna

Cristóbal Pera

Cristina Pereyra Gálvez

Sandra Schaffer

Gracias a mi papá, por su desenfado para vivir. Ha sido una gran lección.

Y gracias a mi mamá, porque ella fue la primera en enseñarme que aunque, como en su caso, ¡no la veamos venir!, aprendemos a salir del fondo profundo de las sorpresas incuestionables y afrontamos las diferentes circunstancias con amor, entrega, dedicación, responsabilidad, ganas, compromiso y mucho agradecimiento por sabernos una posibilidad en esta vida, única e irrepetible.

Prólogo

Con un lenguaje claro y lleno de palabras verticales —de esas que cortan de tajo una posible mala interpretación— refiere Fernanda una serie de eventos y circunstancias propios de nuestra época.

Comunicadores como ella asumen su rol de advertir a la sociedad de una casuística real, por la que literalmente no hay apuesta posible que te permita advertir consecuencias que luego son lógicas, una vez que pasan por el doble tamiz de la experiencia. Esa que te permite navegar con un radar que esta vida moderna no enciende, seguro por premura, candidez o simple falta de inteligencia.

Un compendio de hechos, que no son novela por lo reales, te lleva de la mano a través de escenarios que, una vez que los decantas, acabas bosquejando una sonrisa por el desenlace que sobreviene, el cual resulta inopinado, sorpresivo, contundente, extraño... pero siempre aleccionador. Nos muestra la fragilidad de la que estamos hechos; aquello que permitimos y nos permitimos. Pero sobre todas las cosas, el sabor de boca que al final deja es que ¡todo puede suceder!

Transitar por las líneas que estás a punto de recorrer será una delicia, digna de un buen libro escrito con conciencia para dejarte ese "algo" que se busca al leer. Enriquece tu interior, que acabará agradeciendo la aventura.

¡No la vi venir! es una crónica de nuestro tiempo. Narrativa de la vida... de muchas vidas que se entretejen de sublimidad y horror. De sorpresa y oprobio. De risa y desencanto. Representa la suma de lo que somos. De eso que llamamos "público", que, aunque resulta una palabra demasiado plural, también es la suma de lo más íntimo de la individualidad. Tanto así que sin sentirlo, la propia autora desnudará sus miedos, reflejados seguro en los que, queriendo o no, también cargará el lector en algún sitio de su mente.

Los grandes autores y los títulos más trascendentes de la historia de la literatura siempre son el resultado de echarse a cuestas la tarea de narrar lo más simple. Hablan del barro del que estamos hechos, la circunstancia en la que se dan las cosas y el fondo de un mensaje susceptible de ser capitalizado. Ése es el Quijote, los cuatro libros del virtuoso caballero Amadís de Gaula o *El laberinto de la soledad*… Dimensiones que nos muestran de frente y de perfil. Por arriba y por abajo. Acciones y reacciones, a veces lógicas, otras no.

…Te dejo, lector, estarás ansioso de saber lo que te enuncio encriptado. Ya volverás a referirte a estas líneas para constatar mis dichos. Bien vale la pena hacerse a la mar de estas palabras. Cuando llegues a puerto, serás un poco mejor que al haber partido. Un tanto más sabio… por lo leído.

Con mi profundo sentimiento

PEDRO FERRIZ DE CON

Introducción

Decidí el título de este libro en una ocasión en que, al compartir con una gran amiga de siempre un momento crucial de mi vida, me descubrí diciéndole: "Te lo juro, ¡no la vi venir! Jamás me pasó por la mente que fuera a ocurrir eso, ¿cómo? No jodas, la vida me tomó del cuello, me zarandeó y no supe por dónde..." Al escucharme, me detuve en el relato que le compartía con gran intensidad, guardé silencio... y me pregunté: "¿De verdad no la viste venir?" ¡No! Me agarró en curva, todo dio un giro de ciento ochenta grados. ¡No la vi venir, chingao! Era sincera con mi amiga, todo para mí había sucedido cuando menos lo esperaba, de una forma muy dura y poco compasiva; pero de ahí a no saber que hubo momentos desgastantes, fríos, dolorosos, violentos... me estaba mintiendo.

Como yo, muchas personas percibimos señales, frases, instantes, corazonadas, gestos, abusos de confianza, detalles sutiles o formas poco entendibles. Sin embargo, reaccionamos como si "la vida nos tomara por sorpresa", cuando en realidad, dicho en palabras claras, ¡pura madre!, porque vemos, nos damos cuenta, lo notamos, pero ¡hacemos como que no vemos, no oímos, no hablamos! Y luego pagamos las consecuencias.

Historias me han contado muchas, otras me ha tocado vivirlas de cerca y unas las he experimentado en carne propia, a tal grado que me interesé en el psicoanálisis para entender por qué suceden. Tomé terapia mucho tiempo para lograr comprender por qué hay muchas situaciones inexplicables y parece que existe algo en la mezcla de la ilusión, del deseo, de las ganas, del amor, o ve tú a saber qué, que lleva a muchas personas a elegirse como víctimas de las circunstancias y quedar atónitas frente a lo sucedido, cuando era más que obvio que lo veían venir. En la vida es más fácil colocarnos en el papel de víctimas que hacernos responsables, sacar la cabeza y ser dignos frente a las circunstancias y consecuencias que también generamos; es más fácil elegir no ver que se nos abre un camino de conocimiento interno complejo pero necesario para salir adelante bien librados. Por el contrario, nos estancamos, nos atoramos, nos quedamos relamiendo nuestras pobres heridas hasta que hartamos, primero a los demás, por nuestro constante y eterno discurso de "lo perdí todo y mírame qué mal estoy", y después a nosotros mismos, por lo débiles y pequeños que somos ante nuestro propio ser.

¿A quién le gusta verse arrastrado por los infiernos de las emociones? A aquellos que no han logrado superar frustraciones, traiciones y miedos insanos; a aquellos que no revisan, se victimizan y hacen como que nada pasa ¡cuando todo está pasando! La vida levanta el tapete de quien sea y saca lo guardado ahí abajo; la forma es tan certera que una y otra vez, con diversas máscaras, nos hace reiterar nuestras decisiones porque no hemos logrado superar ciertos esquemas que nos enferman. La lección es que seguiremos cayendo en los mismos patrones de conducta hasta que nos demos cuenta y nuestras decisiones nos lleven a otras oportunidades más sanas, mejores y que nos hagan sentir bien.

Conozco el caso de Alberto, un hombre que en su momento fue muy exitoso, reconocido por sus logros, con una familia bellísima, una esposa e hijos muy valiosos, amigos entrañables... una vida con todo lo que se puede desear. Lo echaron de su trabajo por artimañas políticas y cayó en un hoyo profundo de enojo y rencor por la injusticia de la que había sido objeto. Empezó a beber mucho, a mentir, dejó el deporte, se endeudó, se alejó de sus hijos, acabó divorciándose y dando al traste con todo. Hoy vemos a Alberto y, más allá de causar pena, provoca coraje porque adopta de tal forma la actitud de víctima que cansa. Aquel hombre que tenía todo en sus manos para esquivar más de una piedra en el camino, se tira al suelo, se abandona y está solo. Nadie a su alrededor le aguanta el ritmo de negatividad, de queja, de contar una, dos y tres veces la misma historia de cómo lo corrieron y cómo merece una disculpa. Alberto es su propio enemigo. No hay forma de ayudarlo porque él no se ayuda. Culpa al que lo echó, culpa a su padre, culpa a sus hijos, a su ex mujer, a sus amigos... todos son responsables de lo que le pasa y esa amargura lo acompaña entre copas de vino hasta perderse.

¿Cuántos casos hay como éste? ¡Muchos! En los que es más fácil, insisto, ser víctima de las circunstancias que afrontar lo que sucede con dignidad y responsabilidad. ¿Que fue injusto que lo corrieran así? ¡Claro! No está en duda, pero, ¿y luego? ¿Ese acto es lo suficientemente poderoso para perderlo todo y perderse? Es la manera de Alberto de colocar en una situación toda su energía para no darse cuenta de que lo que no le gusta es perder, que sus niveles de frustración son muy bajos y que podrá pasar toda una vida esperando una llamada de quién sabe quién para ofrecerle una disculpa por haberlo corrido de un puesto político, uno de esos que, por cierto, siempre están sujetos a cambios imprevistos por intereses que se salen de las manos del propio Alberto.

Como ésta, algunas historias pueden incluso provocar carcajadas por su carácter inverosímil, en tanto que otras, con tintes dramáticos, terminan con la muerte de alguien. Y parece que esas historias, que se construyen a través de decisiones, están ahí, como flotando en el aire para ver quién las pesca, quién se anima, quién se juega esa ruleta rusa, sólo que ¡en la vida real y hasta comprando la bala!

Este libro reúne muchas de esas historias. Irás descubriendo casos en donde por enfermedad, amor, seguridad, muerte, amistad y otras tantas vivencias, suceden acontecimientos que nos dejan con la boca abierta. El objetivo al leerlos es reflexionar para ayudarnos a sufrir menos y responsabilizarnos más. Es un instante en el que surge la frase ¡no la vi venir! Pero el camino recorrido para llegar a ese instante es el tema de fondo.

Ver en otras personas y sus experiencias lo que podemos también ver en nosotros es un importante acercamiento a "darnos cuenta"... Y si ya de plano no logramos ver nada, entonces llegará la necesidad de depender de que alguien no tan despistado, que de verdad nos quiera, nos diga: "Foco rojo, cuidado", ¡y sí le prestemos atención!

¡No la vi venir! es también un conjunto de historias que nos enfrentan a la vulnerabilidad que envuelve a los seres humanos. Es entender cómo, de igual manera, hay eventos o situaciones que no están en nuestras manos, que no son nuestra responsabilidad y que nos suceden. Estuvimos ahí en el momento, en ese reloj de arena que no se equivoca por un grano menos, ni por uno más.

En esos casos, vuelve a surgir la pregunta: ¿víctima o cómplice? Y la respuesta es: víctima de las circunstancias que, sin importar cuáles sean, debemos afrontar con la misma fuerza o más que si fueran nuestra responsabilidad.

El título de este libro está en muchos tipos de historias. En las pocas probabilidades, en las decisiones, en las vivencias cotidianas. De alguna u otra manera, bien si eres responsable del camino tomado o si la vida te coloca en ese rumbo sin saber por qué, vale la pena encontrar el para qué suceden. Qué debo aprender de lo que me ocurre, de lo que me hace llorar, de lo que me enfrenta a mi lado más débil para fortalecerlo; qué debo entender de lo que me sucede y no comprendo... La vida es perfecta, así lo creo, no se equivoca ni un milímetro, por muy doloroso que sea el resultado de los impactos. Algo positivo surge y se compensa por otro camino.

Te invito a leer historias, casos en los que suele haber alguien que es la última persona en enterarse de lo que ocurre. Con tu inteligencia y capacidad como lector, como lectora, reconocerás que en ocasiones quien pensaba que no la veía venir no es siempre el protagonista de la historia. A veces puedes serlo tú como espectador.

Todos tenemos algo de fragilidad. Somos vulnerables a que nuestra historia cambie en un trayecto, en una discusión, en una encrucijada. Si tuviéramos conciencia de esto, viviríamos más felices, más gozosos, porque en un tronar de dedos todo puede dar un giro y teñirse de otro color.

No entiendo bien qué ocurre con los seres humanos; nos sentimos indispensables, únicos, nos vemos el ombligo como si sólo ése existiera. Nos involucramos en historias y las convertimos en tragedias, y pasamos la vida quejándonos, llorando, sufriendo, sin ver que todos y cada uno de nosotros también somos vulnerables y estamos expuestos.

Somos una maravillosa posibilidad. Es interesante saber que entre cien parejas que hacen el amor, ¡sólo una de ellas se embaraza y llega a buen término con ese embarazo, en el mejor de los casos! Somos un milagro, somos vida.

Sumamos en el planeta siete mil millones de personas. Esa cantidad se traduce a historias, formas de pensar, ópticas de vida distintas, pero todos, finalmente, necesitamos sólo respirar, comer y dormir. ¡Parece muy simple! Sin embargo, hay quienes no ven más allá de la puerta del vecino o de su propio ombligo. La vulnerabilidad humana es real y la entendemos, por ejemplo, frente a un desastre natural o un fenómeno inesperado. En esos casos ¡qué pequeños somos!, pero tomamos como garantía estar, lo damos por hecho y olvidamos lo fácil que es ¡no estar!

He visto a muchas personas tomar conciencia de su ser cuando enferman, por ejemplo. Ahí les cambian sus prioridades, revaloran, se humanizan, y me pregunto: ¿por qué tienen que pasar por algo así para darse cuenta del valor de estar? ¿Es sólo a punta de golpes determinantes como somos sacudidos para valorar lo que nos hace bien? ¡Cuidado! Porque a veces puede ser demasiado tarde. El tiempo no se detiene; con pila o sin pila, avanza.

Ahora estás, eres, y a ti te corresponde construir la mejor versión de ti. Creo que cuando la vida te toma del cuello es para demostrarte que no controlas lo que crees controlar. Es una zarandeada necesaria para conocer tu humildad, para saberte un "sencillo" milagro de vida y no perder el tiempo en culpar, ofender, en no perdonar. Necesaria para conocer tus heridas, tus huellas, para caminar más ligero y con dignidad.

A distancia, las historias aquí presentadas nos permiten ver cómo nos vamos metiendo y metiendo en el asunto por nosotros mismos, sin ayuda del otro. Nos ponemos, como dicen, "de pechito" para que nos llegue la estocada. Y considero que, peor aún, sabernos vulnerables en situaciones ante la mirada de otros nos lleva a guardar silencio y no compartir lo que de fondo nos afecta, para no ser juzgados o criticados. Poco a poco esos silencios nos matan por dentro. Encontrar a un escucha confiable puede llevarnos a un camino positivo, porque hablar de nosotros ante alguien es escucharnos y sabernos.

Este trabajo abre puertas internas, brinda posibilidades de abrir cajones cerrados para no sufrir, y es también una franca reconciliación con nosotros mismos, con nuestra fragilidad y nuestra responsabilidad.

En cada capítulo leerás algo sobre la condición humana, las pasiones, los arrebatos, las entregas y los fracasos inesperados; objetivos no cumplidos, circunstancias que te colocan en el lugar "incorrecto" pero necesario para obtener una gran lección de vida.

Guardar el sufrimiento, no afrontarlo, es injusto para ti, ¡no lo mereces! Sacar, observar, compartir, reflexionar o cuestionarte las experiencias que han marcado tu vida, te hará crecer internamente. ¡Ya es tiempo!

No tengas miedo, confía en ti, escucha tu voz interna, esa que no se equivoca, esa que te susurra verdades que aparentemente no te conviene escuchar... Entiende que al final, si te niegas a prestarle atención, la única persona que se miente y que se engaña ¡eres tú!

Te invito, en el reflejo de otras historias tan valientes como la tuya, a recordar tus vivencias, a reconciliarte contigo y con las oportunidades de vida que, al fin y al cabo, son valiosas. Nadie te sacará de esas zonas oscuras que te entristecen, que te enojan, que te hacen rebelarte, que te duelen, porque sólo tú puedes afrontar con valentía y dignidad todo aquello que te has permitido vivir.

En el capítulo 1 de este libro encontrarás la historia que ha sido el núcleo para escribirlo.

En los capítulos 2 a 10 presento casos o historias relacionados con temas de vital importancia para nuestro desarrollo, como son amor, sexualidad, economía, salud, muerte, trabajo, familia, amistad y seguridad.

En los capítulos 11 a 15, expertos interdisciplinarios —una psicoanalista, una especialista en neurociencias, un filósofo y dos escritores— abordan temas como la resiliencia, los tipos de personas que existen en una relación, el hecho de no querer ver lo que debiéramos ver, la culpa, así como la autoconciencia y el autocontrol. Estos temas nos hacen reflexionar y nos brindan herramientas para evitar llegar a la situación en que tengamos que exclamar: ¡no la vi venir!

En el capítulo 16 presento el cierre del caso central de este libro y mis conclusiones generales.

En el capítulo 17 doy crédito de manera detallada a las personas a quienes recurrí para enriquecer este trabajo.

Por último, en el índice onomástico incluyo a las personas e instituciones cuyo trabajo consulté para fundamentar la información presentada en los capítulos.

Deseo que durante la lectura de estas páginas existan breves instantes en que te sorprendas, contengas el aire y digas: Ésa... ¡no la vi venir!

Habrá historias sobre las cuales presento una reflexión que he llamado "En el tintero"; habrá otras, unas cuantas, en las que dejo dicha reflexión a tu imaginación.

FERNANDA

1. Ella ¡no la vio venir!

—Te aviso que ya me voy.

  —¿A dónde?

  —Ya me voy.

  —¿Cómo? No te entiendo, ¿a dónde vas?

  —Ya me voy, ya no te quiero.

Guardó silencio, no entendía lo que escuchaba. Las curvas de la carretera empezaron a marearla más, deseaba regresar el tiempo y convertir los sinsabores que existen en cualquier relación en oportunidades superadas. Aquellas palabras, "ya no te quiero", sonaban determinantes, retumbaban en su mente, en su inteligencia, en sus ganas de que permanecieran juntos, en sus buenos deseos de construir una familia. Ahora parecía demasiado tarde.

No entendía bien cuándo fue, cómo fue, pero empezaba a sentir abandono, rechazo, miedo, frustración, ganas de gritar y bajarse del coche, de correr y correr para no enfrentar ese rompimiento brutal e inesperado. Apretó las manos, brotaron lágrimas de sus ojos. Miró por la ventana, afuera todo parecía tener movimiento, pero ella permanecía en silencio.

¿Qué palabras podrían seguir después de ese "ya me voy, ya no te quiero"? ¿Agradecimiento por la honestidad?, ¿enojo por la forma?, ¿reclamo por la inconformidad?, ¿miedo por el abandono?, ¿un grito de "estás loco"?... Qué más daba, esas palabras habían salido de su boca sin mesura, sin control, sin cuidado de no lastimar lo mucho o poco valioso que aparentemente quedaba entre ellos. Su forma era contundente, hasta cruel, pero ¿era lo que sentía?... Borrar lo dicho era imposible. En su mente entonó una canción que le recordaba las noches en que su mamá la calmaba para conciliar el sueño; se sentía igual que entonces: muy vulnerable, desprotegida, inmersa en un sueño, como en una pesadilla de la cual ya no despiertas.

  —¿Por qué? —preguntó con miedo.

—Algo se rompió hace tiempo y ya no te quiero.

De nuevo, la frialdad de sus palabras avivaba la vulnerabilidad. La sinceridad con la que parecía expresarse era contundente.

—¿Cuándo fue?

—No lo sé, hace tiempo, quizás hace mucho.

—¿Hay alguien más?

—No, el hecho de ya no quererte no tiene que ver con alguien más.

—Menos mal...

¿Menos mal? No. Buscaba motivos para poder aferrarse a algo, a alguien, para justificar lo que venía por delante. Ella sabía que para los dos no había sido fácil. Muchas discusiones, mucho desgaste, violencia... pero la terapeuta dijo que si querían lo podían lograr. Que el compromiso y la responsabilidad suplen en ocasiones al amor en los trayectos que viven las parejas para adquirir solidez. Que había muchas cuestiones positivas en ambos, las cuales, si lograban valorarlas y cuidarlas, les permitirían estar juntos. Por ellos, por sus hijos.

Todo llegaba a su mente como si fueran golpes, pero de ideas, de recuerdos, de momentos vividos también muy positivos para los dos; de complicidad, de apoyo incondicional, de diversión y compañía.

—¿Cuándo te vas?

—Pronto, muy pronto.

¿Pronto? Esa respuesta provocó más dudas. ¿Cuándo? ¿Por qué tiene que ser así? ¿Por qué ahora en este trayecto? ¡No es verdad! Se negaba a comprender la profundidad de la ruptura. Quería preguntar más, mucho más, pero esa sola respuesta: "Pronto, muy pronto", la hundía otra vez en el recuerdo de aquella canción que al escucharla de niña la hacía sentirse protegida, rodeada de calidez y seguridad.

No había más que decir o, simplemente, no quiso decir más.

Él se marchó siete días después. Todo sucedió en forma tan rápida, que no fue sino hasta pasado mucho tiempo que pudo digerir aquellos días previos y la historia completa. En nombre del amor y de la posibilidad de construir una familia justificaban su deseo de permanecer unidos y superar juntos lo que fuera para sacar adelante ese matrimonio, pero a partir de ahora la realidad la enfrentaba por otro camino que debía recorrer ella sola con sus hijos.

EN EL TINTERO

Hay verdades que nos toman por sorpresa y aparentemente en su momento no conviene escucharlas, pero la vida no se equivoca. Aquel "ya no te quiero" impulsó a nuestro personaje a construir, con el tiempo, el amor por sí misma, por la vida, por sus hijos, por su familia, por sus amigos incondicionales. Esto le permitió percatarse tanto de sus propios errores como de los ajenos. Dimensionar. Recuperarse poco a poco de las heridas archivadas que con el tiempo no se miran, se guardan en un cajón porque la fuerza de los deseos, el querer profundamente, las ganas, la voluntad, son fuertes y sólidas... pero las heridas ahí están y duelen, y es obligatorio sanarlas.

Las formas en que algunos llegan a hacer algo son cuestionables. Hay algunas muy dolorosas, que silencian, que paralizan, que amedrentan, que restan y nos pueden llevar a hoyos muy negros y hondos. Todo redunda en cómo tomemos la decisión, cómo la expresemos; siempre cabe el "no hagas al otro lo que no te gustaría que te hicieran"... pero aun en ese caso, en lo más oscuro surge la posibilidad de agarrarnos de los pelos y sacarnos de esos hoyos negros, tristes y profundos a los que la vida nos arrastra sin consideración.

Como mecanismo de defensa convertimos lo negativo en positivo porque sabemos lo doloroso que sería enfrentar un fracaso, un final no feliz, y subtitulamos esas historias que marcan nuestra vida con la frase ¡no la vi venir!...

¡No la vi venir! Pero ¿cómo sucedió? ¿En qué momento? ¡No la vi venir!

En realidad, ¿no la viste venir o no quisiste verla venir? Y ahí, en esa sutileza del juego de palabras, el significado cambia y surge la pregunta: al final, ¿eres víctima o cómplice de esos capítulos que llamamos inesperados y que parecen tomarte por sorpresa? Víctima tal vez por las formas o cómplice porque no querías ver, no deseabas que al hacerlo se destruyera lo que, al final, tampoco existía.

Los miembros de una pareja no saben cuánto han sido lastimados o cuánto han lastimado hasta que ambos tienen que enfrentarse a un fracaso rotundo. Uno, en el nombre del amor, justifica lo que de buena manera puede justificar e intenta sacar adelante la relación, en tanto que la otra persona decide abandonar la lucha en nombre de sí misma y por sus propios motivos.

En este sentido, es pertinente referirnos aquí a los tres monos místicos o los tres monos de la sabiduría, esculpidos en madera en el Santuario de Toshogu, en Japón: Kikazaru no oye y con el sentido de la vista observa a quienes cometen malas acciones, lo que le transmite verbalmente a Mizaru, que no ve y le lleva los mensajes transmitidos a Iwazaru, que no habla, y es quien se encarga de determinar el castigo que se aplicará a ciertas acciones.

Depende del enfoque, aun cuando la consecuencia de ruptura aplica para ambos. Estén o no de acuerdo. Hay, con respecto a los tres monos místicos, otra versión: ésta dice que Kikazaru no oye, pero esto no es necesario porque es capaz de ver y de hablar. Mizaru no ve, pero no necesita hacerlo para entender lo que sucede. Iwazaru no habla, pero no lo necesita para tomar decisiones con base en lo que vio y oyó.

¿Te das cuenta de cómo desde cada perspectiva tomamos decisiones de acuerdo con nuestras motivaciones personales? El panorama es muy extenso y no sólo hay una versión de las decisiones; diversas circunstancias nos llevan a tomar un camino u otro con base en lo que queramos ver, oír o hablar. Y si en algún caso las motivaciones no empatan, las personas —y sus historias— terminan por no llegar a un acuerdo porque partieron de un desacuerdo, dadas sus visiones distintas. Lo que puede ser benéfico para uno puede no serlo para el otro.

2. El amor: ¿dura para siempre?

Hablar de amor es complejo. Su significado parece ir de un extremo a otro y mantenerse poco en el equilibrio. Creo que la palabra *amor* es una de las más usadas y mal entendidas en los últimos tiempos. Dejando a un lado el tema romántico, las interrogantes son: ¿Qué implica el amor? ¿Cómo se siente el amor? ¿Cuándo se le llama amor? En este capítulo encontrarás historias que te harán reflexionar a fondo sobre esta palabra que se utiliza en muchos momentos, pero pocas veces tiene que ver con el amor real.

Ortega y Gasset llamaba al amor ese estado de "imbecilidad transitoria", en tanto que otros autores lo han relacionado con el actuar sin pensar; supuestamente, lo más cercano al embrutecimiento y a lo que genera llanto producto del sufrimiento está relacionado con la "intensidad" del amor... Por mi parte, me identifico más con lo dicho por Gabriel García Márquez: "Ninguna persona merece tus lágrimas y quien se las merezca no te hará llorar". ¡Qué diferente! Porque no se trata de sufrir para encontrar el amor o de amar para encontrar el sufrir y confirmar de esta forma que entonces se ama intensamente. Lo curioso es que al escuchar historias de personas "que por amor han hecho...", confirmamos que no es muy comprensible hasta dónde puede llegar nuestro sacrificio por el otro, hasta dónde abandonarnos para darle paso al otro...

¿De quién aprendemos a amar? ¿O es que se nos enseña a hacerlo? En las mejores relaciones de familia, por instinto natural, amamos a nuestros padres, hermanos, abuelos... y años después, a nuestros amigos. ¿Son las condicionantes familiares y sociales las que marcan nuestro futuro amoroso? Parece que hay una distancia entre el amor de mamá y ese sentimiento que con los años se deforma en deseo, obsesión, obstinación o apego.

De la etapa en la que predomina el amor maternal o familiar pasamos a la etapa del amor romántico, el amor de pareja, al cual dotamos de significado de acuerdo con nuestros referentes culturales previos. Las mujeres, en particular, comenzamos por asociarlo con cosas etéreas, místicas, volátiles... pero no sin razón. Devoramos y creemos los cuentos de las princesas rescatadas por el príncipe azul —guapísimo y sin defectos— que llega a nuestra puerta a caballo, que nos contempla deslumbrado, nos hace bailar flotando en el aire, nos toma delicadamente de la mano y nos besa con pasión, sin fin. Pero las historias nunca nos hablarán del desencuentro, de una mala elección, de un abandono. Esas princesas parecían ávidas de amor, sin amarse a sí mismas. Estaban disponibles para el encuentro amoroso, sin saber siquiera cómo se llamaba aquel apuesto caballero. "Él es quien me rescatará para sentir amor...", pensaban. Transformamos la idea del amor en ilusión, ensoñación, fantasía y esperanza, lo proyectamos en historias imaginadas para después pasar al matrimonio, a la unión de las parejas en el nombre de este sentimiento.

Citando de nuevo a García Márquez, algún día me dijo: "El amor dura de hoy para mañana, el resto es compromiso y responsabilidad mutua". No entendí muy bien en su momento a qué se refería. La imagen que me forjé de aquel que nos rescata y que estará para siempre, a pesar de las circunstancias, la fundamentaba en el llamado amor. En su nombre luchamos por mantener una unión estable. ¡Qué equivocada estaba! Gabriel tiene razón: hay seres comprometidos, responsables, que logran relaciones duraderas a pesar de los obstáculos; otros "tiran la toalla" más pronto de lo que imaginamos, pero es porque no eligieron bien, porque no les nace internamente tener responsabilidad consigo mismos y ante el otro. Y eso no se juzga; simplemente, no se da, y hay que entenderlo.

Gracias a esos cuentos de princesas y príncipes; a la educación matriarcal y machista; a la larga trayectoria hollywoodense de películas románticas; a la publicidad tramposa, manipuladora y engañosa; al día de san Valentín; a los programas televisivos y las revistas que cuentan las historias amorosas —millonarias— intermitentes y agridulces de las celebridades; a las telenovelas mexicanas que nos acercan y alejan de nuestra insulsa existencia, y a nuestra terquedad de no querer ver la realidad, el amor también es un cliché muy valorado. En general, amor equivale a flores, chocolates, tarjetas, caminatas por el parque, cenas románticas, serenatas de amantes embrutecidos por el alcohol, besos forzados, abrazos hipócritas, matrimonios por conveniencia, portadas de revista... cuando el amor verdadero —para muchos— se vive en los hoteles, en las relaciones conscientes, comprometidas, responsables, honestas, reales.

En una visión de conjunto, es posible desterrar, o por lo menos matizar, el mito del amor romántico. A veces se asoma en los primeros encuentros de la pareja y poco a poco se va desvaneciendo, como el humo de un cigarrillo; en ocasiones coexiste con otras emociones; otras veces sólo se insinúa ligeramente, como entre sombras y nebulosas, y otras veces más de plano se desconoce. El propósito de esta reflexión [...] es señalar con toda claridad que en el mejor de los casos es sólo un ingrediente de la relación y que no tiene poderes mágicos. Por sí solo no hace que la violencia o el abuso desaparezcan ni tiene la potestad de transformar a la gente.[1]

Todo lo que ocurre en una relación de pareja es construido por ambos. Cuando somos conscientes de este sentimiento libre de prejuicios que es el amor, debemos cuidarlo, procurarlo, simplemente porque sabemos que somos importantes para nuestra pareja y ella lo es para nosotros. Y, sin embargo, ¿cuántas historias de amor hay con desencuentro? ¡El número es interminable! Cuando aseguramos que la vida no nos responde como lo hemos deseado o buscado, el amor también se vuelve lo más amargo; es dolor, decepción, frustración, desolación, angustia, desamparo, zozobra, fracaso, falta de compromiso, resentimiento, orgullo... ¿será que eso en realidad es amor?

En una relación de pareja guardamos muchas cosas debajo del tapete: por comodidad, por costumbre, por no atender los focos rojos, por no detenernos a analizar lo que nos molesta e incomoda, no queremos ver las señales que amenazan la relación y nos conformamos. Criticamos, confrontamos, pero al final nada sucede, nada cambia. Con el paso del tiempo aumentan la tensión, los reproches, los malos recuerdos. Seguimos confundiendo el amor con rutina, con costumbre, y nos

---

[1] Marta Torres Falcón, *Al cerrar la puerta*, México, Norma, 2005.

sorprenden las rupturas "abruptas"... No nos dimos cuenta de en qué momento comenzó la primera fractura o no quisimos verla.

¿Qué tipo de cosas son las que no se ven venir en una relación? Muchas, tal vez, si no pusimos atención previa en el otro. Por ejemplo, consideremos los aspectos negativos: si, en cualquier área de nuestra vida (trabajo, casa, amistades) somos personas a las que nos gusta ser líderes, tener el poder, asumir el control, enfrascarnos en la competitividad; si somos inflexibles, dominantes, egocéntricos, manipuladores, intolerantes, déspotas, impositivos, cerrados al diálogo y otras tantas características similares... difícilmente las haremos a un lado en nuestra relación de pareja. Podremos minimizarlas, disfrazarlas, pero no erradicarlas. Al mantenerlas, sin posibilidad alguna de negociación, la relación puede estar condenada al fracaso.

Hay que atender esas señales raras, lo que nos incomoda, lo que genera en nosotros una expresión de interrogación, lo que nos hace dudar, lo que nos molesta, lo que repudiamos. Es necesario vivir el amor dignamente desde el principio.

¿Evitar el amor es la solución? Nadie quiere sufrir, nadie quiere ser engañado, nadie busca fracasar ni vivir en la incertidumbre constante; sin embargo, sucede y siempre hay una corresponsabilidad en ello. El amor es un terreno sinuoso y placentero. No podemos dejar de intentarlo, no debemos negarnos la posibilidad. Tal vez la complicidad consciente, el verdadero trabajo de equipo, la desnudez del alma, las palabras exactas y dichas a tiempo sean factores que eviten la frase "no la vi venir".

Carmen: "¡Qué sorpresa!"

De viaje en España, Carmen se encuentra con Javier para vivir una verdadera historia de amor... Por fin solos, por fin juntos. Tiempo atrás planearon ese viaje de trabajo.

Lo que Carmen no esperaba es que su esposo, en aquella bolsa tan elegante que le regaló unos días antes de viajar, había introducido la suficiente tecnología para permitirle saber todo lo que sucedía con Carmen en ese viaje.

Durante aquellos días con Javier, Carmen no se apartó de la bolsa de mano, regalo de aniversario. Jamás imaginó que en ella se habían registrado todas las pruebas de su infidelidad.

EN EL TINTERO

El espionaje en las parejas es más frecuente de lo que creemos: relojes con microcámaras y micrófonos insertados, rastreadores GPS en tiempo real, micrófonos ocultos en distintos aparatos, grabadoras de sonido y minicámaras de vigilancia operadas a control remoto... productos para espías profesionales al alcance de cualquier persona han llevado a hurgar, descubrir, sentenciar y vulnerar, emocionalmente, a cualquier pareja.

La irrupción en la intimidad del otro es cada vez más accesible para quien lo desee, y aun cuando es un delito y muchos de esos productos están prohibidos en nuestro país, es muy sencillo conseguirlos. Ya no hay "secretos" si pretendemos conocerlos. Actualmente podemos recibir simultáneamente copia de todo lo que realizamos en nuestra computadora o teléfono celular, ¡aun cuando lo borremos! El avance tecnológico, la accesibilidad y cercanía de internet facilitan ocurrencias increíbles. Hay bolsas de mano con GPS integrado, Blue Tooth espía, códigos de acceso inmediato a celulares de cualquier tipo.

¿La intimidad? ¿Cuál? Hay agencias de mujeres espías que son contratadas por las esposas para seducir a sus maridos y sacarles información que terminará en manos de "la amada cónyuge". Hay hombres dedicados a la investigación de las esposas en tiempo y forma a través de la tecnología; despachos dedicados a "seguir" virtualmente a la persona para saber la realidad de sus andanzas.

Todo se registra, a todo se tiene acceso y pensamos que estar involucrados en el mundo tecnológico nos abre puertas. ¡Sí, claro!, pero también las abre a nuestra privacidad.

En el caso de Carmen, ella no vio venir la argucia ideada por su marido y resultó perjudicada al entregarse al amor que sentía por Javier, sin pensar en las consecuencias que podría pagar por ello.

Leticia: "Ahora resulta que le es infiel conmigo..."

Leticia descubrió que su marido tenía una relación con su mejor amiga. Tiempo atrás, ella le había solicitado a Germán que le diera trabajo a Magdalena, porque su situación era insostenible.

Al descubrir aquella infidelidad, Leticia decidió divorciarse.

Dos años después, Germán llevó a sus hijas a un parque de diversiones. Al regreso, Leticia las recibió e invitó a Germán a pasar a la casa mientras se despedía. Una cosa llevó a la otra y de pronto se dio cuenta de que estaban haciendo el amor nuevamente, después de tanto tiempo y de aquella etapa tan dolorosa...

—Está usted embarazada —le informó el médico durante su consulta.

"¿Embarazada de mi ex marido? Ahora resulta que Germán le es infiel a mi amiga conmigo...", pensó.

Germán negó que ese hijo fuera de él.

—¡Estás loca! ¿Cómo se te ocurre? Si tú y yo nunca hemos hecho el amor después del divorcio —rebatió con contundencia—. Lo haces para vengarte de Magdalena y de mí.

El abandono de Germán fue irreversible. Jamás volvió a ver a sus hijas, jamás volvió a esa casa... Leticia abortó, no podía mantener a un hijo más.

EN EL TINTERO

Cuando una relación termina, ¡se termina! Porque cuando no se cierran círculos, los asuntos quedan inconclusos y pueden lastimarnos. Las historias continúan, las expectativas y vínculos siguen vigentes.

Para Leticia era razonable que Germán le creyera y aceptara que sí era su hijo; resultaba obvio, pues habían tenido relaciones aquel día. Pero la sorpresa fue que él lo negó, aterrado por perder la relación con la que originalmente le fue infiel, y la abandonó por completo y para siempre. Eso Leticia ¡no lo vio venir!

Claudia: "...podemos arreglarlo"

Claudia y Gustavo se conocieron en la universidad. Al reencontrarse años después, esa química que no se dio durante casi cinco años de estudios empezó a fluir de maravilla. Tenían muchas cosas en común y, sin darse cuenta, ocurrió el flechazo. Meses después iniciaron una relación más formal. Entre tantos gustos que compartían se encontraba el deporte.

Claudia comenzó a correr con una amiga y fue adquiriendo más condición física. Compartía con Gustavo sus fotografías, sus tiempos... sus logros; tal vez pequeños, pero muy significativos para ella.

Llegó el momento en que lo invitó a correr. Aunque no lo escuchó muy animado, pasó por ella. Corrieron juntos para cuidarse todo el circuito. Regresaron a sus casas muy felices, ya que ésa era la primera de muchas carreras que tenían por delante.

Gustavo mostró gran interés por seguir practicando para mejorar su condición. Poco a poco se volvió una fijación para él mejorar sus marcas y rebasar los tiempos de Claudia, quien lo superaba por mucho.

Comenzaron las discusiones, las carreras ya no eran como antes. Ahora sólo se veían en la salida y en la meta; no había porras mutuas, ni apoyo en el trayecto. A Gustavo lo único que le importaba era superarla. Se burlaba y no se cansaba de repetirle que ya era mejor que ella.

Claudia no comprendía su actitud. Aquello se convirtió en una competencia brutal. Si ella ganaba alguna carrera, él se enojaba, la minimizaba, se justificaba argumentando cansancio, la dejaba en su casa y el día juntos terminaba. Como siempre, ella tenía que buscarlo y contentarlo. En cambio, si él ganaba, se vanagloriaba al grado de humillarla, situación que ella toleraba por conservar su relación de dos años.

Un día Claudia obtuvo el tercer lugar de su categoría. Se sentía feliz, orgullosa. Él se limitó a felicitarla con cierta expresión de molestia. El camino a casa de la joven fue más silencioso que de costumbre. Al llegar, ella quiso abrazarlo para calmar su disgusto, pero él se negó y le pidió que bajara del coche. "Luego te llamo", le dijo.

Claudia, un tanto harta de la situación, pensó que era un berrinche más. Pasaron los días y él no se comunicaba. Cuando ella le marcaba, siempre tenía un pretexto para cortar pronto.

Días después fue a verla y ella pensó que por fin se le había pasado el enojo. Gustavo llevaba unas bolsas con las cosas que tenía de ella: ropa, regalos y demás. Desconcertada, Claudia le preguntó qué sucedía.

Él fue tajante:

—No puedo estar con una mujer que sea mejor que yo.

—Son sólo carreras, no lo tomes así... si quieres, dejamos de ir —reaccionó Claudia.

Incrédulo, Gustavo dudó por un momento...

—Gustavo, no me vengas con esto, podemos arreglarlo —insistió ella.

—No entiendes —dijo él—, en mi casa las mujeres no pueden ser mejores que los hombres...

No volvió a verlo.

EN EL TINTERO

Hay quienes viven el éxito ajeno como un insulto; les causa frustración, envidia y resentimiento. No se les educa para respetar las habilidades y los logros de otra persona, y les ofende no ser mejores en
todo; simplemente no contemplan que es posible perder, lo toman
como una injusticia, y asumen la actitud de víctimas frente a circunstancias que los vulneran y exponen mostrando sus debilidades. Duele más el éxito ajeno que el fracaso propio. El deseo profundo es ver
caer al otro y sentirse gustoso de que eso suceda.

Por otro lado, la desgracia ajena constituye un deseo de venganza
cumplido. La inseguridad emocional, la amenaza del desamparo, los
sentimientos de inferioridad, se convierten en envidia, en una forma
de rendición; es decir, la humillación que se experimenta deviene en
rencor, en rivalidad.

"No entiendes, en mi casa las mujeres no pueden ser mejores que los
hombres", dice Gustavo y causa un gran asombro en Claudia, quien no
vio venir esa postura tan radical. La educación y el entorno en el que
nos desenvolvemos forman en nosotros las referencias con base en las
cuales elegiremos a las personas que nos rodean. A menudo nos vin-
culamos con perdedores para hacernos ganadores; es decir, esa fórmula no exige más de mí porque, en comparación con "los otros", ya no
soy tan malo, ya no soy tan perdedor, aunque no me esfuerce por ello.

Envidiar es saberse en la no posibilidad, y eso genera resentimiento,
antipatía, animadversión, enojo, coraje y rencor. Hay quienes compran
títulos, se corrompen o hacen trampa porque saben que por ellos mismos jamás podrían lograr algo. ¿Qué percepción tienen de sí mismos
para actuar así? En esas personas no existe el gozo de la admiración,
el compañerismo. No hay solidaridad ni crecimiento o desarrollo para
alcanzar objetivos; no hay emoción por el otro, ni capacidad de percibir los atributos positivos.

Alguien de este tipo resulta nocivo para el crecimiento del exitoso, del que se esfuerza por lograr una meta, del empeñoso, de aquel que invierte su tiempo para conseguir lo que anhela. Intentará por todos los medios no reconocer lo bueno en el otro, se planteará mantenerlo minimizado para preponderar o sobresalir ante él porque lo sabe con mejores posibilidades... o peor aún, como Gustavo, dará la media vuelta y desaparecerá de la vida de su pareja porque representa lo que él no puede lograr.

En cuanto a Claudia, con tal de que él no la abandone, se quede con ella y la relación continúe, sugiere incluso no ir ya a las carreras juntos... ¿Vale la pena abandonar lo que nos gusta, disfrutamos y hacemos tan bien para no hacer sentir mal al otro?... La respuesta es no; eso no es amor, eso es miedo a que dejen de querernos porque no cumplimos con las expectativas del otro, no nos adaptamos a sus necesidades o rebasamos su mediocridad. Hay muchas más palabras que definen lo que esto significa, por ejemplo: ego, falta de compañerismo, envidia... pero amor no.

¿Quiero verte mal y que dejes de hacer lo que te hace bien porque siento amor por ti? ¡Suena absurdo!

Julia: "A pesar de eso, nunca nos dejamos vencer..."

Julia y Juan José se conocieron mientras trabajaban en la misma empresa. Después de tres años de relación decidieron casarse. Se amaban y eran muy felices.

Lamentablemente, la crisis económica del país causó que su empresa hiciera un recorte de personal del cual ninguno de los dos salió bien librado. Tristes pero con deseos de salir adelante, buscaron empleo sin éxito y, antes de gastar toda su liquidación, optaron por iniciar un negocio juntos.

Decidieron poner una cafetería cerca de una escuela. El negocio tardó un poco en tener clientela, los primeros meses apenas les alcanzaba para pagar la renta.

—A pesar de eso, nunca nos dejamos vencer. Estábamos decididos a lograr que funcionara —dice Julia.

Aun con la cafetería puesta, no dejaron de buscar trabajo. Un día Julia recibió una oferta, la cual aceptó; ambos consideraron que era una buena oportunidad para que regresara al ámbito laboral.

El negocio se encontraba a nombre de ambos, pero a Julia ahora se le complicaría realizar trámites, de modo que decidieron poner todo a nombre de Juan José para facilitar las operaciones.

Debido a las nuevas ocupaciones de Julia, cada vez acudía menos a la cafetería, por lo cual afloraban las discusiones. Con el paso de los meses, el negocio marchaba cada vez mejor y contrataron a Mónica, una joven estudiante.

Juan José se encargaba de todo lo relacionado con la cafetería, salía temprano de la casa y llegaba por la noche. Las discusiones simplemente cesaron y él cambió con Julia: ya no le prestaba mucho interés y prefería estar siempre en el negocio.

Puesto que su economía ya fluía bien, Julia comentó con su marido que tal vez era el momento adecuado para tener un hijo, pero a él no le gustó mucho la idea. Ella, desconcertada, aceptó esperar, en tanto que él a veces la trataba de manera distante y seca.

Un día en que Julia no se sintió bien en el trabajo, pasó a la cafetería rumbo a su casa. ¡Cuál fue su sorpresa al encontrar a Juan José tomado de la mano de Mónica! Les exigió una explicación, pero Juan José le pidió que se retirara y le dijo que hablarían en casa.

Al llegar su esposo, Julia lo esperaba, dispuesta a escuchar su explicación. Con una actitud muy normal, Juan José le dijo que tenían que separarse porque Mónica estaba embarazada de él y quería hacer una vida con ella. Estupefacta, Julia lo escuchó pedirle que se fuera de su casa ya que el inmueble era de él.

Si algo tenía claro Julia era que la casa estaba a su nombre y su cónyuge no podía pretender que se fuera, él era quien tendría que hacerlo. Sin embargo, Juan José le mostró los documentos de cambio de propietario, firmados por ella. Julia se quedó helada.

Juan José le confesó que cuando realizó el cambio de nombre de los papeles del negocio hizo lo mismo con los de la casa y ella en ese momento, por confiar en él, los firmó y nunca tuvo el cuidado de leer de qué se trataba. Esa noche él no se quedó a dormir, tomó una maleta y antes de salir le pidió que sacara sus cosas a la brevedad. Julia no pudo conciliar el sueño, viendo una y otra vez en su mente los papeles con su firma.

Acudió con una abogada, pero como no había sido forzada a firmar nada y todo lo realizó consciente, nada podía hacerse; los documentos eran legales y no había marcha atrás. En menos de una semana sacó sus cosas, regresó a vivir con sus padres y los trámites de divorcio se pusieron en marcha.

Juan José vive en esa casa con Mónica y ambos manejan la cafetería.

EN EL TINTERO

Fraudes, robos, extorsiones, estafas, abuso de confianza, despojos y falsificación son delitos muy frecuentes entre las parejas. Los términos *devoción, confianza* y *fe* exponen a las personas a ceder, de manera consciente o no, sus pertenencias. El miedo, el amor o la depresión, por ejemplo, pueden llevarlas a decidir cuestiones que las vulneran y que no son razonables. Entender que un alto porcentaje de los delitos mencionados ocurren en un ámbito de confianza nos obliga a abrir los ojos y darnos cuenta de que todos somos susceptibles de ser engañados por el otro.

Confiar es tener una opinión favorable del otro; es no inquietarse o sentirse inseguro, en presente y futuro, por sus reacciones o acciones. Cuando esto falla, surge la inestabilidad, la inseguridad y la vulnerabilidad ante la persona que se pensaba confiable. Al final, la confianza resulta ser una hipótesis o una apuesta sobre la conducta futura del otro, y por eso se abusa de ella con tanta frecuencia. El asunto no depende de nosotros, sino del otro. Cuando confiamos en él o ella creemos que podemos predecir su comportamiento, pero no hay certeza de que esto se logre; como en cualquier juego de azar, existe riesgo.

Si bien la violencia física, verbal, emocional y sexual son las más conocidas, existe también la económica, y no son excluyentes entre sí; ciertas decisiones en la pareja pueden llevarnos a vivir cualquiera de estas situaciones. Por eso, tomar en cuenta que en cualquier momento puede suscitarse el maltrato —cualquiera de estas versiones de maltrato— en la pareja, es tener los pies en la tierra.

No sabemos de qué está hecho el otro hasta que desnuda su alma y muestra sus verdaderas intenciones. Así lo creo y a muchos nos ha pasado. Es importante recordar que, aun en la pareja, debemos establecer, de preferencia por la vía legal, cláusulas que protejan nuestros intereses y bienes. Por amor, por flojera, por confianza, por no leer, por creer...

pasamos por alto los pequeños detalles que pueden protegernos de perderlo todo, como le sucedió a Julia, quien, sorpresivamente, se quedó sin casa, sin negocio y sin marido... ¡despojada! en un tronar de dedos.

Rodrigo: "Mantuvimos en secreto una relación de un año"

La primera vez que Rodrigo vio a Monserrat sintió algo en el estómago. Fue invitada por su hija a comer a su casa, pues era su mejor amiga. Él no dejó de mirarla.

Fue fácil para él conquistar a una adolescente de dieciséis años.

Mantuvieron en secreto una relación de un año. La chica viajaba con Rodrigo y su familia, comían los fines de semana con su hija, las llevaba al cine, de compras... Fueron meses intensos hasta que un día ella le dijo que estaba enamorada de él.

Su respuesta fue prohibirle a su hija que Monserrat regresara a su casa. No volvió a verla. Ni su esposa ni su hija se enteraron del asunto, no se explicaban por qué después de tanta cercanía con la familia, Rodrigo había decidido que la joven no volviera...

No había mucho que explicar.

Alguna vez que pasó por su hija a la escuela, la vio... Era una lástima que hubiera confundido el deseo con el amor.

EN EL TINTERO

No hay que confundir el amor con placer, con dependencia, con deseo, con apasionamiento, con irracionalidad, y mucho menos con ilegalidad cuando se trata de una persona adulta que abusa de un menor de edad. El amor debe hacernos sentir bien, engrandecernos, permitirnos ser libres y crecer... todo lo contrario no es amor. Cuando se siente bien, se siente bonito, no nos hace llorar, no genera angustia, depresión, miedo o enojo; cuando se puede compartir con nuestros seres queridos, cuando para todos es una buena noticia, con seguridad es amor para nosotros también.

El amor sano se experimenta en crecimiento, no en limitaciones o en apegos. Es lealtad, comprensión, ayuda mutua, apoyo y respeto; nos da fuerza, no nos la quita; nos anima, emociona, aporta. No es confusión. Es plenitud, libertad, diversión, gozo; genera sonrisas, no esclaviza, no es perder o ganar sino sumar, no es egoísta; en él no cabe la incomunicación, es compromiso y responsabilidad... Fluye, es sencillo, no necesita explicarse tanto, es y no debe justificarse. Nos provoca bienestar mental, emocional, físico. Insisto: ¡nos hace bien!

En este caso los dos protagonistas podrían exclamar ¡no la vi venir! Monserrat, que no imaginaba que su amante terminara con ella de manera tan fulminante sólo por haberle declarado su amor, y Rodrigo, que no esperaba que ella se enamorara de él.

Valentina: "No quiere volver a casarse conmigo"

Llega el día de las bodas de oro.

Sus hijos organizan un fiestón en el que tiran, como se dice, la casa por la ventana. Ella, vestida de blanco como cincuenta años atrás, no sonreía. Su rostro mostraba resentimiento, enojo, hartazgo y una gran insatisfacción.

—¡Cincuenta años, tía! ¡Qué emoción! ¿Cómo te sientes? —le dice una sobrina.

—¿Cómo quieres que me sienta? ¿Tú crees que este hijo de la chingada no quiere volver a casarse conmigo ¡después de todo lo que lo he padecido!?

—¡Válgame, tía, hoy cumples cincuenta años de casada! ¿Pues cuándo fue que te permitiste dejar de vivir?

EN EL TINTERO

¿Cuántas personas conoces que han hecho alguna locura por recuperar a su pareja? Algunas incluso han dado la vida, muchas veces por amor, pero muchas otras por miedo a perder el estatus de una mujer casada, por ejemplo. Sin embargo, suele suceder que ese cónyuge no les reconoce "su valiosa aportación al matrimonio", llamada sacrificio, y, como en este caso, no está dispuesto a refrendar el voto que se dieran muchos años atrás. El hartazgo, la sensación de que aquélla es hoy una mala elección, invade a las parejas de rencor, de frustración y de desamor.

Valentina no imaginó que su marido no estuviera dispuesto a volver a casarse con ella. Sin embargo, caer en la trampa de acusar a uno solo de los miembros de una pareja es mortal. Recordemos que las relaciones son de dos y las dinámicas pueden ser muy diferentes de lo que parecen ante las versiones que cada uno cuenta.

3. La sexualidad: ¿el deseo acaba?

Este capítulo trata sobre ese tema tan crucial que es la sexualidad humana. Al poner en juego sus emociones y sentimientos, los protagonistas de los casos presentados no contemplaron que a través de sus vivencias podían resultar lastimados.

La sexualidad se expresa mediante el intercambio de besos, caricias y abrazos que suelen dar paso a una estimulación genital y al acto sexual en sí. En muchos casos el desarrollo de esta sexualidad implica sentimientos que también juegan un papel al generar un bienestar, dado que el placer físico se complementa con el emocional.

Como en todos los temas tratados en este libro, la sexualidad llega a causar efectos indeseables o francamente estragos en quienes no logran desarrollarse positivamente en este aspecto. El desempeño en este sentido y el contar o no con las condiciones necesarias para expresarla, pueden generar desequilibrio en algunas personas y dejar sus expectativas insatisfechas.

La Organización Mundial de la Salud (OMS) define la sexualidad humana como:

> Un aspecto central del ser humano presente a lo largo de su vida. Abarca el sexo, las identidades y los papeles de género, el erotismo, el placer, la intimidad, la reproducción y la orientación sexual. Se vive y se expresa a través de pensamientos, fantasías, deseos, creencias, actitudes, valores, conductas, prácticas y relaciones interpersonales. La sexualidad puede incluir todas estas dimensiones; no obstante, no todas ellas se experimentan o se expresan siempre. La sexualidad está influida por la interacción de factores biológicos, psicológicos, sociales, económicos, culturales, éticos, legales, históricos, religiosos y espirituales.

Hablar de sexualidad es también referirse a la salud sexual, la cual es un estado de bienestar físico, emocional, mental y social; requiere un acercamiento positivo y respetuoso ante la posibilidad de obtener placer en relaciones sexuales seguras, libres y desprovistas de amenazas, violencia y discriminación.

Existen derechos sexuales que deben respetarse y protegerse:

- Derecho a la educación sexual integral.
- Derecho a la libertad sexual.
- Derecho a la autonomía, integridad y seguridad sexuales del cuerpo.
- Derecho a la privacidad, equidad y placer sexuales.
- Derecho a la expresión sexual emocional.
- Derecho a la libre asociación sexual.
- Derecho a la toma de decisiones reproductivas, libres y responsables.
- Derecho a información basada en el conocimiento científico.
- Derecho a la atención de la salud sexual.

Conocer nuestros derechos conlleva un grado de responsabilidad, ya que donde terminan los nuestros inician los de la otra persona, quien igualmente debe experimentarlos y tener la posibilidad de vivirlos. Sin embargo, en este mundo muy pocas cosas se explican por sí mismas. Creo que debemos ponerlas en perspectiva y contexto casi todas para lograr entenderlas mejor. Los diversos aspectos de la sexualidad son así, tan elementales como complejos, tan poco explorados que se vuelven intrincados, confusos... vergonzosos o culposos.

Para comprenderla, no podemos hacer a un lado las transformaciones históricas que ha presenciado el mundo en términos de sociedad, política, entretenimiento, economía, tecnología y nuevos medios de información que han afectado la dinámica de las relaciones interpersonales. Por supuesto, la revolución sexual de la década de 1960, el descubrimiento de los métodos anticonceptivos, las movilizaciones en pro de la diversidad sexual y el papel cada vez más notorio de la mujer, han marcado la pauta para el conocimiento y la divulgación de la sexualidad, así como para la consecuente conformación de las relaciones amorosas en la actualidad. Es un hecho que, debido a la censura que con respecto al tema imperó generaciones atrás, muchos crecimos con conceptos equivocados, distorsionados, sin sustento, hasta risibles, que si lo pensamos bien, a la larga han sido motivo de relaciones amorosas fallidas.

Hoy, en el siglo XXI, los criterios han cambiado porque se han abierto espacios para abordar la sexualidad con menos censura, para sacudirnos la gran cantidad de tabúes e ideas falsas que sólo han servido para nublar nuestro criterio y nuestras ganas, e impedirnos disfrutar de uno de los ámbitos más libres que puede haber, el del erotismo, la sexualidad y, simple y llanamente, el sexo.

Sexualidad y sexo no son lo mismo. La sexualidad abarca un mundo de elementos en los aspectos intelectual, físico y psicológico: nuestra formación, nuestros conceptos, mente, ideas, conocimiento y autodefinición; nuestro cuerpo, y en especial nuestros genitales; la manera en que nos percibimos hacia afuera y cómo queremos que el otro nos perciba; lo que aprendemos en nuestra infancia y adolescencia; nuestros anhelos, pudores, vergüenzas, temores, ardores, arrojos, deseo… Por lo mismo, es un terreno amplísimo, subjetivo, personal; es el acto, la carne, el erotismo, los olores, los roces, las sensaciones, el gozo, la razón que se nubla y acaba por desaparecer… El sexo es lo masculino y femenino, lo que determina nuestro género. Es la biología y la mezcla de rasgos genéticos, es la condición orgánica.

No, reitero, sexo y sexualidad no son lo mismo. En su libro *Tu sexo es tuyo,* Sylvia de Béjar dice:

Cada ser es un mundo, y nuestra sexualidad, un rompecabezas muy complejo, incluso con algunas piezas muy distintas que quieren ocupar el mismo lugar. Por lo tanto, no existe una única forma de sexualidad femenina (masculina tampoco). Lo que a una le gusta puede que para otra sea insuficiente, desagradable e incluso cuestionable. No en vano somos diferentes: nuestra edad, nuestra educación, nuestras experiencias infantiles, la época en que nos ha tocado vivir, el mayor o menor temor a perder el control, las ganas de probar cosas nuevas, incluso nuestra religión y nuestra etnia, ¿y cuántas cosas más?, pueden influir en nuestro placer. Lo que importa es que descubras lo que quieres tú.

¡Cuánta razón tiene! Algo muy preocupante de esta época es dónde obtenemos información y qué hacemos con ella. Ejercer nuestra sexualidad involucra responsabilidad con respecto a nosotros y a nuestra pareja, y va mucho más allá de lo que podamos encontrar como "fuentes" de placer en un sitio de internet o a través de una red. Eso se restringe a una zona de confort que no nos enfrenta a la convivencia y la relación directa con el otro. Hay situaciones que influyen en nuestros conceptos sobre sexualidad y los determinan, no necesariamente enriqueciéndolos sino, por el contrario, deformándolos y colocándonos en el lado de la ignorancia. Veamos los hechos. Si vivimos para compararnos con las personas cercanas a nosotros y adoptamos sus formas de expresar su sexualidad con tal de encajar en el "círculo", hacemos mal; si insistimos en creer el cuento de la película donde nos desvisten y después de cuidar todo el día a los niños seguimos oliendo a "lavanda", nos tragamos una mentira; si desarrollamos nuestra sexualidad únicamente a través de pantallas o experimentos cibernéticos, ¡más bien la evadimos!; si, después de quince años, esperamos que nuestra pareja cruce la puerta, se abalance sobre nosotros y nos desvista desenfrenadamente, nuestras esperanzas son falsas; si creemos en esas revistas y manuales que nos dicen cómo lograr las trescientas cincuenta posiciones sexuales para cada día… ¡fatal!, nada más alejado de la verdad.

Seamos realistas. Tenemos derecho a experimentar placer con todos los sentidos y sin pena, sin culpa, sin la necesidad de dar explicaciones o justificarnos. Debemos comprender la sexualidad como algo inherente a nuestra naturaleza, y hablo en especial de las mujeres, pues el papel que tenemos hoy nos exige apertura, firmeza, contundencia y libertad.

Como en todo, en lo que a la sexualidad se refiere hay historias de éxito y otras de dolor, de tragedia, de aprendizaje. Si no vimos venir el abandono, el engaño, la traición, la apatía, la ingratitud, la humillación, la burla, el abuso y la indiferencia en este ámbito, es porque tal vez dejamos de estar en estado de alerta, dejamos de ver otras cosas y cerramos la boca para expresar lo que verdaderamente queremos, deseamos y esperamos en el desempeño de nuestra sexualidad. Y a este respecto, el tema "¡no la vi venir!" surge cuando la capacidad de sentir deseo, excitación y placer no se conjuga de manera equitativa con la capacidad de amar, es decir, con la vinculación afectiva. La sexualidad puede vivirse en plenitud; pero cuando el erotismo con ese vínculo afectivo no es igual para ambas partes, surgen los sentimientos negativos, los traumas y las afectaciones físicas y morales relacionados con el contacto sexual.

Leonardo: *"No esperaba su actitud..."*

Leonardo empezó a salir con una mujer que conoció en el aeropuerto de la ciudad de México. Después de algunos encuentros ocasionales en los que había mucha atracción física y sentimientos sólidos, decidieron vivir juntos.

Meses después, Margarita le comentó que la habían invitado al cumpleaños de una amiga y que la fiesta era en un antro muy especial.

—Ándale, Leonardo, vamos, sé que no te gustan los antros, pero tengo ganas de ir.

Al llegar al festejo, él quedó boquiabierto. Había parejas haciendo el amor en unos sillones, mujeres bailando y besándose... se impresionó. No sabía que había lugares así.

Margarita estaba encantada y él, francamente enojado. Para Leonardo el tema sexual involucraba sentimientos y nada de lo que veía ahí tenía que ver con cariño o con amor. Las parejas se cambiaban unas con otras... Margarita y él observaban todas las posiciones y rituales que hacían.

Leonardo quería salir de ahí, pero Margarita le dijo que le regalara diez minutos y lo invitó a que se sentaran a tomar una copa para relajarse. Le confesó que todo eso la excitaba, que tenía la fantasía de conocer a una pareja para intercambiar integrantes, que estaba deseosa de vivir esa experiencia y ése era el momento.

Entre copa y copa, él se relajó. Margarita lo acariciaba... Se acercó una pareja, y la esposa empezó a tocarlo y a besarlo; sin darse cuenta, una cosa llevó a la otra y tuvieron relaciones; le excitó sobremanera que Margarita observara aquella escena y también ser testigo de cómo a ella la acariciaba ese hombre... fue algo inexplicable.

Pasaron los días y Leonardo sentía la urgencia de regresar a aquel lugar, ya no se conformaba con tener sexo sólo con su pareja, ahora ansiaba revivir aquello tan excitante que gradualmente se convirtió en una adicción o necesidad. A partir de ese momento acudían al club cada viernes y sábado.

Desde ahí se reforzó su relación con Margarita. Hace ya diez años de aquella noche que marcó su vida...

EN EL TINTERO

Explorar situaciones inimaginables lleva a las personas a adentrarse en mundos de los cuales tal vez ya no quieran salir. La actividad de quienes intercambian pareja, los llamados *swingers,* consiste en observar a otros tener sexo, tener sexo con la pareja mientras se es observado, cambiar de pareja mientras la propia pareja observa, o viceversa. Consta de besos, sexo oral o penetración sexual, y hace que ambos miembros de la pareja se sientan plenos y orgullosos de formar parte de esa comunidad.

Los límites los pone cada persona. Aquí el riesgo que corren es que los límites de uno no sean los del otro. En este caso, Margarita y Leonardo encontraron un desarrollo total de su sexualidad por esta vía. Mientras ellos estén dispuestos y no se lastimen mutuamente, se acepta de común acuerdo.

Lo sutil e increíble es cómo una fiesta de cumpleaños les cambió la vida. Ella propuso; él, estupefacto, abrió los ojos a un mundo que no imaginaba; el alcohol ayudó y no hubo arrepentimiento por parte de ninguno de los dos. Se descubrieron a sí mismos en la absoluta necesidad de regresar una y otra vez, y de seguir buscando juntos experiencias similares que los lleven a gozar su vida sexual de pareja con una tercera o una cuarta persona.

Doña Pilar: "Déjate de tonterías..."

Después de un intento de suicidio, tras su divorcio, su mamá, enojada y preocupada, abre el álbum de fotografías familiares y le muestra algunas imágenes del periodo de veintidós años en que estuvo casada con Daniel.

—¿Ya viste? Ahí está, Rosalba, en esta ocasión se vistió de hawaiana y en esta otra de rumbera. ¿Y qué me dices de ésta, donde ya con unas copitas se sentaba en las piernas del amigo de tu hermano...? ¡Míralo bien! Aquí están las pruebas, ve las fotos y ya déjate de tonterías con eso de quererte morir porque la realidad es que quisiste casarte sin importar con quién. Acuérdate de cómo te decías quedada y desesperada...

EN EL TINTERO

Diga lo que diga su mamá, cuando Rosalba regresó del viaje unos días antes de lo previsto y encontró a Daniel con el amigo de su hermano, teniendo relaciones sexuales en su cama, ¡no la vio venir!

Hay historias en las que los personajes intentan tapar el sol con un dedo porque es lo que más les conviene con tal de cumplir sus sueños. Rosalba quería casarse y no quiso ver con quién; fue más fuerte su deseo de hacerlo que aceptar la realidad: su marido tenía una preferencia sexual muy distinta de lo que ella quería creer.

Linda: "Estuvimos once años juntos, hasta que..."

—Estoy embarazada.

—¿Cómo?

—¿Cómo que cómo? Llevamos tiempo teniendo relaciones y era lo que deseábamos. Lo dijimos muchas veces.

—Pero mi esposa también está embarazada.

—¿Cómo?

—Pues sí, ¿cómo que cómo?... Finalmente, es mi esposa y es mi familia.

EN EL TINTERO

Muchas mujeres que sostienen relaciones extramaritales olvidan, a veces intencionalmente, usar el método anticonceptivo adecuado y, en un intento de preservar la relación con esa persona o de chantajearla, se embarazan con la esperanza de que deje a su esposa y a su familia. En este caso, ella no contaba con que la esposa estuviera en las mismas circunstancias y con que la decisión fuera tan clara: él no está dispuesto a dejar a su familia por su amante, aun cuando ella también espera un hijo de él.

Hay muchos casos similares en los que la mujer al fin y al cabo es abandonada, muerta la ilusión de formar una familia con quien han compartido una vida como amante. Quizá lo adecuado sea que al decidir asumir ese estatus en la vida de otra persona, se tome en cuenta que el escenario puede ser distinto del que se espera.

Marcela: *"Le expliqué cómo sería la situación..."*

Después de muchos fracasos amorosos, Marcela decidió dejar de tener relaciones sexuales y embarazarse por otros métodos. En 2007 eligió un donador de esperma por primera vez, enfrentando la situación sola por decisión propia. Dos años después, acudió a su ginecólogo para elegir al mismo donador y se embarazó de nuevo. En esta ocasión, durante la semana treinta y ocho, el parto se adelantó y se desató la tragedia.

Al ingresar a la sala de urgencias, la intervinieron quirúrgicamente; la placenta se desprendió por completo del útero, motivo por el cual éste se desgarró ocasionando una hemorragia interna. El recién nacido perdió oxígeno y, aunque lo revivieron, unos días después falleció a causa de un paro cardiaco por falta de oxigenación en el cerebro. A pesar de los malos pronósticos, milagrosamente ella sobrevivió y le recomendaron no volver a embarazarse porque era muy riesgoso.

Su médico le comentó que una posibilidad era rentar un útero y la puso en contacto con un colega suyo residente en Villahermosa, Tabasco. Marcela se comunicó con el doctor Raúl Cabra, quien le confirmó que en ese estado existe una ley que avala ese procedimiento.

—Me dijeron que la renta de útero puede pactarse con una pariente, una amiga o mediante internet, y finalmente logré reunir a cinco mujeres que estaban dispuestas a rentar su vientre.

La portadora del bebé vivió con ella en casa para que Marcela la atendiera y vigilara que comiera bien y se cuidara.

Ya cerca de la fecha del parto, al realizar un estudio, se dieron cuenta de que la portadora estaba perdiendo líquido amniótico. El bebé y ella estaban en riesgo... las horas y los días parecían eternos. Pasados unos días, la portadora y el bebé murieron.

Marcela no entiende qué sucedió. Todo indicaba que ése era un buen camino para volver a ser mamá, pero el destino le falló.

EN EL TINTERO

Es una realidad. Algunas mujeres de un estrato económico bajo, cuya única meta es obtener dinero para poder mantener a sus hijos, rentan su útero a alguien que, como Marcela, tiene mayores posibilidades económicas. Esas mujeres, pese a su disposición, deben ser sometidas a ciertos exámenes médicos para descartar cualquier mal que ponga en riesgo el embarazo y su propia vida. Por consiguiente, de la oferta que existe, las opciones pueden reducirse en forma importante debido a su estado de salud.

En este caso fueron cinco las mujeres que querían subrogar su útero, lo cual está contemplado en el artículo 92, párrafos 3, 4 y 5, del Código Civil de Tabasco. Se les realizaron los exámenes y éstos fueron enviados al médico a quien Marcela consultó, por ser este profesional el que tendría que definir quién era apta. En este caso se eligió a Rosa, una madre soltera, de veinte años, con tres hijos y que carecía de la solvencia económica para mantenerlos. Durante el embarazo, sus hijos fueron a vivir con unos familiares para que ella pudiera cuidarse y asegurar el cobro del dinero pactado.

En el procedimiento estimularon los ovarios de Marcela y el endometrio de Rosa. Después de sincronizar los periodos menstruales para simular un solo cuerpo entre las dos, le extrajeron a Marcela los folículos (donde se alojan los óvulos), consiguieron esperma (de un donador en este caso) y en un laboratorio se hicieron los embriones. Al cabo del tercer día, los embriones generaron sus propias células y se hizo la transferencia mediante una fecundación *in vitro* al útero rentado. Quince días después se realizó un estudio de sangre que mostró niveles hormonales elevados, lo cual confirmó el embarazo. Nueve semanas después se efectuó un ultrasonido para poder ver el corazón del bebé, descubriéndose que, a pesar de que se implantaron dos embriones, sólo uno se había logrado.

Después se firmó un contrato entre ellas ante notario (con un costo aproximado de quince mil pesos por honorarios del mismo) y Rosa fue a vivir con Marcela durante el transcurso del embarazo.

A veces, una mujer, llevada por las circunstancias, cuestiona las opciones con las que cuenta para tener un hijo y descarta que la vía en pareja sea la más adecuada. No se trata de emitir juicios, es una realidad. En este caso, en aras de un beneficio económico, que pudo parecer una oportunidad fácil para que una mujer de veinte años sacara adelante (¿por cuánto tiempo?) a sus hijos, Rosa perdió la vida. En la insistencia de ser madre a costa de lo que sea, la mujer, como sucede con Marcela, también puede olvidar que hay opciones como la adopción, tan necesaria en nuestro país. Y ¿qué consigue con su decisión de no sostener ya más relaciones sexuales pero sí tener un hijo, cueste lo que cueste?... Para Marcela, quizás un camino, en su momento, pudo haber sido sanar las heridas causadas por la mala elección de parejas que constantemente la lastimaron tanto. Parece que al tapar un hoyo destapamos otro. Hoy Marcela, después de tantos esfuerzos, después de este acontecimiento tan trágico que no veía venir, tendrá que regresar al inicio y curar el origen más que las formas.

Charly: "Evadí mi situación…"

La primera vez que Charly tuvo una relación sexual fue con un gran amigo. Era diplomático y vino a México de visita. ¡Qué sorpresa se llevó tiempo después, al leer en la primera plana de un periódico el encabezado: "Diplomático mexicano, con enfermedad de homosexuales"!

Era la década de 1980, y su amigo vivió rechazos sociales y muchas culpas, que fueron las que acabaron con su vida. Abandonado por su familia, por sus amigos, y rechazado por médicos y paramédicos, terminó suicidándose.

Después de aquel contacto sexual, Charly vivió con mucho miedo de que le ocurriera lo mismo. Fueron diez años de una gran angustia interna y de relaciones poco estables. En 1994 contrajo un herpes terrible y decidió, por fin, hacerse la prueba para saber si tenía o no VIH.

—Me enteré entonces de que soy seropositivo, ¡claro!, resultado de una práctica sexual sin protección. Evadí mi situación por cinco años. Más que la muerte, temía la devastación provocada por la enfermedad y enfrentarme al rechazo social. Dediqué mi vida a consumir alcohol y drogas. No enfrenté mi realidad.

Para Charly, esta enfermedad, más allá de tener una connotación sexual, estaba asociada con el amor, tanto a uno mismo como a los demás.

—Me estaba suicidando lentamente, día a día. Era como un castigo. Consideraba que sería más fácil consumir pastillas y acabar con mi vida, pero ni para eso tenía valor. Me dieron seis meses de vida. Con el paso de los días empecé a cambiar mi actitud. Si me faltaba tan poco, por lo menos lo viviría en plenitud. Modifiqué mi estilo de vida y aprendí a aceptarme con mi realidad. Estaba enfermo del cuerpo, pero más de las emociones, y para eso no hay medicamentos.

De pronto, el doctor Reyes Terán le pidió a Charly empezar un trabajo con la Clínica de Enfermedades Infecciosas del Instituto Nacional de Enfermedades Infecciosas. Durante años Charly se había dedicado a las relaciones públicas, y el médico, miembro de un centro de investigación, le propuso que se pusiera en contacto con otras personas para trabajar en conjunto apoyando a quienes lo necesitaran. De esta forma empezó a encontrar un sentido a su vida. Se involucró en el proyecto y empezó a comunicar lo que es la enfermedad.

—Poco a poco, los medicamentos fueron ganando terreno dentro de mi cuerpo y, a la par de mi nueva actitud, lograron que retomara mi vida. En 2003 me propusieron que formara una fundación y, con la ayuda de amigos que se unieron a la causa, el 1° de diciembre de ese mismo año presentamos en la ONU la Fundación México Vivo. Al principio ésta trataba a sesenta pacientes; hoy el promedio es de mil seiscientos, con tratamientos muy caros, con programas de cuidados, con un soporte económico y de profesionales de la medicina. Ha crecido y ahora contamos con el apoyo del gobierno.

EN EL TINTERO

La vida es de decisiones y de elecciones, y esto incluye a las parejas con las que uno se involucra. La elección de la persona con quien tener un primer contacto sexual, sin importar la preferencia, es básica, porque influye de manera fundamental en nuestra vida. Y en la mayoría de los casos no somos conscientes de con quién se tiene esta primera relación sexual. No hay responsabilidad ni criterio al decidirlo. Esa primera experiencia puede generar, en el mejor de los casos, un bienestar sexual, pero ¿qué ocurre si no es así? La vulnerabilidad, la fatal experiencia, puede provocar situaciones emocionales que marquen a un ser humano por años.

Se ha comprobado que, cuanta más información de sus padres reciba un niño o niña que pasa a la adolescencia, más retrasará su primer encuentro sexual y mejores decisiones tomará al respecto. No tengamos miedo de informar lo que naturalmente forma parte de un proceso en la vida de cualquier ser humano. La sexualidad es inherente a nuestras vidas y es posible desarrollarla, descubrirla y vivirla en plenitud y gozo, siempre y cuando se cuente con las herramientas necesarias para afrontarla con conciencia.

En el caso de Charly Cordero, la adversidad generada por una práctica sexual sin protección lo llevó a contraer una enfermedad de graves consecuencias, un tanto sin esperarlo pero otro tanto con mucho miedo de que así fuera. Después de mucho padecer, su circunstancia acabó por dar paso a la Fundación México Vivo, la cual suma esfuerzos y recursos como respuesta a las necesidades de la salud pública en México, al atender a personas en situación de vulnerabilidad, marginación e ignorancia.

La fundación de Charly Cordero trabaja en gran medida con jóvenes, ya que éstos se encuentran en la edad del descubrimiento sexual y de la efervescencia por probar y descubrir cosas nuevas. A últimas fechas dedican mayor atención a las mujeres de los estados fronterizos, porque sus maridos, quienes se marchan a trabajar a Estados Unidos, no suelen cuidarse en las relaciones que tienen y con quiénes las tienen, y al regresar las contagian. Asimismo, la Fundación México Vivo apoya el programa Escuela Viva, dentro del cual hacen giras por escuelas secundarias y preparatorias para enseñar a los jóvenes a cuidarse y a prevenir las enfermedades de transmisión sexual (ETS).

En la opinión de Charly Cordero, el ser humano, así como necesita comer, necesita tener relaciones sexuales, pero destaca que esto debe hacerse con una pareja estable. Uno de los grandes aprendizajes que le ha dejado la enfermedad es verse en un espejo virtual y saber quién es, dónde se encuentra, valorar lo que tenía y lo que tiene, y saberse responsable de sus actos. Y es que, a pesar de que a él lo contagiaron debió reconocer que el error fue suyo por no elegir a la persona adecuada para sostener sus primeras relaciones sexuales, así como también es responsabilidad suya no contagiar a otros. De ahí la importancia de protegerse en cada acto sexual.

Jaime: "Nunca me había pasado..."

Jaime disfrutaba intensamente su vida sexual. Sin una pareja fija, era todo un Don Juan. Su vida eran las fiestas, las chavas, los antros y otros sitios donde pudiera divertirse. No tenía problema con acudir a ellos solo, ya que siempre salía acompañado y preparado para disfrutar la noche en compañía de alguien. Era el ejemplo de sus amigos, todos lo envidiaban.

En una fiesta conoció a Ana Luisa, una mujer guapísima; desde que la vio se sintió seguro de que no se le escaparía viva y, como siempre sucedía, al salir se dirigieron a su departamento. Ahí, los besos y las caricias culminaron en el acto sexual más maravilloso que habían tenido hasta el momento.

Meses después decidieron vivir juntos. Ambos trabajaban, les encantaban las fiestas y su vida era plena. Se llevaban muy bien, eran buenos amigos, confidentes y, sobre todo, amantes.

Una noche iniciaron los besos y caricias, todo muy normal, pero en el momento preciso, extrañamente algo pasó y él no pudo tener una erección. Ambos pensaron que había sido por el alcohol que habían consumido o, simplemente, el cansancio acumulado de la semana de trabajo. Así es que no hubo mayor problema para ninguno de ellos y dejaron de intentarlo por esa ocasión.

A la mañana siguiente Jaime se sentía un poco desconcertado, porque jamás había quedado mal. Lo raro es que estaba acostumbrado a los excesos, los cuales no impedían su buen desempeño... pero no comentaron el tema.

Pocos días después sucedió algo semejante, sólo que entonces, mientras tenían relaciones, Jaime no pudo concluir. Esta vez Ana Luisa sí se molestó. Al día siguiente no le habló; frustrada, pensaba que era ella quien ya no lo excitaba. Lamentablemente, esa escena se repitió varias noches más, y los pleitos y discusiones entre ellos se intensificaron.

Ana Luisa estaba casi convencida de que él la engañaba y, como llegaba cansado, ya no podía estar con ella. Hablaron y decidieron acudir a terapia de pareja. Después de varias sesiones y de no lograr progreso alguno, las dejaron.

Jaime recurrió a medicamentos, ejercicios, afrodisiacos... todo lo que le recomendaban o que leía lo ponía en práctica con tal de conseguir que aquello volviera a funcionar. La relación con Ana Luisa cada vez estaba peor, transcurrieron meses sin resolver nada.

Jaime adquirió incluso una bomba de vacío, pero tampoco fue la solución; en absoluto era agradable que al momento de querer hacer el amor, tuvieran que detenerse para que él realizara todo el procedimiento que requería el artefacto. Después de muchos vanos intentos y discusiones constantes, Jaime acudió con otro médico. El diagnóstico fue que tenía un problema con las arterias y su pene no podía almacenar una cantidad suficiente de sangre para mantener una erección. La única solución era someterse a una cirugía en la cual se atan las venas para evitar el drenaje excesivo de la sangre.

Jaime no podía creerlo, pero, a pesar de los nervios por la cirugía, decidió someterse a ella. La cirugía se complicó y la recuperación fue lenta. Pese a todo lo sufrido, Jaime no volvió a tener erecciones. Su relación con Ana Luisa resultó un fracaso y terminaron por separarse.

EN EL TINTERO

Hay parejas que sustentan su vida "amorosa" en la sexualidad, y si por algún motivo esta última resulta afectada, la dan por finalizada. No hay comunicación ni otras áreas que los mantengan unidos, sólo lo que se logra a través de orgasmos. Tal es el caso de Jaime y Ana, que vivían tan felices que nunca pensaron que les ocurriría algo así.

Terminar una relación por una situación de este tipo demuestra que no hay nada más que hacer aunque existan cientos de posibilidades. La sexualidad no es la introducción de un pene y nada más, conlleva momentos amorosos, caricias y formas distintas de lograr sentir placer. Limitar una relación al funcionamiento de un pene tiene sus consecuencias, aunque los miembros de la pareja aleguen que no la vieron venir.

Cabe resaltar que cuando un hombre no tiene erecciones es posible que con ello su cuerpo manifieste una enfermedad más importante. Es un buen termómetro para saberse sano, y si por algo no se tienen erecciones de manera continua, hay que consultar al médico de inmediato porque puede tratarse de un foco rojo que avisa que algo no está bien. El cuerpo no se equivoca.

LA SEXUALIDAD: ¿EL DESEO ACABA?

Sandra: "No entendía por qué…"

Enrique era muy empeñado en su trabajo y sus estudios, desde niño siempre destacó en la escuela por sus buenas calificaciones. Vivía con sus padres y con su hermana menor.

Su infancia fue muy feliz hasta el día en que sus padres hablaron con él para decirle que se divorciarían. Tenía doce años de edad; la situación le afectó mucho, pero siempre se hizo el fuerte ante su hermana y asumió el papel del hombre de la casa.

Creció con la mentalidad de sacar adelante a su madre, quien se dedicó en cuerpo y alma a ellos. Poco después de la separación acudieron a terapia, ya que era difícil entender que su familia estaba fracturada, cuando nunca habían visto pelear a sus padres. La familia perfecta había fracasado.

En un principio la relación con su padre fue difícil, pues el chico no asimilaba la separación; sin embargo, poco a poco lo entendió y aceptó a la nueva pareja de éste. Con el paso de los años Enrique conoció mujeres, pero le era difícil entablar una relación formal con ellas. Se conocían, salían, conocía a su familia, pero cuando veía que el compromiso se volvía más serio, prefería terminar. Su eterna excusa era que no podía dejar a su madre sola o que estaba muy ocupado en su trabajo y no era momento para comprometerse. No estaba dispuesto a sacrificar su éxito profesional por una relación.

Cada vez que le tocaban el tema del matrimonio, su cuerpo lo resentía: sentía una gran presión en el pecho, se mareaba, le daban escalofríos y empezaba a sudar en exceso. Por consiguiente, prefería evadirlo, y si le insistían de más, terminaba la relación.

En la empresa Enrique conoció a Sandra, una joven becaria de reciente ingreso. Se hicieron amigos. Un día coincidieron a la salida, él la llevó a su casa y poco después se hicieron novios. Los dos estaban muy enamorados e ilusionados. Pasaron algunos años y, a pesar de los altibajos propios de toda relación, el asunto marchaba de maravilla… hasta que salió el tema del matrimonio: ella quería formalizar, había concluido su escuela y tenía un buen trabajo. Él, una vez más, se enfrentó a la difícil decisión de terminar con ella, pero estaba tan enamorado que no sabía cómo hacerlo ni cómo explicárselo. Optó por decirle simplemente que no podían casar-

se y que esperaba que ella lo comprendiera. Pero Sandra no entendió porque sabía que había un gran amor mutuo.

Un día, desconsolada, la joven visitó a la madre de Enrique. La señora
le explicó que no sabía qué le sucedía a su hijo. Le contó sobre sus relaciones pasadas, las cuales siempre terminó con los mismos argumentos. Sandra sabía que el divorcio de sus padres le había afectado, pero no tenía
idea de la magnitud del daño.

Lo buscó porque estaba segura de que Enrique ocultaba algo. Él la eva-
día hasta que un día no le quedó más alternativa que enfrentarla. Por primera vez se abrió, contándole que le tenía terror al matrimonio y no sabía
si estaba dispuesto a formar un hogar dado que lo vivido con el divorcio
de sus padres lo había marcado para siempre.

La verdad surgió más adelante. Al ir a terapia para trabajar juntos el
problema, se enteraron de que Enrique tenía gamofobia, es decir, miedo
al matrimonio; además, en él se habían desarrollado otras fobias emocionalmente incontrolables como la filofobia, que provoca en la persona un
profundo miedo a enamorarse, amar y relacionarse con los demás. Sandra descubrió también por qué Enrique no había querido tener relaciones
sexuales con ella, y no sólo eso, sino que nunca las había tenido con nadie:
por miedo; desarrolló erotofobia, es decir, fobia a la sexualidad, la cual lo
hacía sufrir intensamente sin que los demás lo notaran.

EN EL TINTERO

Las fobias se relacionan con el miedo que siente una persona ante ciertos objetos, fenómenos o situaciones. Cuando alguien tiene una fobia,
el miedo lo paraliza por completo, no le permite tomar decisiones, lo
bloquea y lo hace entrar en un estado de vulnerabilidad que lo expone
gravemente; sufre, por decirlo de manera sencilla, un pánico incontrolable. Si bien las más conocidas tienen que ver con objetos o animales, existen las debidas a emociones no resueltas. Miedo al amor,
al abandono, a ser tocado, a ser acariciado... Sin duda, los tratamientos psicológicos ayudan a desvanecer esos miedos, pero el proceso es
sumamente doloroso para quien los padece.

En el caso de Enrique, nadie se había dado cuenta, mucho menos
Sandra, del sufrimiento que representaba para él amar, relacionarse e

intimar en todos los aspectos con alguien. Es importante para nosotros, los padres de familia, darnos cuenta de cómo nuestros hijos procesan ciertos duelos, y ayudarlos. El problema es que a veces estamos tan inmersos en nuestra propia ruptura que sucede lo mismo que con la mamá de Enrique, que jamás imaginó que su divorcio causara tales estragos en su hijo.

Entre las fobias que Enrique desarrolló, sin darse cuenta conscientemente de ello, se encuentra la erotofobia, que implica miedo a hablar de cualquier tema relacionado con la sexualidad y, por consiguiente, de expresarla. Con esto resultaban directamente afectados su vida romántica y sus posibles acercamientos a su pareja, desde un abrazo hasta la posibilidad de mostrar su cuerpo desnudo o ver alguno.

4. La economía:
¿que el dinero no es importante?

El dinero no es importante ¡mientras lo tengas! De lo contrario, puede convertirse en la necesidad esencial para subsistir. En términos de alimentación y vestido, nada tenemos sin dinero, y a veces puede decirse lo mismo de la salud. El dinero indica el estado social de una persona y la falta del mismo puede significar enfermedad, desgracia, debilidad y hasta muerte.

Vivimos en una cultura donde el dinero tiene sus bemoles: en algunos casos se considera que es malo tenerlo, pues representa ambición, avaricia, poder, lujo e incluso, en situaciones extremas, majestuosidad. El problema es que no está bien repartido, decimos, y es en unos cuantos en los que recae la gracia de contar con su presencia.

La ambición es una gran aliada de las sociedades consumistas y muchos echan mano de formas irregulares, las que sean, para obtener dinero. Las historias de estafas, robos y desfalcos cunden y nos hacen creer que el dinero nos contamina. El dinero no contamina, son la persona y su manera de obtener y utilizar ese recurso las que fomentan esa percepción.

El interés constante de tener más, de saberse más que otros, es el factor que provoca que algunos crean que el dinero es malo. Sin embargo, no es ni bueno ni malo, ni inmoral ni moral. El dinero no corrompe; es el hombre, debido a la carencia de valores como la honestidad, el respeto o la generosidad, quien se corrompe con este instrumento de cambio.

El dinero abre muchas puertas si proviene del trabajo; de no ser así, cierra la posibilidad de vivir tranquilo y en paz. Se dio seguimiento a ciertas personas después de haber ganado millones de dólares en la lotería, con resultados muy interesantes que enmarco como ejemplo: Willie Hurt gastó el dinero en su divorcio, en cocaína, y fue acusado de asesinato; Vivian Nicholson intentó suicidarse, sufrió un derrame cerebral y acabó en una institución para enfermos mentales; Callie Rogers se sacó la lotería a los dieciséis años y gastó el dinero en cirugías plásticas, cocaína, coches caros y vacaciones, para, quince años después, declararse en bancarrota, y Evelyn Adams invirtió el dinero en juegos de azar y lo perdió todo.

¡Qué horror! Pocos donaron alguna cantidad a instituciones de beneficencia y sí perdieron amigos, familias e incluso la vida. ¡Qué ejemplos tan significativos de lo que el dinero puede hacer con alguien! Bien dice un amigo: "Deseo sacarme la lotería, pero no demasiado dinero, sólo lo suficiente para permitirme mantener mi nivel de vida holgado, con mi misma familia, mis mismos amigos, y dormir en paz".

En este capítulo encontrarás historias en las que las personas son defraudadas por gente de confianza o robadas por algún familiar, o bien caen en bancarrota por creer que el dinero siempre será su aliado... En algunas se representa la pobreza del alma, de la educación, de valores envueltos por la ambición negativa que ciega, que impulsa a la ilegalidad, a desfalcar a los seres más queridos, más cercanos.

Sí, el dinero es importante porque resuelve necesidades, pero nada suple la integridad con la que es manejado por el ser humano. El dinero nos motiva mentalmente y funciona como un elemento que provoca en nosotros mayor fortaleza física; es decir, se le percibe con un poder simbólico que nos anima a esforzarnos más para obtener lo que deseamos. Esta fuerza motivadora genera en nosotros la sensación de seguridad, bienestar y certidumbre que elevan la autoestima automáticamente.

El problema es que estos niveles de sensaciones se logran mientras contamos con este recurso. Al perderlo o reducirse su monto, surge la frustración, el miedo, la angustia y la baja de la autoestima. Es un efecto parecido al que producen las drogas. Su presencia estimula los centros cerebrales de recompensa en el placer, despierta una ilusión que aporta segregación de químicos en nuestro cerebro provocando dosis de felicidad, bienestar y seguridad. Es interesante saber que genera actividad cerebral por estimulación, y de ahí que active diversas formas de conducta, desde las más positivas hasta las más irracionales. Estudios han demostrado que las personas pueden ser más felices si reciben un aumento de sueldo, por el simple hecho de activarse en ellos el centro de recompensa. La causa: la ilusión del dinero, una fuerza motivacional. Esa satisfacción experimentada es la que se confunde con felicidad y bienestar emocional.

Haciendo referencia a un trabajo realizado en la Universidad Nacional de Mar del Plata, sobre el significado del dinero, en 1992 Walter Doyle[1] estableció la relación entre la posesión de dinero y los estilos de personalidad:

- *Dinámicos:* poseen gran energía, son realistas, independientes, pero también son avasalladores y están orientados al logro. Sufren ansiedad por la posible pérdida de competencia y el dinero es para ellos una protección ante la percepción social de incompetencia. Consumen bienes que muestran "éxito" o se involucran en gastos asociados a la independencia y el riesgo. En su extremo pueden desarrollar trastornos de personalidad antisocial.

- *Amables:* sensibles, agradables, brindan apoyo, pero al mismo tiempo son dependientes, pasivos e inseguros. Necesitan de las relaciones y sufren ansiedad ante la posibilidad de su pérdida, por ello utilizan el dinero para ganar relaciones y ser queridos. Ahorran dinero para poder apoyar sus relaciones sociales y se centran en exceso en el dar y el compartir, así como en la incapacidad de decir "no". En casos extremos presentan patologías relacionadas con baja autoestima, depresión y trastornos de la alimentación.

- *Analíticos:* cuidadosos, persistentes y exactos, pero indecisos, rígidos y, además, ritualistas. Utilizan el orden como una defensa ante la ansiedad por la pérdida de control. Su uso del dinero se orienta a protegerse de dicha pérdida, por lo que se centran en el ahorro y la austeridad. Buscan constantemente los precios más bajos y pueden incurrir en comprar objetos para guardarlos si están en oferta. En su extremo pueden ser rígidos, evitando el contacto social porque podría significar pérdida de dinero.

- *Expresivos:* intuitivos, ambiciosos y entusiastas, pero impulsivos, indisciplinados y egocéntricos. Utilizan las apariencias para evitar el aislamiento y están muy centrados en dar una imagen de estatus. Utilizan el dinero para comprar autoestima y sentimientos de privilegio.

[1] W. Doyle, "Curriculum and Pedagogy", en P. Jackson (ed.), *Handbook of Research on Curriculum*, Nueva York, McMillan, 1992.

Más que la necesidad de adquirir bienes relacionados con nuestra sobrevivencia, el deseo de ganar dinero en algunas personas representa una obsesión, llevándolas incluso a mostrar señales de un comportamiento adictivo. El dinero actúa como una droga en el cerebro si el hecho de ganarlo se convierte en algo vital por la sensación de recompensa y placer. Hay que tomar esto en cuenta.

El tema de la economía es para todos: tanto para el que no conoce como para el experto. Vivimos en un sistema de mercado, y no hay quien no esté inmerso en esta ciencia social en la que se manejan términos como *producción*, *generación*, *intercambio*, *distribución*, *oferta*, *demanda*, *consumo de bienes y servicios*, entendidos éstos como medios para satisfacer las necesidades humanas.

Bien dicen que todos somos consumidores, y ahí radica un elemento fundamental de la dinámica económica; si desconocemos qué consumimos, cómo lo hacemos, en qué medida, con qué frecuencia y otras tantas cuestiones, perdemos la conciencia de nuestras propias capacidades y limitaciones económicas. La economía no viene sola, está íntimamente relacionada con otras disciplinas y ciencias que nos ayudan a comprender mejor nuestro entorno: hay patrones de consumo (psicología); hay antecedentes que debemos conocer para mejorar nuestros hábitos y para que quienes ofertan mejoren sus productos (historia); todos nos comportamos distinto en los diferentes sistemas económicos (sociología).

Todo ello nos sitúa, nos pone en contexto para mejorar nuestro papel en la sociedad. Cuando dejamos de comprender los términos o simplemente no buscamos elementos más allá que nos ayuden a tomar una mejor decisión en nuestro consumo cotidiano, corremos el riesgo de que sucedan catástrofes económicas que pueden hundirnos en la total desolación financiera por mucho tiempo, arrastrando también a la familia. El acceder a una cuenta bancaria y tarjetas de crédito tiene implicaciones importantes (hay que leer las letras pequeñitas, conocer la capacidad real de solvencia, manejar tasas e intereses bancarios, días de corte y de pago...). Fundar una empresa requiere no sólo conocimientos financieros, sino de otro tipo, los cuales pueden ser igual de determinantes para el éxito o fracaso de la empresa, por ejemplo, administración de personal, de nóminas, liderazgo, asertividad, capacidades de negociación, creatividad... El tema del dinero siempre será pertinente y riesgoso. Cuando hay bienes de por medio cuya propiedad no está debidamente estipulada, la situación podría provocar una ruptura familiar importante y un desgaste económico imprevisto.

Difícilmente podemos ir por el mundo en la total inopia. Es necesario informarnos. Cuántas historias desagradables pudieron haberse evitado tan sólo conociendo lo más elemental: ¿hasta dónde ha crecido la deuda con el banco?, ¿qué interés estoy pagando?, ¿a nombre de quién están los bienes que mis papás van a dejar como herencia?, ¿puedo confiar en mi amigo de toda la vida para que montemos un negocio?, ¿el amor de mi vida también podrá ser mi socio comercial?, ¿mi empleado estrella será capaz de falsificar mi firma en mis chequeras?, es abrumador lo que se gasta en casa por el súper... ¿estoy haciendo bien las cuentas?...

A continuación encontrarás casos que muestran las motivaciones de las personas para hacer "lo necesario" con tal de sentir el placer que da el dinero.

Eduardo: "La palabra es lo más valioso..."

La visita de aquel señor a casa de Eduardo significó que los echaran a la calle.

Su mamá, sus hermanos y él lograron tomar algunas cosas, no muchas, ropa básicamente, y al salir de su casa se quedaron parados en la banqueta sin saber qué hacer.

A sus catorce años de edad, no comprendía bien cómo se podía despojar a alguien así, a una familia decente. Su mamá era una mujer decente.

No fue sino hasta un año después que ella le contó la historia que marcó su vida para siempre.

—Tu papá estaba enfermo de una adicción muy severa y por eso lo perdimos todo. Después de años de jugar y jugar, aquel día apostó nuestra casa y la perdió, por eso tuvimos que dejarla. Hijo, en el juego, la palabra es lo más valioso y tienes que cumplirla, porque si no, te matan.

Desde aquel día Eduardo entendió por qué no había vuelto a ver a su papá. Le avergonzaba verlos, no había explicación, no había forma... no había palabras.

EN EL TINTERO

La enfermedad de los apostadores se llama ludopatía. Se trata de una adicción, una compulsión asociada con un trastorno psicológico que pertenece a las conductas neuróticas y requiere tratamiento psiquiátrico.

Quien la padece simplemente no puede dejar de apostar. Presenta conductas fantasiosas en las que se visualiza como el más rico, con muchas propiedades y una vida glamorosa, todo conseguido a través de una sola apuesta.

Hay personas que al quedarse sin dinero o bienes materiales para apostar, apuestan a los integrantes de su familia. Así sucedió en la década de 1980 cuando un hombre apostó a su hija de trece años, la perdió y la niña tuvo que ir a vivir durante seis meses con el "ganador"... En el caso de Eduardo, es difícil siquiera imaginar qué puede pensar un adolescente al enterarse de que su propio padre fue quien los echó a la calle... definitivamente ni él ni su familia lo vieron venir.

Para los apostadores compulsivos, el deseo de apostar es incontrolable. Hombres y mujeres pierden el control de su vida, cometen actos ilegales, pierden su empleo, vulneran a la familia incluso exponiéndola a morir por un cobro de cuentas. Son un verdadero desastre, porque no es una enfermedad que afecte sólo a una persona ¡sino a todos los que la rodean!

A un apostador así la fortuna siempre le niega una sonrisa.

Anónimo: *"Clientes muy conocidos..."*

La historia sucedió a principios de la década de 1980. Un ejecutivo de muy alto nivel en una de las principales casas de bolsa del país poseía una enorme habilidad para manejar portafolios, pero también una ambición desmedida. Tenía cuarenta años y una de sus muchas cualidades era que se ganaba la confianza de los clientes de tal manera que le permitían manejar sus portafolios prácticamente en forma discrecional, como a él se le daba la gana.

Tiempo después, y ante el mal resultado de los mercados, el ejecutivo empezó a hacer sus propios estados de cuenta para los clientes en función de lo que él les decía que había comprado y vendido. Él los elaboraba en su casa, en su computadora... no podía distinguirse si eran los apócrifos o los originales.

Siguió mintiendo a los clientes sobre los resultados durante un año más. Por supuesto, la casa de bolsa no tenía controles. Era una época en la que no se contaba con la tecnología y los recursos de ahora, todo se manejaba en forma muy "primitiva", y esto le facilitó las cosas.

Llevado por su ambición, el ejecutivo tomó algunas de las acciones de los clientes, las colocó en su propio estado de cuenta y llegó a ser el dueño de una de las compañías más importantes que cotizaban en la Bolsa Mexicana de Valores.

Trabajó con veinticinco clientes muy importantes, muy conocidos. Eran los veinticinco estados de cuenta que manufacturaba mes con mes. Robó veinticinco millones de dólares y la pérdida que le ocasionó a la casa de bolsa para la que trabajaba fue de alrededor de treinta o cuarenta millones de dólares.

EN EL TINTERO

El ejecutivo en cuestión era extraordinariamente inteligente, brillante, extrovertido y generaba mucha confianza en los demás. Al final la ambición lo acabó y, en lo que respecta a sus clientes, su exceso de confianza agotó su patrimonio de manera por demás inesperada. El ejecutivo, en su afán de tener mucho más de lo que podía conseguir por la vía legal, usó su inteligencia erróneamente. Pudo haber sido un hombre muy exitoso, pero querer tomar atajos ambiciosos lo condenó al fracaso.

Por desgracia, en los negocios donde se maneja dinero es frecuente que los jóvenes se equivoquen y tomen lo que no les pertenece. Sobre todo hay quienes pierden piso y viven con tanta presión que consumen drogas desmedidamente. Arruinan su vida con la misma facilidad con la que el dinero les llega.

Sin embargo, hoy los controles en las empresas que están avaladas por la Bolsa Mexicana de Valores son muy eficientes y no es posible hacer este tipo de trampas y de robos.

En el caso recién descrito, la casa de bolsa respondió y pagó todos los quebrantos debidos al ejecutivo y, por supuesto, lanzó una persecución sobre él para recuperar el dinero que había robado y cubrir las pérdidas enormes que ocasionó a su empresa por haber mentido.

El fraude tuvo muchas facetas. Nunca hubo siquiera una sospecha de los manejos que él hacía, por parte de las empresas y los inversionistas mexicanos. Éstos le confiaron ciegamente sus acciones y ello implicaba que la casa de bolsa tenía una serie de fallas de control interno terribles, porque las personas que más confiaron en él fueron sus jefes. Era el mejor "productor", el que más ingresos generaba, y eso lo hacía muy importante en el interior de la empresa.

Solemos creer que un hombre atractivo, bien vestido, limpio, con mucha labia y amable automáticamente es decente. Las apariencias engañan, ¡cuidado!

Luis Armando: "Sin culpas, sin reproches..."

Luis Armando llevaba una vida muy cómoda, desahogada. Vivía con su madre y sus dos hermanos en una casa preciosa en la colonia Del Valle, que les heredó su papá. Tenía un buen trabajo en una importante empresa transnacional.

Su mamá, una mujer distante y muy independiente, programó un viaje en crucero sola; pocas veces incluía a sus hijos en sus planes. Se embarcó durante cuatro meses en un crucero en el que recorrió el Caribe y Europa. Ahí conoció a un empresario holandés, millonario, veinte años mayor que ella. La convivencia fue tan agradable que ya no se separaron y decidieron casarse a los pocos meses. Él le pidió que vivieran en su país y ella aceptó. A su regreso a México les dio la noticia a sus hijos —sin aceptarles opinión alguna— y preparó todo para su mudanza. La boda se celebraría en Holanda.

Luis Armando se quedó a vivir en la casa de la colonia Del Valle con su hermano mayor, pues el menor, ya casado, se había mudado a Mérida. Con su sueldo, Luis Armando pagaba los gastos de la casa, sus gastos personales y ciertos gustos. Su hermano se quedó sin trabajo y dejó de aportar al hogar.

Un día Luis Armando tuvo un accidente de trabajo y estuvo muy grave en el hospital. Lo operaron de la cadera, pues sufrió fracturas múltiples. Permaneció meses en cama y luego se sometió a dolorosas terapias de rehabilitación. La compañía le cubrió los gastos hasta cierto punto porque su seguro de gastos médicos se iba agotando; entre consultas, medicinas muy caras y las terapias, ya había gastado un millón y medio de pesos, y el seguro únicamente lo cubría por un millón.

Después de meses Luis Armando regresó al trabajo, evidentemente disminuido. Su día a día era vivir con parches de morfina, dieciocho pastillas que le destrozaban el estómago, entre analgésicos, sedantes y desinflamatorios. Además, tenía que realizar múltiples viajes por sus deberes en la compañía.

Para recuperarse un poco económicamente rentó dos cuartos de su casa. Sin reproches, sin resentimientos, vive a diario su dolor físico... el otro, el del alma, trata de acallarlo y no recordar que tiene una madre millonaria viviendo en Holanda, quien una vez al mes y no más, mantiene contacto con él por correo electrónico.

EN EL TINTERO

Es casi imposible cambiar la forma de ser de una persona que toma decisiones tan tajantes a costa de lo que sea, incluso de sus propios hijos. Si bien ellos ya son adultos y responsables de su propio presente y futuro, la figura materna se desdibuja cuando, ante un accidente, y teniendo toda la posibilidad de ayudar a su hijo, lo ignora y prefiere no percatarse de la situación.

¿Qué frustraciones habrá en una persona que deja por completo su vida real para irse a vivir otra a tal distancia que le impida salir al encuentro de sus hijos?

¡Qué doloroso resulta para los hijos la muerte del papá y el abandono de la mamá! En este caso, lo que Luis Armando no vio venir fue que su accidente y la precaria situación económica consecuente fueran ignorados por su madre, a quien tanto necesita.

José: "El negocio va bien..."

María del Rosario y José llevan cuarenta y cinco años de casados y treinta y dos viviendo en cuartos separados.

El matrimonio dejó de funcionar pronto. José viajaba mucho por su trabajo como director de una empresa y casi no veía a sus hijos. Su manera de compensarlos era darles regalos que les traía de sus viajes. Chayo, como le decía a su esposa, perdió poco a poco interés en él, pero no en su dinero ni en las propiedades que adquiría. Al regreso de uno de sus viajes, José encontró toda su ropa en el cuarto que estaba junto al principal. No pudo siquiera defenderse y se resignó.

Los tres hijos, aislados del papá, crecieron en el seno de esta relación hipócrita y hostil. Cuando el menor terminó la carrera, a José lo despidieron de la empresa y decidió fundar una propia. Para ese entonces la esposa ya había comprado varios inmuebles y tenía un amante desde hacía varios años.

José pasaba mucho más tiempo en su casa y aquello se volvió un campo de batalla. No conocía a su familia, y cuando tuvo la posibilidad de hacerlo nadie lo toleraba y su opinión era la menos importante. El divorcio nunca fue una opción, ya que estaban casados por bienes mancomunados y no les convenía dividir los bienes, cuyo valor se había quintuplicado; por avaricia o por mezquindad, Chayo no le permitiría gozar del fruto de su trabajo.

La empresa de José comenzó a dar frutos y a crecer, y decidió invitar a sus hijos mayores a que trabajaran con él, intentando acercarse a ellos y mejorar la relación. Ellos aceptaron y no sólo diversificaron las operaciones de la compañía, sino que, al cabo de tres años, prácticamente se la arrebataron.

Jamás aprendieron a respetarlo y mucho menos a quererlo. Abrieron un local de reparación de piel y ahí lo pusieron a trabajar, como un empleado cualquiera, produciendo más dinero para las arcas familiares. José ya no se cuestiona qué está pagando, se limita a seguir viviendo bajo el mismo techo que Chayo, aunque cada uno encerrado en su recámara.

EN EL TINTERO

Qué lastimoso resulta saber que para nuestra familia sólo valemos en función del dinero que tenemos y de lo que les damos en el aspecto material. ¡Qué nivel de autoestima tan bajo tiene una persona que se deja manipular así! Porque eso se sabe y se percibe, pero soportarlo ya es una decisión propia.

¿Qué clase de personas son esos hijos que tratan así a sus padres? Y pensar que, al fin y al cabo, fueron educados por ellos con valores y principios...

Si alguien nos trata así es porque nosotros se lo permitimos. El respeto empieza por nosotros mismos. ¿En qué momento dejó José de percatarse de la actitud de sus hijos como para permitir que lo despojaran de su empresa?

Carla: "Fueron horas en las que no sabía qué sucedería conmigo..."

Después de su divorcio, Carla permaneció en la casa que habían comprado juntos. Meses después, tocaron el timbre y su empleada le avisó que tres señores la esperaban.

—¿Tres señores?

—Sí, que vienen a hablar con usted de unas empresas.

—¿Empresas? No tengo idea de lo que me hablas, Mari. Pide que te expliquen bien.

—Señora, que le llame a un abogado o entran por usted —le dijo Mari a su regreso.

No recordaba las dos empresas que su ex marido le había pedido que firmara a su nombre. Aquel día festejaron después de la firma. Su discurso, parecido al de un patriarca protector, revelaba que esas empresas serían su futuro, porque ella era su mujer y él quería demostrarle lo mucho que la amaba dándole "la seguridad y estabilidad" que merecía.

Carla nació en el seno de una familia en la que jamás se habló de temas legales o económicos. Se consideraba una inútil en esos rubros. Por ejemplo, tarde supo que las tarjetas de crédito se pagaban o que la luz, el agua y el teléfono costaran. Esos asuntos no se trataban, punto. Cuando Alfredo le pidió firmar aquellos papeles, lo único que hizo fue arreglarse para ir al acontecimiento, hacer lo propio, sin leer nada, y abrazar después a su marido.

Un amigo le recomendó a un abogado. Dos horas después se encontraba en una delegación. En una de las empresas cuya propiedad había firmado se cometió un fraude y faltaba algo relacionado con el seguro social de los trabajadores. ¡No entendía! Entraba y salía gente. Su abogado discutía quién sabe qué tanta cosa. Ella veía todo como en una película y divagaba en silencio. Fueron horas en las que no sabía qué sucedería con ella.

—Si usted se divorció, ¿por qué no firmó la cesión de derechos de las empresas a su ex marido? Al no hacerlo, siguen siendo suyas y usted es la responsable. ¿Éstos son su firma, su nombre y su identificación?

—Sí, señor.

El divorcio de Alfredo se había consumado por razones de alcoholismo, ausencia y maltrato. Fue muy sencillo llevarlo a cabo porque no tuvieron hijos. La sorpresa fue que, aun divorciada de él, seguía atentando contra su seguridad y estabilidad, las cuales en muchas ocasiones le prometió salvaguardar.

—¡Es la última vez que te ayudo a salir de un problema así! —le gritó su papá—. La siguiente, por confiada, resuelves el asunto sola. ¿Por qué no te fijas en lo que firmas? ¿Qué acaso no sabes leer? ¡Te lo dije! Ese fulano con el que te casaste era un vividor, un macho.

¿Vividor? ¿Macho? Los adjetivos que usaba su papá para referirse a Alfredo la confundían; a su mente llegaban palabras como *seguridad, estabilidad, promesa,* pero también *abuso de confianza, engaño y desconocimiento.* Hasta hoy no ha sabido cómo fue el fraude y el problema del seguro social. Lo que sí sabe es que esas firmas, otorgadas con buena voluntad y confianza, le quitaron su libertad.

Hoy se enteró por algunos conocidos de que Alfredo, al mes de firmar el divorcio, se fue del país y es prófugo de la justicia por otros fraudes cometidos.

EN EL TINTERO

Nuestros hijos deben tener, por lo menos, una preparación básica en relación con la documentación o los trámites legales. De lo contrario, la vida puede tomarles por el cuello; confiar plenamente en otra persona implica un riesgo. A cualquier edad y en nombre del amor somos capaces de hacer mucho, ¡prevé una situación así!

Por ejemplo, me parece básico saber sobre testamentos, cuentas de banco, renta de espacios, pago de impuestos, tarjetas de crédito, "tandas", préstamos, hipotecas, pagos de servicios, bienes mancomunados o separados, ahorros... Pide a alguien que conozcas y que sepa de esos temas que se acerque a tus hijos y les explique qué significa su firma, su identificación de la escuela, sus datos; qué se paga y qué no se paga.

Si pudiéramos darnos un tiempo para esto, en el futuro les ahorraríamos situaciones serias que los pongan en manos de alguien inadecuado. Siempre he pensado que caer bajo el control de una mala persona cuando uno es "inocente por desconocimiento" es irresponsable. La ignorancia puede costar mucho más que dinero, como en el caso de Carla, quien en absoluto estaba preparada para una sorpresa tan desagradable.

Jimena: "Vendió su moto..."

Jimena y Gabriel vivían en casa de los papás de él con treinta mil pesos mensuales, la suma de los ingresos de ambos. Dos hijos, escuelas privadas, dos coches y muy apretados en los gastos.

Gabriel decidió vender una moto para pagar las colegiaturas ese mes. Encontró un comprador a través de una red social. Acordaron verse para hacer el trato y el gusto por las motos los llevó de una plática a otra hasta que... Dos meses después, Gabriel había dejado su trabajo porque Héctor, el comprador de la moto, le ofreció unos negocios muy jugosos que los sacarían de la necesidad de vivir con un presupuesto tan justo.

—Deja tu trabajo —le dijo Gabriel a Jimena un día—. Ya me está empezando a caer algo de dinero y es mejor que te ocupes más de los niños.

Ella le hizo caso. Seis meses después no había más que cuarenta mil pesos de ganancia de los negocios "jugosos". Los pleitos entre la pareja ya eran insoportables. Jimena no entendía por qué su marido tenía tanta confianza en ese Héctor que a ella le daba la sensación de que lo estaba involucrando en algo raro...

Fue gracias a alguien cercano como se enteró de que Gabriel había pedido préstamos. Debía más de dos millones de pesos a amigos, hermanos y otros familiares, y ese dinero lo había destinado a "inversiones" en el extranjero que resultaron un fracaso... Héctor desapareció poco a poco y no hubo manera de recuperar algo de lo que Gabriel le dio.

"La realidad es que hoy debemos más, por los intereses de los préstamos —dice Jimena—. La vida cambió para mis hijos y para mí de manera brutal. No entiendo."

EN EL TINTERO

El dinero se gana trabajando, y ante el hartazgo que provocan las tareas y la falta de crecimiento en el ámbito laboral podemos tomar decisiones muy equivocadas. Hacernos ricos de la noche a la mañana se logra sólo con un golpe de suerte, pero no en negocios que no sabemos de dónde provienen ni a dónde van.

Es irresponsable colocarnos en una situación de riesgo, pero lo es más hacer lo mismo con la familia. Los seres que nos aman confían en nosotros como cabezas del hogar, y saber que nuestras decisiones los afectan nos haría pensarlo dos veces. Quizá no tenían la estabilidad deseada, tal vez vivían al día, pero lo hacían en paz y tranquilos. No hay monto económico que pague esa estabilidad. Los protagonistas de esta historia dejaron todo para darle la bienvenida a la riqueza proveniente del "aire", sin bases, sin contratos, en un acto de confianza ante un desconocido... y un buen día, sin verla venir, lo perdieron todo.

Aunque pudieran sacar adelante esta situación, las heridas internas de pareja son más profundas y no hay dinero que las sane.

Paco: "Está chiflado..."

Tomaba sus rigurosas clases de inglés con su maestro particular, cuando de pronto éste le dijo:

—Fui al festejo de las Lupitas, ya ve que es su santo, y mi compadre me dijo que cambiara toda mi lana a dólares porque va a haber una devaluación. Le contesté que no haría nada, que mejor le preguntaría al presidente de los banqueros, a quien le doy clases de inglés... ¿Usted cómo la ve?

—No hagas nada, *teacher*. Está todo estable, ¿de qué devaluación hablas? Ese compadre tuyo está chiflado.

Como siempre, el 19 de diciembre se reunieron a las diez de la mañana en la Secretaría del Trabajo los miembros del pacto (clase obrera, política y empresarial) para las firmas de los acuerdos correspondientes.

Ese día se anunció la devaluación. Cuando supo la noticia, Paco dio instrucciones a su secretaria:

—Llama al Comité de Dirección y avísales. ¡Ah!, comunícate con mi maestro de inglés y dile que como el presidente de los banqueros soy un pendejo.

EN EL TINTERO

En la medida en que estamos más cerca del poder, perdemos objetividad y olvidamos la raíz y el sentido de lo que nos tiene en determinado puesto. Ni el presidente de los banqueros de aquel tiempo ni muchos otros la vieron venir. Tan cerca y tan lejos...

La lección es no caer en la zona de confort y dar por hecho que dominamos un determinado asunto. Cuando llega la sensación de dominio es cuando la vida en tres patadas nos coloca en cierta situación para que veamos que no dominamos ¡nada!

Marisa: "Quería ser contadora..."

Desde que su tía preferida enfermó, Marisa se dedicó a cuidarla por las tardes. Su tía Carmela, hermana de su papá, quedó postrada en cama y, a pesar de que tenía una enfermera, cuando Marisa no estaba en la escuela, la ayudaba en todo: la bañaba, la ayudaba a hacer sus ejercicios, le daba sus medicamentos... Era un trabajo extenuante, pero lo llevaba a cabo con mucho gusto y gran cariño.

Sus primos visitaban a su mamá los fines de semana. Le tenían celos a Marisa, pero la toleraban porque, al fin y al cabo, ellos no podían hacer lo que ella hacía por su mamá.

Así pasaron tres años. Marisa terminó la preparatoria, pero, alentada por su papá, pospuso la oportunidad de entrar a la universidad para estudiar contabilidad porque la tía Carmela, poco lúcida, empeoraba cada vez más. Finalmente murió y cuando el abogado llamó a la familia para leer el testamento, los padres de Marisa se indignaron.

La tía Carmela, que tenía una importante colección de joyas, algunas propiedades que le dejó su marido y la casa en la que vivía, valuada en cinco millones de pesos, repartió todos sus bienes a sus hijos.

A Marisa sólo le dejó una carta en la que le agradecía todo lo que había hecho por ella y la alentaba a retomar sus estudios, pero nada más. La decepción, tristeza y asombro fueron evidentes en la expresión de Marisa, pero el enojo de su papá fue enorme... ¿Cómo era posible que no le hubiera dejado a su hija algo de lo que él pudiera disponer finalmente a través de ella?

EN EL TINTERO

En este caso, el papá utilizó a su hija para que, al dedicarle tiempo y voluntad a los cuidados de su hermana durante su larga enfermedad, él pudiera sacar una tajada que lo beneficiara.

Sin embargo, al morir la hermana no tuvo un solo detalle de generosidad con su sobrina, a pesar de que ésta la cuidó incondicionalmente durante tres años. Se limitó a escribirle una carta que causó tristeza en la sobrina y furia en el hermano.

La pregunta sería: ¿es necesario dar algo a cambio de los actos que provienen del corazón y de la sinceridad?... En esta historia, la tía Carmela dejó una buena lección al respecto tanto al papá como a la hija.

A ella: no puedes dejar tu propia vida para cuidar la vida del otro. La tuya debe tener luz propia para ofrecer luz al otro. Así no te expondrás a esperar algo en retribución y, como en el caso de Marisa, quedarte con un palmo de narices.

Al papá: familia siempre serán los hijos, papá y mamá... todos los demás pasan a ser parientes y no tienen el mismo nivel de importancia.

Yarely: *"Así, de improviso. No tenían nada..."*

Yarely es originaria de Comitán, Chiapas. Cuando tenía quince años llegó un destacamento del ejército mexicano a la hacienda donde ella trabajaba. Un coronel, de cuarenta años, le echó el ojo, le gustó y se la robó. Fueron a la ciudad de México a vivir con algunos parientes de él. Uno de ellos quiso abusar de Yarely y terminaron por irse de esa casa.

Para entonces tenían dos hijos... El coronel tuvo que buscar un lugar dónde vivir y los llevó a un terreno en las afueras de la ciudad, donde improvisó una casita con techo de lámina y paredes de adobe. La familia siguió creciendo, pero la situación económica no prosperaba y, por supuesto, el coronel tampoco dejaba que Yarely buscara trabajo.

Estaba por nacer la quinta hija y el más grande, que ya tenía siete años, tuvo que comenzar a trabajar cargando bultos en un mercado cercano a cambio de algunas propinas...

Yarely tuvo al noveno hijo cuando apenas tenía veintiséis años. El más grande seguía trabajando y ayudando a sus padres con lo poco que podía, pero al terminar su último año de secundaria, el coronel murió de un infarto fulminante. Así, de improviso. No tenían nada.

Se quedó sola con nueve hijos... y no sabía hacer nada. Los dos hijos mayores tuvieron que dejar la escuela para trabajar tiempo completo y mantener a los siete hermanos restantes.

Al mes de muerto el coronel, Yarely supo que estaba embarazada por décima vez...

EN EL TINTERO

La falta de educación y de información en la vida de muchas personas las lleva a vivir situaciones inexplicables. Tener diez hijos y quedarte sola con todos a los veintiocho años es una de las radiografías de millones de mujeres en nuestro país que viven en la pobreza. Esto ocurrió con Yarely, quien, al convertirse en una víctima de las circunstancias, quedó desamparada a la muerte inesperada de su esposo.

Son ya cinco millones de personas las que en México viven con tan sólo diez pesos diarios. Es un problema muy grave que no terminará a menos que la educación llegue a cada rincón del país.

Por ejemplo, hay mujeres que no saben que a través de una relación sexual se tienen hijos y, sumado esto a la fe religiosa que dicta "los que Dios me mande", ello se convierte en una bomba para quienes son ya parte de las tristes estadísticas: más de cincuenta millones de pobres en nuestro territorio.

Victoria: "Le entregué la boleta..."

Un banquero que andaba con la esposa de otro banquero, en un acto de amor enorme le regaló unos aretes con unos diamantes que parecían rocas.

"¿Y ahora qué hago para explicarle a David de dónde salieron estos aretes tan hermosos?", se preguntó Victoria.

Decidió llevar los aretes a empeñar a nombre de un tercero, junto con otras joyas que no tenían gran valor. Al llegar David a la casa, le platicó que a una amiga que se divorció le estaba yendo muy mal y había ido a empeñar unas alhajas...

—Ay, mi amor, de pasadita, por favor paga la boleta de empeño, ayúdame. Quiero hacerle el favor, de verdad que pobrecita...

Victoria le entregó la boleta de empeño y David mandó por las alhajas. Al llegar el botín a su oficina y ver entre ellas los aretes ¡se sorprendió de lo hermosos que eran! Y decidió comprar unas medias perlas...

David estafó a Victoria... le entregó las medias perlas, a lo cual ella no pudo decir nada porque se delataría. Pero eso no es todo. Meses después llegaron las fiestas navideñas y asistieron a la cena del banco. La sorpresa de Victoria fue doble... Los aretes de brillantes que le había regalado su amante, el colega banquero de su esposo, ¡los traía puestos la subdirectora del banco!

EN EL TINTERO

Es de risa cómo algunas parejas se mienten, se usan, se engañan o juegan partidas dobles o triples. La forma en que la habilidad de una se ve incluso opacada por la astucia del otro es inexplicable.

Victoria engaña, es engañada y ¡se queda sin aretes! Válgame, lo interesante sería saber qué le dolió más.

Frida: "El dinero no es importante..."

Al morir la mamá de Frida, dejó una herencia bastante grande. Eran cuatro hermanos, uno de ellos casado con una estadounidense. Vivían en el norte de México porque ahí estaba uno de los ranchos de su padre, que durante toda su vida se dedicó a la cría de ganado.

Frida heredó ese rancho. Quedó estipulado en el testamento que esa propiedad era de ella. Viviendo en la ciudad de México, hizo los trámites necesarios para viajar a Chihuahua a revisar todo lo relacionado con la propiedad y con el ganado.

Se llevó una gran sorpresa al encontrar que toda la documentación del rancho, con su firma falsificada, había sido cedida a la esposa de su hermano. No sabe cómo lo hicieron, pero se lo quitaron.

Su hermano era cómplice de su esposa. Frida siempre pensó que el dinero no era importante y que mucho menos dividiría a una familia, pero se equivocó. Sus otros dos hermanos la ayudaron a demandar a su cuñada y en ese proceso están. El abogado le dice que seguramente ganarán el caso por comprobación de falsificación de firma y que la mujer tendrá que asumir las consecuencias legales.

Para Frida no es fácil saber que su cuñada puede ir a la cárcel y dejar solos a sus tres hijos. A veces quisiera darle el rancho y retirar la demanda, pero su marido insiste en que continúe...

Qué tristeza saber que su hermano usó a su esposa para robarle.

EN EL TINTERO

Es más que común que cuando llegan las herencias se susciten problemas entre hermanos. Estipular bien cuáles son los bienes materiales que se heredan y la división de los mismos es responsabilidad de los padres. No deben dejarse problemas por tener poca claridad al distribuir los bienes.

En este caso, aun cuando la distribución sí se llevó a cabo, jamás se contempló que uno de los hermanos pudiera robar al otro... No solemos tener en orden nuestros papeles y lo que nos corresponde. El hermano contaba con las escrituras y todo lo relacionado con ese rancho. El atraco lo organizó mientras su mamá vivía; estaba enterado de los términos del testamento y de esa forma tuvo conocimiento previo de lo que no le correspondía.

No sabemos qué nos puede tocar en una herencia, ni cómo están distribuidos los bienes, pero me parece que es cuestión de preguntar y aclarar las cosas en vida. Esa información no debe ser un secreto en las familias, debe ser tema de conversación con los padres. ¿Cuánto tienes? ¿Qué quieres que se haga con eso? ¿Debes algo? ¿Tienes en orden los papeles de las propiedades? ¿Cuáles son las cuentas de banco?... En fin, una radiografía de qué hay y cómo se quiere adjudicar.

Conozco una familia en la que el papá heredó en vida a sus hijas para evitar que a su muerte se pagaran impuestos sobre las propiedades heredadas. Le explicó a cada una qué le correspondía y cómo, entregó copia de los papeles correspondientes y los originales los guardó en una notaría con una cláusula que indicaba que, aun cuando estuvieran a nombre de ellas, no podían hacer uso ni abuso de lo heredado mientras él viviera; es decir, hasta su muerte podrían disponer de lo que les correspondía.

La decisión de hacerlo en vida me parece inteligente porque, ya sea probable o no que se presenten problemas serios entre los hijos, es importante ahorrárselos. Entre hermanos no todos están cortados por la misma tijera aunque hayan recibido la misma educación.

5. La salud: ¿por qué a mí?

Nuestro cuerpo reacciona porque tiene vida, ¿de acuerdo? Y parte de esas reacciones están relacionadas con las enfermedades, que son ausencia de salud. Eso significa que nuestro organismo no está ejerciendo bien sus funciones. El buen funcionamiento se ve alterado, en esencia, por factores externos o incluso por aquellos que son transmitidos por herencia. Pero esa ausencia de salud puede también ser generada por pensamientos negativos. Según la neurociencia, si tú piensas que una parte de tu cuerpo te duele, lograrás que te duela, y eso no se consigue por arte de magia, sino porque somos capaces de conectar eléctricamente las neuronas que generan el dolor. Al cerebro se le puede engañar, es decir, podemos regular nuestra conducta, determinar cómo vamos a percibir la realidad, y de qué forma interactuaremos con el mundo que nos rodea. Esas posibilidades se logran a través de nuestro lóbulo frontal.

Se calcula que nuestro cerebro contiene alrededor de diez mil millones de neuronas y millones de conexiones más que surgen entre ellas. A lo largo de nuestra vida y gracias a éstas, acumulamos en la memoria muchas habilidades, así como la capacidad de reconocer esquemas o patrones que nos llevan a enfrentar con familiaridad situaciones, muchas de las cuales ya están archivadas. El cúmulo de experiencias puede llevarnos a vincularnos, a reaccionar, o a actuar en automático. Por ejemplo, el dolor puede convertirse en rutina o hábito, dado que forma parte de las experiencias que archivamos.

Quedarnos hasta ahí, con esta información, nos determinaría como personas encaminadas a rumbos siempre dolorosos. Lo importante es el reto de ver y reconocer al instante los patrones de conducta que llevan al cerebro a actuar siempre igual. Si reconocemos ese actuar mecánico con rapidez, podremos resolver con mayor facilidad problemas muy complejos y alejarnos de lo que nos daña o nos enferma.

Nuestro lóbulo frontal es la zona del cerebro que se ha desarrollado más tarde en la evolución humana. De acuerdo con los científicos, ahí es donde reside nuestra conciencia de sentimientos, de emociones, así como todo lo que engloba entender por qué somos y cómo somos. Esta parte del cerebro es adaptable, esto es, puede configurarse una y otra vez. El cerebro tiene la capacidad de replantearse funciones, desarrollarlas en menor o mayor grado, habituarlas y apropiárselas para potenciarlas. Si es capaz de hacer esto, ¿cuánto de lo que nos enferma emocionalmente viene de esa capacidad de archivar para actuar en automático ante ciertos estímulos? Si el cerebro cambia de forma, según las áreas que más utilicemos y según la actividad mental de cada uno de nosotros, es de vital importancia entender y reflexionar sobre lo que nos ocurre.

En la mayoría de los casos en los que la enfermedad nos toma por sorpresa, valdría la pena preguntarnos: "¿Qué hago que atenta contra mi salud?" Y cuando llegamos a este punto, de nuevo somos responsables de muchas de las enfermedades que nos aquejan. La vida no nos toma tan de sorpresa cuando, ante un cuadro clínico, un diagnóstico bien realizado nos muestra que algo dejó de funcionar en nuestro organismo. ¿Por qué se enfermó ese órgano o función? ¿Qué patrones de conducta y hábitos repetimos para que nos sucediera?… Sin duda, una parte fundamental del comportamiento humano tiene un aspecto genético previo que la determina. La vida en sí es una expresión genética. Para contribuir a que algo deje de funcionar en nosotros bastan las acciones de la vida cotidiana y la suma total de las mismas, las cuales sí van a determinar una consecuencia.

Bien dicen que evolucionar es superar, a través del cambio, las condiciones de nuestra vida. Buscar mejores hábitos, mejores patrones de conducta que nos beneficien en lugar de aniquilarnos, puede generar en nosotros información interna que produzca un mejor funcionamiento de la gran máquina que somos. Es simple y complejo a la vez. En este momento estás leyendo y "olvidas" que tu sangre circula, que tu corazón late, que tus pulmones funcionan, pues si no fuera así estarías sin vida. Esa conciencia de saberte un milagro aunque "sólo estés leyendo" creará en ti el hábito de valorar más tu funcionamiento, por sencillo que parezca. ¿Te parece simple la manera como funciona todo dentro de ti en este instante? ¡No! No es simple, es muy compleja y, sin embargo, estás, existes, sin gran esfuerzo.

El lóbulo frontal se encuentra en máxima actividad cuando estamos atentos, cuando nos damos cuenta, cuando estamos conscientes. De esa forma podemos cambiar el significado de nuestro estar y dejar de vincularnos en automático con lo que nos hace daño. Somos libres de elegir nuestros pensamientos y decisiones, y, al saberlo, la responsabilidad cambia y se centra en quien genera esas acciones. Es claro que nadie se para en una calle transitada porque sabe que lo van a atropellar. Exponernos a ciertas personas que nos hacen daño ¡es pararnos en esa calle con los ojos vendados! y, además, hacerlo por gusto y por necedad.

Muchos no prestamos atención en realidad a nuestra vida y cómo la llevamos. ¿Sabes cuántos accidentes se deben a una tontería? Estar atentos evitaría muchas tragedias. ¿Cuántas veces en un día retamos a la vida con pequeños detalles? Esta pregunta tendrá un importante espacio en el capítulo 10 de este libro, en el cual abordo temas de seguridad y que he llamado "La seguridad: ¡no le pises la cola al león!" Mientras tanto, darte cuenta de cuánto de lo que te sucede es generado por ti te llevará a dejar de preguntarte: "¿Por qué a mí?" En este capítulo comparto historias que aportan una respuesta contundente a esta interrogante: ¡Porque te lo buscaste! Resulta esencial comprender que las enfermedades están esperando ser "pescadas"; una vez que lo logremos, las preguntas cambiarían a: "¿Qué estoy haciendo para enfermarme? ¿Cómo puedo dejar de hacerlo?"

Otras historias incluidas en este capítulo darán la impresión de no tener principio o fin, las personas que las vivieron parecerán suspendidas en el tiempo. Es real que somos muy vulnerables a eventos que marcan nuestra vida para siempre. Las experiencias de este tipo me hacen reflexionar en lo mucho que nos quejamos a veces de la vida y de las personas, en cómo pateamos nuestra estabilidad al pensar que siempre contaremos con ella. Al leer sobre estas historias, es muy probable que te quedes callada/o y pienses: "¡Qué afortunada/o soy! ¿De qué me quejo? ¿Por qué no estoy de buen humor o doy gracias por todas las maravillosas oportunidades que tengo?" En realidad, la salud sólo es importante hasta que la perdemos, porque mientras estamos sanos no valoramos el elixir de vida con el que contamos.

Por otra parte, en la actualidad existen otro tipo de enfermedades que aquejan al ser humano y a las que poca atención les damos. Hay males de nuestro tiempo que parecen irrefrenables. El filósofo francés

Gilles Lipovetsky[1] analiza en su gran ensayo *La era del vacío* la transformación de los valores de la sociedad actual y la etapa de individualización que sufrió el hombre hacia finales del siglo XX, a lo que llama "proceso de personalización". Apunta que el ser humano, hoy, ya no se suicida, se deprime… "la burocracia, la proliferación de las imágenes, las ideologías terapéuticas, el culto al consumo, las transformaciones de la familia, la educación permisiva, han engendrado una estructura de la personalidad centrada en el narcisismo […] junto con unas relaciones humanas cada vez más crueles y conflictivas".

Éstos son los males de nuestro tiempo y para los cuales no hemos encontrado la cura. Según Lipovetsky, Narciso es la figura posmoderna. El narcisismo colectivo no proyecta hacia afuera, los individuos se "comunican" con actos fallidos donde no hay comprensión.

Ahora enfocamos nuestras preocupaciones en estar bellos, exfoliados e hidratados, obsesionados por la delgadez y con "un cuerpo de revista" ajeno a nosotros, inmersos en rituales exhaustivos de mantenimiento físico, angustiados por la acumulación de los años y las líneas en la cara, ansiosos por el indiscriminado consumo farmacéutico, involucrados en terapias multicolores y multiculturales, ahogados en el consumo: tener, tener, tener… en fin, en una era muy centrada en el "yo" y muy poco en el "tú", en el "nosotros".

José Saramago (1922-2010), escritor, periodista y dramaturgo portugués, Premio Nobel de Literatura (1998), no fue ajeno a estas ideas sobre el individualismo del hombre y la era tecnológica: "Es falso. La comunicación electrónica no es comunicación real. En el fondo, si tú te comunicas, te comunicas o por la voz o por la escritura […] Lo que ocurre es que en la carta de papel […] puede caer una lágrima, mientras que la carta que envías por correo electrónico no podrá ser emborronada por una emoción".[2]

En este capítulo veremos casos de enfermedades físicas, padecimientos tangibles que tienen tratamiento. Sin embargo, también hay otras enfermedades que no encajan en ningún diagnóstico médico, no tienen síntomas y no son objeto de estudio de los expertos en medicina; simplemente llegaron y se instalaron en el inconsciente colectivo.

---

[1] Gilles Lipovetsky, *La era del vacío*, Barcelona, Anagrama, 1986.
[2] www.libro-adicto.com/2009/11/el-cuaderno-jose-saramago.html.

Datan de hace algunas décadas, y han permeado en las sociedades, sigilosamente. Se manifiestan a nivel global y el daño que provocan es masivo, amargo, desastroso, partiendo del terreno individual hacia la humanidad entera.

Éstas son las que Saramago cuestiona y señala como los males de nuestro mundo y de nuestra época: "Las tres enfermedades del hombre actual son la incomunicación, la revolución tecnológica y su vida centrada en su triunfo personal".[3]

Andrea: "No podíamos equivocarnos, no se valían el cansancio, el llanto, el miedo…"

Tuvieron a sus gemelos cuando tenían veinticinco semanas de gestación, es decir, tan sólo cinco meses de desarrollo.

Buscando en los archivos de su memoria, Andrea empieza a contar su historia:

"El embarazo fue normal. Un día estaba trabajando y sentí el vientre muy duro. Acabé en el hospital, donde me dieron el medicamento para la maduración pulmonar de los bebés y el doctor nos dijo que podían nacer ese día, al siguiente o en tres meses.

"Fernando y yo no entendíamos, sólo sabíamos que era necesario esperar. Después de quince días de estancia en el hospital, por el riesgo de que los bebés murieran por falta de líquido o que nacieran y no lograran sobrevivir, optamos por la operación."

"Primero nació Ramón —narra Fernando—. Medía sólo treinta y tres centímetros, su piel estaba pegada a los huesos, parecía una pasita… A los tres minutos sacaron a Mateo. Los vi completos. Yo me sentía como anestesiado. La condición de los niños era terrible."

Andrea salió del hospital cuatro días después, sin niños. Mateo estuvo ahí noventa y siete días y Ramón ciento dos.

"Cuando estás embarazada no piensas que algo malo puede pasar —continúa Andrea—. Ver a tus hijos entre la vida y la muerte es devastador. Fernando y yo nos abrazábamos y llorábamos.

---

[3] saramago.blogspot.mx/2005/01/las-tres-enfermedades-del-hombre.html.

"El desarrollo pulmonar y la lucha contra las infecciones eran los retos por afrontar. Ramón y Mateo no tenían defensas. Ganar o perder peso, respirar o no, le hacían transfusiones a Mateo y la escena era una pesadilla…"

"La cuenta al día de hoy es de nueve millones de pesos por todas las cirugías que llevan mis hijos —retoma el relato Fernando—. A mí me corrieron del trabajo, pero tenemos un seguro y nos ha cubierto todo."

Durante esos meses en el hospital a Mateo lo operaron de unas hernias inguinales. Ramón tenía el intestino y el estómago en la ingle porque la pared de su piel se había reventado. Por ello lo sometieron a cuatro cirugías. El día que salieron del hospital con sus hijos, llevaban dos libretas, una para cada bebé, con indicaciones muy puntuales y quince medicamentos diarios para cada uno.

"Nuestros sentidos tenían que estar con ellos al máximo, cada segundo. No podíamos equivocarnos, no se valían el cansancio, el llanto, el miedo… Mateo contrajo una grave neumonía y estuvimos tres semanas en el hospital. Al mes regresamos por otra infección porque sus pulmones estaban muy débiles. Le mandaron oxígeno por cuatro semanas.

"En las radiografías de la cabeza y las costillas de Mateo apenas se veían los huesos, eran como transparentes. Los dos estaban descalcificados. Les diagnosticaron acidosis tubular renal, que es una condición en la que el riñón filtra de más; es una de las ocho mil enfermedades raras cuyo origen se desconoce. Les recetaron calcio intravenoso. Al mes sus cabezas eran una roca.

"La cabeza de Mateo empezó a cambiar mucho. Le diagnosticaron craneocinostosis, es decir, cráneo cerrado; por el huequito que tenía, el cerebro empezó a crecer hacia arriba. Ramón también lo tenía cerrado, pero de lado. Los operaron de nuevo. El primero fue Mateo, duró cinco horas en el quirófano. Tenía la cara morada, le pusieron placas en la frente, estaba muy inflamado. Al día siguiente operaban a Ramón… aquello no se detenía, me sentía morir. Fueron heridas de oreja a oreja, como diadema. Estuvieron en terapia intensiva…

"De esa cirugía evolucionaron muy bien. Al mes, su cambio de ánimo, su motricidad, eran fantásticos. Ya se sentaban solos, pero la cabeza de Mateo se volvió a cerrar hacia arriba. Al sacarle una tomografía, el médico decidió que era necesario operarlo otra vez. Le abrieron la cabeza, ahora hacia atrás, y le quitaron seis centímetros de cráneo, de frente a nuca. De no hacerle esta cirugía, el daño cerebral por la fuerte presión del cerebro era inminente."

Andrea y Fernando han pasado un año y siete meses entrando y saliendo de hospitales...

"Hemos vivido algo que no le deseo a nadie, algo que jamás esperamos que sucediera. Creo que Ramón y Mateo nos han enseñado más de lo que nosotros podemos enseñarles a ellos. Son unos guerreros que tienen grandes deseos de vivir..."

"Ninguno de nosotros tiene la vida comprada —dice Fernando—. Nunca pensé pasar por lo que nos ha tocado pasar. Pero cuando ves que estás tan expuesto como cualquier ser humano, te vuelves más vulnerable a cuestiones a las que antes no prestabas atención. Quiero establecer una fundación para ayudar, no a los niños porque ellos salen adelante, sino a los papás de los niños que nacen con poco líquido amniótico en las bolsas. Necesitamos mucha ayuda para enfrentar cada segundo entre la vida y la muerte de nuestros hijos. No hay palabras... pero al final ellos viven, están con nosotros. No sé cómo salen adelante las personas que ya no tienen a sus hijos."

EN EL TINTERO

A pesar de todo lo ocurrido, a pesar de no haber estado preparados para tanto sufrimiento, los protagonistas de esta historia se sienten afortunados, fuertes y con ánimo. Como ésta ¿cuántas historias? Basta que nos "jalen el tapete" para empezar a vivir una pesadilla. Y lo que queda es en qué transformamos esa experiencia, cómo viviremos después y qué sentido le daremos a aquello que nos vulneró tan profundamente.

Recordar que siempre habrá una historia más dura que la tuya te ayuda a dimensionar la fuerza que puedes alcanzar para lograr superarla. Entiendo que el sufrimiento, al compararlo con el de otro, no disminuye; por el contrario, se siente, se vive en carne propia, se cierran puertas y horizontes, y qué bueno que podamos desahogarlo. Dicen que cuanto más lo contemos, más lo comprenderemos. Pero imagínate, si al recordar volviéramos a experimentar el sufrimiento con toda su fuerza, ¡nos volveríamos locos! No propongo minimizar tu sentir o hacerlo a un lado porque hay otro a quien algo le duele más o le fue peor que a ti. Propongo que esas otras historias te motiven a salir de la tuya sin conformismo, simplemente por encontrar en

88 NO LA VI VENIR!

ti la fuerza para afrontar lo que te ocurre. Todos tenemos formas distintas de procesar algo: unos se encierran; otros sonríen; unos hablan todo el día del suceso; otros lo evaden con alguna sustancia nociva; hay quien reacciona muy bien, resuelve, y cuando todo pasa se viene abajo... En fin, si ya sientes que estás en la pesadilla y no puedes afrontarla, me parece que pedir ayuda es muy sano. Tomar dirección y encontrar un sentido es un buen camino. Son los momentos en que aplica el dicho "ni tanto que queme al santo, ni poco que no lo alumbre". Hay que intentar encontrar el equilibrio en las diversas circunstancias. El péndulo de nuestra vida no debiera ir ni tan a la derecha, ni tan a la izquierda; mantenerse en el centro lo más posible es la idea.

Samuel: "Al día siguiente llegué a este grupo para entender las consecuencias de mi alcoholismo..."

"Fueron años de reventones interminables. Días sin dormir, sin permitir que llegara la 'cruda'. La única preocupación era estar cerca del alcohol.

"—Vamos a mi casa, total, mi vieja siempre nos recibe.

"En la sala seguíamos tomando. Borrosamente vi que uno se balanceaba al orinar en una esquina... pero también vi cuando abusaron de mi hija y no pude hacer nada.

"Mi esposa tirada en el suelo, golpeada... quería levantarme, pero no tenía fuerza, todo me daba vueltas y tampoco pude hacer nada."

EN EL TINTERO

Samuel, debido a su estado de inconsciencia, no vio venir lo que ocurriría con su familia. Irónicamente, esto lo llevó a buscar una solución a su condición.

El alcoholismo domina los pensamientos, las emociones y las acciones de la persona que lo sufre. Es una enfermedad adictiva en la que el individuo no logra controlar el consumo de alcohol debido a un desajuste emocional causado por el deseo de liberarse de ciertas dificultades que no quiere enfrentar. Sin embargo, lo que se pretende solucionar con el alcohol, empeora. El alcohol potencia el desajuste, el cual no se incrementa en un día, a veces pasan años para que se manifieste.

Recordemos que una condición importante del alcoholismo es la tolerancia a la ingesta, es decir, la persona necesita tomar una cantidad cada vez mayor de alcohol para lograr los mismos efectos. Esta ingesta actúa directamente en el sistema nervioso elevando los índices de depresión y de trastornos psicóticos que implican la pérdida del contacto con la realidad.

La Organización Mundial de la Salud (OMS) define a los alcohólicos como: "bebedores en exceso cuya dependencia del alcohol ha llegado a tal extremo que existe un trastorno mental evidente o padecen problemas de salud físicos y mentales que interfieren en sus relaciones personales, familiares, sociales y laborales".

La familia de un alcohólico, como sucedió en el caso de Samuel, está expuesta a un entorno de violencia indescriptible. Pero hay un detalle que Samuel señala en su breve narración —"total, mi vieja siempre nos recibe"—, que cambia la perspectiva de la situación. Que la pareja o el ser querido no ponga límites, que solape la enfermedad, conlleva un riesgo importante. Es en esa permisividad donde se dieron el abuso y la violación de la hija pequeña. La disfunción familiar no es sólo la que provoca el entorno de Samuel, sino también la que la esposa causa al recibirlos borrachos "como siempre" sin considerar esta decisión como una alerta de un posible riesgo.

Hay parejas que adoptan conductas de gran complicidad con la persona alcohólica. Justifican para beneficio propio el alcoholismo del otro, diciendo, por ejemplo, "qué bueno que está borracho porque así me aseguro de que es imposible tener relaciones sexuales". La conducta de la pareja estará directamente relacionada con el castigo o beneficio que se aplica sobre el otro.

En este sentido, poco se habla de las parejas de personas alcohólicas. Si bien quien manifiesta la enfermedad tiende a accidentarse y a consumar actos violentos, la pareja está motivada a permanecer a su lado por su propia personalidad patológica. No hay persona que se mantenga en un vínculo de este tipo que se libre de manifestar deformaciones psicológicas.

Es tan grave este tema que algunas personas son afectadas por trastornos psíquicos y depresivos cuando el enfermo por alcoholismo se mantiene sobrio y presenta avances en su plan de recuperación. En el discurso expresan su deseo de que se cure, pero en muchos casos serán quienes le ofrezcan la primera copa, nuevamente.

¿Y qué decir de los hijos, que son quienes reciben el impacto de esta complicidad-enfermedad con contundencia, percibiendo en forma confusa lo que está bien y lo que debe mantenerse lejos porque causa daño? Hay familias que sacrifican al enfermo, en tanto que otras son sacrificadas por éste. La degradación familiar, el desajuste y la disgregación son consecuencia de la enfermedad y también de las complicidades por parte de la familia hacia el enfermo.

Es necesario conocer más acerca de este tema, no sólo en lo que respecta a la persona que bebe en exceso y está enferma, sino también a la pareja, en quien recae la responsabilidad de permitirse vivir con una persona alcohólica. Si ésa es tu decisión, tendrás que pensar en asumir las consecuencias de la misma y todos los riesgos que representa para tu entorno, incluidos tus hijos, obviamente.

Viene a mi mente y me parece lapidaria la sentencia que dice: "Padre alcohólico, marido alcohólico, hijo alcohólico". Hoy día la posibilidad de cambiar patrones de conducta es una realidad y está al alcance de muchos. Los esfuerzos de ciudadanos a través de fundaciones o instituciones de atención como Alcohólicos Anónimos (AA) o Grupos de Familia Al-Anon, y el mismo sector gubernamental de salud pública, están a disposición de quien desee ser ayudado. ¡No hay pretexto!

Bárbara: "Amanecí con un silbido al hablar..."

"Mi madre alcohólica murió cuando yo tenía veintidós años, debido a una hemorragia esofágica; padecía *delirium tremens*.

"Al cumplir dieciocho años conocí a 'ciertos amigos' que me ofrecieron probar la mariguana. La sustancia 'me daba buen servicio', porque yo era una persona triste y no pertenecía a nada. La mariguana me hacía reír mucho, le daba los tres jaloncitos, 'las tres marías', y con eso tenía, pero la consumía diario.

"Decidí estudiar medicina veterinaria y luego psicología... Cuando cumplí veintiséis años mi papá murió y me deprimí fuertemente. Mi único hermano se fue a vivir a Estados Unidos y yo no encontraba a alguien que me diera apoyo incondicional y me cuidara. La sensación era de orfandad absoluta.

"Mi novio me dio a probar la cocaína y me enganchó de tal forma que traía un frasquito en mi bolsa y todos los días la consumía; a todas horas 'me periqueaba'. Me daban delirios de grandeza, sentía mucha energía, me sentía más audaz, lúcida, y me atrevía a hacer cosas que por lo regular me daban pena. No contaba con un medidor interno y, tiempo después de consumirla, me causaba una tristeza muy profunda. El consumo de tres a cuatro gramos diarios disminuía mi ansiedad.

"Había días que se detonaba en mí la paranoia. Aun así, pensaba que controlaba la cocaína. El consumo de ambos llegó a tal grado que mi novio murió poco después de que yo cumpliera treinta y nueve años. Habían muerto mis tres amores: mi madre, mi padre y ahora mi pareja. Perdí el interés en todo.

"Un día amanecí con un silbido al hablar. El médico me dijo que tenía un hoyo en el paladar... ¡literal! No era cáncer y al escucharlo me alegré de tal manera que seguí consumiendo. No dejé la coca. Dije: 'Si no puedo inhalarla, puedo fumarla' y fumé piedra durante nueve años.

"Mi único contacto con el mundo era la radio; me dedicaba a escuchar una estación de análisis político. Me encerraba en el baño, todo el día estaba 'hasta la madre'. No comía, no me comunicaba con nadie; tomaba refrescos y dulces, eso era todo. Los días eran eternos. Quería morirme y esperaba lograrlo a cada minuto, pero mi cuerpo no cedía, seguía con vida.

"Un día intenté escribir un mensaje y cuando me di cuenta la hoja estaba llena de taches. No podía terminar una oración. Entré en pánico. Me acordé del delirio de mi mamá, de la muerte de mi novio...

"Para ese entonces pesaba cuarenta y dos kilos. Mi baño era un verdadero basurero. Hablaba con un ratón al que le puse Fritz, el cual se alimentaba de los desperdicios. Ni siquiera me atrevía a mirarme al espejo: 'quién sabe quién es ésa', pensaba. Ya no tenía dientes y mi facha era horrible.

"A mis cincuenta y tres años, mi hermano regresó de Estados Unidos y me llevó a Monte Fénix. Ahí me explicaron que tenía el alma rota y que sola no podría salir de eso. Estuve internada más de nueve semanas y entendí mi enfermedad. No recuperé los dientes, aunque sí algo de amor por mí. La droga me quitó el dolor, pero me arrancó la vida. Tengo miedo de estar sola, no pienso en el futuro y no quiero hacerlo porque mi mente es catastrófica.

"Hoy me conozco más, conozco mi enfermedad y tengo mucha vergüenza por cómo me he lastimado. Tengo cincuenta y seis años, y me cuesta bastante hacerme cargo de la vida diaria, pero... he avanzado mucho."

EN EL TINTERO

Cuando queremos evadir nuestra realidad, es increíble hasta dónde podemos llegar en nuestro deseo de morir. La soledad, la frustración, la desolación y los duelos no trabajados son detonantes de una profunda depresión que llevan, como en este caso a Bárbara, a buscar la constante autodestrucción. Jamás imaginó que pudiera echar a perder su vida de ese modo, no esperaba llegar a tocar fondo de esa manera.

¿Y quién puede decir si vivir en esas circunstancias es mejor que morir? ¿Qué puedes encontrar en tu vida que, después de una historia así, consiga motivarte a quedarte?

Vivir es siempre una oportunidad de cambiar y de solucionar nuestros problemas por graves que parezcan. Acercarse a instituciones como Monte Fénix es un paso que nos puede salvar la vida.

Juan: "...me voy a portar bien"

Juan no seguía los tratamientos que le mandaba su médico. Inició con diarreas repentinas y sangrado del tubo digestivo. Con cuarenta kilos de más, le costaba trabajo respirar, levantarse y sentarse; sudaba mucho y tenía insomnio... pero poco a poco se acostumbró a vivir así.

Su médico le explicaba el efecto de su alimentación en su organismo y él se limitaba a responder: "Sí, doctor, ya me voy a portar bien".

En 2008 se le diagnosticó diabetes, relacionada sobre todo con su sobrepeso. Si bien creyó que se trataba de un mal diagnóstico, nunca buscó una segunda opinión.

En 2009 tuvo un nuevo episodio de sangrado. Se le encontró una úlcera gástrica con aspecto tumoral. Le diagnosticaron un adenocarcinoma. Lo programaron para cirugía, le realizaron una resección parcial del estómago y se dieron cuenta de que el tumor se había incrustado en un músculo. Su diagnóstico cambió radicalmente y tuvo que ser sometido a radioterapia y quimioterapia. La primera le dejó muchas secuelas y le produjo obs-trucción digestiva. Se modificó por completo la función del tubo digestivo y tuvieron que conectarle una sonda por el yeyuno, segunda porción del intestino delgado.

Hoy Juan tiene cuarenta años. Se alimentará a través de una sonda toda su vida. Tenerlo en cama le cuesta a su familia mil quinientos pesos diarios. Es su esposa quien sostiene su casa... Su hijo mayor, de once años, empie-za a presentar problemas serios de obesidad.

EN EL TINTERO

Al saber que la obesidad causa diabetes, vale la pena reflexionar sobre lo siguiente.

En el libro de Louise L. Hay, *Tú puedes sanar tu cuerpo,* se habla de equivalentes mentales que provocan enfermedades físicas. En relación con la diabetes, se dice que la emoción de anhelar lo que pudo haber sido, aunada a una gran necesidad de control y la manifestación de una pena honda, sería el significado emocional que te lleva a provo-carte esa enfermedad.

Si de la parte emocional nos vamos a la estadística, la OMS indica que hay 2.1% de defunciones al año por diabetes en el mundo y que existen mil setecientos millones de personas con sobrepeso, tomando en cuen-ta el criterio de masa corporal de veinticinco o más. Cuando el núme-ro de masa corporal aumenta a treinta o más, se considera obesidad.

De tal modo, sin importar cuál sea la causa, si emocional o física, al fin y al cabo la obesidad cobra vidas en el mundo. Hace cien años el ser humano moría por agentes externos: virus, bacterias, es decir, enfermedades transmisibles... Hoy la proporción epidémica que está adoptando la obesidad incrementará los niveles de enfermedades en los próximos veinte años. Ahora morimos de enfermedades no trans-misibles, es decir, ¡la muerte entra por la boca, no por contagio!

Antes se creía que un gordo era sano o se decía que era gordo ¡pero feliz! Hoy se sabe que ésas son grandes mentiras. En primer lugar, no es sano, punto. Está comprobado. Y en segundo lugar, ¿quién se sabe feliz al estarse metiendo la muerte en excesos de bocados? Tan sólo en refres-cos, cada mexicano consume trescientos cuarenta y dos litros al año.

Ser obeso es irresponsable con uno mismo y más irresponsable es fomentar la obesidad en los hijos. El caso de Juan es terrible. No se cuida, no le da seguimiento a los tratamientos, no le importa su persona y de paso ¡se lleva de corbata a la familia! Podría resultarnos difícil pensar que no vio venir lo que sucedería como consecuencia de su sobrepeso, pero parece ser que así fue; de otra manera no se explica su actitud. Peor aún es la situación que su hijo empieza a presentar. Los obesos tienen riesgo de muerte súbita y son vulnerables a diarreas, desmayos, fiebres y palpitaciones. Están enfermos.

En 1968 el doctor Gerald Reaven identificó que la diabetes, la obesidad y la hipertensión arterial podían estar relacionadas. A esto, junto con los triglicéridos altos y el bajo colesterol bueno, hoy lo llamamos "síndrome metabólico", y es considerado el padecimiento más devastador de la época contemporánea.

Avicena, un médico persa (980-1037), escribió en *El Canon*: "Los hombres gordos son infértiles y producen poco semen, y las mujeres obesas no se embarazan y si lo hacen, abortan y su deseo amoroso es débil..." Sorprende conocer que desde entonces se hacía referencia a la obesidad como algo tan dañino. Hoy la obesidad es la segunda causa de muerte evitable en el mundo, después del tabaquismo, así que es fundamental que de manera individual encontremos medidas apropiadas y sanas para mantener nuestro peso y evitar un agravamiento de esta situación.

El merolico anuncia:

"¡Llévelo, llévelo! Se venden 'paquetes de la muerte'*...

"Incluyen presión arterial alta, con triglicéridos elevados, debilidad cardiovascular, diabetes y obesidad. No importa la edad, no importa el dinero, sólo importa comer con esmero.

"¡Llévelo, llévelo!"

Oliver Sacks: "¿Me estaré volviendo loca?, me dijo..."

Visité a Rosalee, una mujer de sesenta años que decía que se había vuelto loca o tenía Alzheimer, porque veía cosas raras y se sentía muy asustada.

★ Es real, en la comunidad médica se les llama "paquetes de la muerte".

Era ciega. Cinco años antes una degeneración macular le había ocasionado la ceguera, pero fuera de eso, estaba sana y lúcida.

—Veo cosas, doctor.

—¿Qué tipo de cosas?

—Gente en traje oriental, entre cortinas, subiendo y bajando escaleras. Un hombre con dientes enormes al lado de la boca. Animales. Un caballo. Perros y gatos. A veces son niños vestidos de colores brillantes...

—¿Esto es como un sueño?

—No, es una película. Tiene color y movimiento, pero no sonido, es muda. Es repetitiva. No lo puedo controlar, todo es ajeno a mí. ¿Me estaré volviendo loca?

No tenía problemas médicos o enfermedades. No ingería medicamentos, sólo estaba ciega. Hay una forma particular de alucinaciones visuales que puede desarrollarse con el deterioro de la visión o la ceguera. Esto lo describió Charles Bonnet en el siglo XVIII.

—A su mente y a su cerebro no les pasa nada, tiene el síndrome de Bonnet.

—¿Quién es Bonnet? ¿Él tenía el síndrome? ¿Le ocurría lo mismo?

EN EL TINTERO

En 1759, un juez de edad avanzada a quien se le había practicado la operación de cataratas, narró a su nieto sus alucinaciones: "...he visto un gran pañuelo azul volando con cuatro círculos de color naranja en las esquinas y una gran rueda". El abuelo, además, veía muchas figuras diferentes. Un día vio a un hombre en bata fumando pipa y se dio cuenta de que era él mismo; ésa fue la única figura que reconoció entre todas las alucinaciones que presentaba.

Su nieto, Charles Bonnet, encontró que este tipo de alucinaciones suceden en personas que han tenido problemas visuales: "...alrededor de 10% de las personas con problemas auditivos tienen alucinaciones auditivas y 10% de aquéllas con problemas visuales tienen alucinaciones visuales. Sin embargo, sólo 1% habla de ellas porque temen que se les considere locas o que los médicos equivoquen su diagnóstico..."

Oliver Sacks, reconocido neurólogo residente en Nueva York, explica por qué ocurre esto:

Cuando se pierde la visión, como las partes visuales del cerebro ya no reciben estímulo alguno, se vuelven hiperactivas e inquietas, comienzan a emitir imágenes de forma espontánea y se empieza a tener visiones muy complejas. Algunos han visto a personas dividirse en seis partes y regresar como acordeón a su forma original al acercarse a ellas. Las alucinaciones tienen mucho movimiento [...] Otra mujer que no sufría problemas en los ojos, pero sí en la parte visual del cerebro debido a un tumor en el córtex occipital, veía dibujos animados que se volvían transparentes. Las imágenes eran muy persistentes y, como en el caso de Rosalee, las caras estaban deformadas con dientes o con ojos fuera de lugar o muy grandes. A estas personas hay que asegurarles que no se están volviendo locas.

En nuestra época sabemos que a través de una resonancia es posible sacar imágenes y localizar qué partes son las que se activan mientras el cerebro funciona y se están teniendo alucinaciones. Por ejemplo, hay un trastorno llamado epilepsia del lóbulo temporal en el que la persona que lo presenta se siente transportada a un lugar y un tiempo en el pasado, es decir, en ese instante cree, con sentimientos y familiaridad, que está en la escuela aprendiendo matemáticas y tiene ocho años. Las alucinaciones son dramáticas, porque hacen que el individuo se vincule con ese tiempo, con el comportamiento presentado a esa edad, y parecen muy coherentes. ¿Imaginas a un adulto convencido de que es un niño de ocho años aprendiendo matemáticas?

En el caso de Rosalee, ella llegó a pensar que sus alucinaciones eran una señal de locura; no imaginaba que tenían otro origen muy explicable, como podemos ver en esta sección.

Hay otro tipo de alucinaciones que vale la pena conocer, las denominadas "alucinaciones psicóticas". Éstas, a diferencia de las que se presentan en el síndrome de Bonnet, son violentas, seducen, humillan, persiguen o se ríen de la persona, y ésta interactúa con ellas. Cuando ciertas áreas del cerebro sufren algún daño, se pierde la capacidad, por ejemplo, de reconocer las caras y, si además hay actividad anormal, los rostros tienden a deformarse. Otras áreas se activan cuando se ven dibujos animados, se pinta o se tienen alucinaciones de dibujos.

En 1970 se confirmó que la percepción y la imaginación no sólo son determinadas por zonas del cerebro, sino por células específicas correspondientes a cada actividad cerebral, y no somos conscientes de que todas están conectadas con niveles relacionados con nuestra memoria y nuestras emociones. Si podemos elaborar imágenes ficticias, ¿qué podemos hacer con la posibilidad de fragmentar la realidad?... "Hace doscientos cincuenta años, Charles Bonnet definía a la máquina del cerebro como el teatro de la mente. Ahora, doscientos cincuenta años después, empezamos a visualizar cómo se llega a esa máquina tan compleja", dice Sacks.

Se ve a través de los ojos, pero también se ve y se registra con el cerebro y "ese ver" genera la imaginación. En la imaginación pueden existir las alucinaciones, esas que parece que vienen de afuera, pero, en realidad, al igual que todo lo que nuestro cerebro elabora en cada una de esas células, ¡proviene de adentro! Así que "conectar" con el buen funcionamiento propio para entonces "conectar" con el buen funcionamiento del otro ¡es muy complejo!

Norma: "Me juró que no volvería a hacerlo..."

"Nuestro matrimonio no era ejemplar, pero lo soportábamos. Tuvimos dos hijos, Arturo y Abril, y la situación empeoró poco a poco.

"Los niños crecieron, cada uno con su carácter muy definido. Roberto siempre mostró preferencia por Arturo; jugaba y convivía más con él. Creo que por eso creció siendo un niño abierto, seguro y autosuficiente. Abril parecía no notar esa diferencia. No le importaba estar tan cerca de su papá... ni de mí. Creció asumiendo el papel de la débil, la chillona y la frágil que no sabía defenderse.

"Por desgracia, a mis hijos les tocó presenciar cientos de peleas entre Roberto y yo. Nos gritábamos, Roberto me zarandeaba frente a ellos y yo me limitaba a llorar sin poder zafarme. Sólo al escuchar los gritos y llantos de nuestros hijos caíamos en la cuenta de lo que hacíamos. Roberto cargaba al niño y se lo llevaba a su habitación. Abril salía disparada a su cuarto y se metía debajo de la cama a llorar con desconsuelo. Otras veces golpeaba repetidamente la cabeza contra la pared o arañaba su mejilla tan fuerte que terminaba llorando. Una vez tomó el bate de su hermano y se pegó tan duro que se hizo una herida en la cabeza. Tenía siete años. Me asustaba mucho y lo único que se me ocurría era abrazarla muy fuerte para inmovilizarla.

"Aun cuando las peleas con mi marido no paraban, la separación nunca fue una opción. Nos habíamos casado por bienes mancomunados y él no estaba dispuesto a cederme nada. Así que permanecimos juntos los siguientes diez años.

"Arturo no me preocupaba, vivía cobijado por su padre, pero Abril empezó a resentir mucho la situación. Creció hasta volverse una adolescente rebelde, insegura y muy voluble.

"Su festejo de quince años fue una batalla campal. Yo quería organizarle la fiesta del año, su padre no quería gastar y ella no quería nada. Hoy lamento mucho no haberla escuchado.

"Me salí con la mía y le organicé su fiesta. Antes de salir a la misa, entré al baño para ayudarla a ponerse el vestido y lo que vi me aterró. Con una navaja de su papá en la mano y la pierna sobre el borde de la tina, observaba la sangre que escurría de la herida. Cuando me miró, no supe si lloraba de tristeza o de furia.

"Obviamente la fiesta se canceló y Abril y yo permanecimos en el hospital toda la tarde. Fue una señal inequívoca. Era la consecuencia de una vida infeliz que no supimos detectar a tiempo. Hicimos un primer intento de llevarla a terapia, pero no quiso. Me juró que no volvería a hacerlo y le creí.

"Una noche que su padre llegó borracho, con la camisa manchada de lápiz labial, Abril lo confrontó. Estaba fuera de sí. Como siempre, corrió a encerrarse en su cuarto. A la mañana siguiente, cuando salía para la escuela noté que había llorado mucho; se veía apagada, enferma. Llevaba una blusa de manga larga y cuello de tortuga, lo que me extrañó, pues hacía calor. Sin embargo, nada le pregunté. Descubrí en el bote de basura esponjas desmaquillantes con manchas de sangre. Lloré con una tristeza profunda. No sabía cómo ayudar a mi hija.

"Por la tarde, con toda la serenidad que pude reunir, le pedí que habláramos, quería que me mostrara su cuerpo. Se resistió, me hizo 'mil' juramentos hasta que, resignada, se quitó la blusa y vi sus brazos llenos de rajadas muy finas, unas ya cicatrizadas con costras, y otras muy recientes, rojas e infectadas.

"—Ya no puedo, mamá... ya no quiero, me quiero morir...

"Me sentí impotente, estúpida, inútil... En ese momento me dolieron mi pasado, mi presente y mi futuro. Mi hija flagelaba su cuerpo por el maldito infierno que le hicimos vivir. Desde hacía años esas acciones eran su escape, su castigo, su grito de ayuda que nadie escuchaba. Hoy sé que sólo así puede manejar su dolor. Hemos intentado borrar las cicatrices, las de su cuerpo; pero las del alma, que son más profundas y dolorosas, ¿quién se las quita?

"Abril tiene ya diecisiete años, está anémica y deshidratada. Sus constantes heridas la han hecho perder mucho plasma y glóbulos rojos. Sufre de mareos constantes. Su semblante está siempre pálido. Hoy vivo observándola permanentemente, sin que se dé cuenta, a un grado obsesivo. No puedo perder a mi hija.

"Roberto y yo nos separamos hace un año. Abril y yo estamos en un proceso profundo de curación y de perdón... Deseo fervientemente que lo logremos. Hace un año que no veo a mi hijo, desde que se fue con su papá. Mi vida entera es mi hija y sé que saldremos adelante. ¡Eso espero! Ayer se cortó las uñas, acabamos en urgencias... esto que vivo es una pesadilla."

EN EL TINTERO

¡Qué situación la de Norma! Los problemas con su esposo la hicieron cerrar los ojos ante el drama que vivía con su hija. Por fortuna, después del desconcierto inicial, pudo hacerse cargo del asunto y buscar ayuda para Abril.

En nuestros tiempos, la autoflagelación es más común de lo que sabemos. Es una manifestación de un grave desorden emocional que no encuentra salida. Es una enfermedad silenciosa y profunda que apena a sus víctimas. Por la desinformación que existe sobre este tema, las personas que rodean a quien se flagela no saben qué hacer o cómo reaccionar.

La asesoría médica es fundamental en estos casos. El asunto no se resuelve en casa, sin ayuda de un experto en la materia. Lo único que la familia puede hacer es dar atención, rodear de amor y acompañar en su proceso de curación a quien se lastima de esa forma.

Cristina: "Hoy ya puedo caminar con este aparato"

Veracruz.

Una señora, con un armazón que le sostiene el cuello y todo el tronco hasta las rodillas, se acerca a saludarme y decirme que escucha todos los días mi programa de radio. Quiere agradecerme porque he sido su compañía en los últimos dos años de su vida durante la recuperación...

Le pregunto:

—¿Qué te hicieron? ¡Qué barbaridad! ¿Estás bien?

—Ahí voy, Fer. Ha sido muy larga la espera, pero hoy ya puedo caminar con este aparato.

Parecía robot, no era posible imaginar la existencia de un aparato así. Sólo viéndolo era creíble.

—Salí a leer al parque. Me senté en una banca, una enorme palmera me cubría con su sombra y, mientras leía, me cayó un coco en la cabeza.

EN EL TINTERO

Todas sus vértebras se habían comprimido. Un coco a esa distancia es como una bola de boliche que al caer sobre la cabeza comprime completamente ¡todo!

¿Quién puede ver venir este tipo de accidentes? ¡Nadie! Todos estamos expuestos a que la vida nos cambie en un instante. Las probabilidades son mínimas, pero cuando suceden tenemos que afrontarlas con valentía y una actitud positiva. No hay de otra, en ocasiones la vida nos muestra cuán vulnerables somos y que sólo hasta que suceden situaciones así, nos damos cuenta de ello.

Fernanda: "Soñé que mi hija moría en el parto"

"Transcurrieron unos segundos eternos en los que el pediatra ponía en práctica todos sus conocimientos para revivirla.

"Para nosotros la vida se detuvo. Contuvimos el aire y nos miramos con miedo, como entumecidos. Tomados de la mano, alcanzamos a apretarnos con mucha fuerza... aletargados.

"Me durmieron por completo, lo último que vi acostada en el quirófano fue la mirada cómplice, tierna, amorosa y profunda de mi asustado esposo. A lo lejos escuché vagamente el llanto de nuestra hija que volvía para unirnos en ese momento y para siempre."

6. La muerte:
¡por un pelito y se salva!

Nada existe, animado o inanimado, orgánico o inorgánico, que podamos asegurar que es permanente. El entendimiento de la impermanencia es útil como recurso para lidiar con la vida y trabajar con miras a que nuestras relaciones sean más sanas. Si reflexionamos en que todo tiene movimiento, cambia y no permanece, viviremos más inmersos en el gozo, la construcción de mejores relaciones, el sentimiento constante de amar a flor de piel, la empatía, el cumplimiento de la palabra, un mayor respeto a la vida en sí y tantos aspectos tan valiosos, que nos alejaríamos de las quejas, del reclamo, del odio, de la insatisfacción, del enojo y de todo aquello que nos genera sufrimiento.

La impermanencia es un concepto budista que significa transformación continua. A través de él, el ser humano puede percatarse de que las experiencias y todo lo que nos rodea están sujetos al sufrimiento, son carentes de sustancia y son impermanentes. Con la meditación diaria la persona adquiere conciencia de la impermanencia de las emociones, los pensamientos y los procesos del cuerpo; así, es capaz de contemplar a la muerte como parte de ese flujo de transformación y, por consiguiente, de dejar de sentir temor ante su inminente llegada.

Lo anterior se dice fácil, pero incorporar ese concepto a la práctica es algo que pocos logran, y sólo después de dedicar años de su vida a trabajar en ello. Expongo este concepto para centrarme en el milagro que somos y en que debemos aprender a ver la realidad sutil de que cada momento cambia... Esto resulta aterrador para muchos que confían en la permanencia, que dan por hecho que todo está y sigue, y que nada pasará. Sin embargo, si pensáramos en nuestra vulnerabilidad, como expliqué en el capítulo 1, desperdiciaríamos menos la vida en problemas que no valen la pena. Si deseamos gozar más nuestra "estancia" en esta vida, es necesario jerarquizar para ver qué elementos sí permitimos que entren y nos afecten, y cuáles no. En un instante las cosas se modifican, se esfuman, cambian. En un tronar de dedos ocurre un accidente, y esto motivó el título de este capítulo, "¡Por un pelito y se salva!" La fragilidad de nuestra existencia es la de un cabello volando con el viento: puede dirigirse a cualquier lugar, y en cuestión de segundos algo sucede y provoca que todo dé un giro de ciento ochenta grados.

Un segundo antes nos salvamos, un segundo después morimos. Así es la vida y ¿nos damos el lujo de actuar con negatividad?, ¿puede haber algo más burdo? El hecho de vivir en una cotidianidad monótona, por ejemplo, no debe hacernos descuidar el valor de estar. La muerte es una zarandeada para los que estamos vivos porque con ella se acaba la posibilidad de, aquí y ahora, enderezar, cambiar, arreglar o mejorar las cosas.

En este capítulo abordamos el tema más profundo, porque con la muerte no hay vuelta de hoja, no cabe posibilidad alguna de contar con la presencia de los seres que se han ido, más allá de lo que significa sentirlos en nuestro corazón, recordar con mucho amor el papel que desempeñaron en nuestra vida… Las historias aquí presentadas son tragedias. Involucran sufrimiento, pérdida, dolor interno y de entrañas. Conozco muy de cerca a algunos de los que compartieron sus experiencias y ¡son desgarradoras! La fuerza con la que se han enfrentado a la vida, con la que han vivido, no puede medirse, porque es un milagro inexplicable.

A ellos, a su valor, a su amor por la vida, les dedico este capítulo. Sé que en todos los casos ¡no la vieron venir! Y se han levantado, no se quejan y no asumen el papel de víctimas. Por el contrario, son un ejemplo del Ave Fénix que resurge con dignidad entre las cenizas y colabora; así, muchos apoyan causas nobles, y le han encontrado sentido a su vida con fe y con mucha valentía.

Virginia: "En menos de tres minutos sucedió…"

El 19 de diciembre de 1997 sucedió el accidente que cambió el rumbo de su vida… Era un día raro, lloviznaba en la ciudad de México. Faltaba poco para la Navidad y la casa de su hija se veía hermosa, adornada con pequeños focos. Nadie notó que uno de los cables estaba pelado. Fueron tan sólo unas cuantas gotas de lluvia las que provocaron el cortocircuito en todas las uniones eléctricas de la casa. Todo empezó a incendiarse en un instante. La sequedad del árbol de Navidad y las figuritas de paja del nacimiento avivaron más el fuego. En menos de tres minutos la casa estaba en llamas.

Su hija salió a pedir ayuda a los vecinos, volvió a entrar y sacó por la ventana a dos de sus hijos que estaban en su cuarto, Nico, de once meses, y Lorenzo, de tres años. Por la terraza de su baño, logró lanzarlos a la terraza del vecino y, al regresar al tercer piso por sus otros dos hijos, Cami y Mau, murió en el intento en las escaleras. El fuego era de tal magnitud que ninguno de los vecinos podía entrar.

Los bomberos lograron sacar del tercer piso a Cami y a Mau, quienes salieron muy afectados por las quemaduras...

El día del incendio su hija iba a salir a festejar el cumpleaños de una amiga, y como no le gustaba manejar de noche pidió un taxi. El taxi se retrasó, por lo que decidió no ir al cumpleaños; la nana había salido y Mauricio, su yerno, se encontraba sirviendo un banquete en el Colegio de las Vizcaínas, así que ella prefirió quedarse en casa.

Cuando la nana regresó, la casa ya estaba incendiándose y no pudo entrar... A Virginia la localizaron unos vecinos y le aseguraron que dos de los niños estaban en la Clínica 6 del Seguro Social y los otros dos en el Hospital Ángeles... Pero nada le dijeron sobre su hija porque no sabían de ella.

Solicitó un taxi. Fue primero al Hospital Ángeles, donde verificó que el equipo médico ya estaba trabajando con sus dos nietos. Ese mismo taxi la llevó a la Clínica 6. Lorenzo y Nico estaban ligeramente intoxicados, así que firmó la responsiva y los llevó al otro hospital con sus hermanos.

Lorenzo salió al día siguiente, Nico nueve días después y Cami, la niña, estuvo hospitalizada tres meses... Mau murió veinte días después en Estados Unidos, no por las quemaduras, ya que tenía el 50%, proporción que es muy salvable, sino porque llegó infectado del hospital en donde había sido atendido en México.

De manera textual les dijeron: "Mau llegó diez días tarde". De haberlo trasladado a tiempo, estaría vivo.

No hay palabras para describir una pesadilla así.

EN EL TINTERO

Lamentablemente, todo lo ocurrido en este caso podría haberse previsto o, en el mejor de los casos, el resultado podría no haber sido tan severo... Se conjuntó una serie de factores inexplicables para que el accidente fuera tan terrible.

En primer lugar, en México muchas construcciones no cuentan con las instalaciones adecuadas en caso de un percance. La casa tenía una sola entrada y una sola salida, lo cual sucede en la mayoría de las privadas, casas o departamentos; al tener únicamente una salida y estar bloqueada ésta, ¡las personas atrapadas no pueden salir!

Los bomberos que sacaron a Mau y a Cami del tercer piso tardaron en llegar porque en la entrada principal de la privada unos árboles no permitían que el camión pasara. Eso retrasó el rescate.

No contamos con extintores, con salidas y rutas de emergencia en nuestras propias casas. ¡Es increíble! Un incendio sucede en segundos y todo se prende en pocos minutos. Diariamente debemos revisar la cantidad de cosas que se prenden con rapidez y que nos rodean. Si no planificamos la posibilidad de evacuación frente a un incendio en nuestros hogares, es evidente que una situación así nos tomará más por sorpresa.

Por otro lado, Virginia se comunicó al Hospital Shriners y convenció a un médico de que enviara a alguien a México para que viera a los niños y diera otro punto de vista. Le pagó el boleto de avión, y el especialista, al verlos, decidió que era esencial trasladarlos de inmediato. La negativa médica previa significó tiempo perdido para salvarle la vida a Mau, porque en las quemaduras lo más peligroso son las altas probabilidades de infección.

En ese tiempo, en nuestro país, aun cuando se contaba con conocimientos avanzados de medicina, éstos eran muy limitados en cuanto a quemaduras. Mau se infectó por el aire acondicionado de su cuarto en terapia intensiva; algo vital que no se sabía era que los niños quemados tienen que estar a una temperatura de 35°C para evitar las terribles infecciones.

Los accidentes cobran vidas. Es tiempo de pensar y considerar que un incendio puede suceder en cualquier momento... fueron unas pequeñas gotas de lluvia que cayeron sobre un cable pelado.

En este caso, la tragedia dio paso a la creación de la Fundación Michou y Mau, mediante la cual Virginia se propuso evitar desenlaces fatales cuando un menor sufre quemaduras de gravedad.

Pedro: *"Escuché un ruido extraño..."*

Sucedió en abril de 2009. Pedro tenía veinte años y conducía su coche rumbo a casa de su novia. En la entrada al fraccionamiento hay varias curvas y en una de ellas, muy cerrada, le deslumbraron las luces de otro coche, perdió el control y sólo alcanzó a escuchar un ruido extraño. Abrió los ojos y su coche estaba volteado, a él le faltaba el aire...

Una ambulancia lo trasladó al hospital. Mientras lo revisaban, una enfermera le preguntó:

—¿Crees en Dios?

—¿Por qué me pregunta eso? —preguntó con pánico.

—Rézale, porque mataste a una persona.

Después supo que había atropellado a un hombre, casado, padre de dos hijos, que regresaba de trabajar para encontrarse con su familia. Caminaba por la banqueta y, cuando Pedro giró bruscamente el volante para esquivar las luces... su cuerpo fue lo que provocó el "ruido extraño".

Pedro no sabe por qué, pero nadie levantó un acta contra él y sólo se siguió el delito de oficio, ya que los paramédicos dijeron que había sido un accidente y debía investigarse. En efecto, fue un accidente imprudencial, porque el joven no había tomado alcohol ni venía a exceso de velocidad. Sin embargo, hasta ahora no logra dejar de pensar en el suceso.

Los abogados le ofrecieron a la esposa una indemnización y cubrir los gastos funerarios; ella lo aceptó, y desde entonces Pedro no sabe nada más de ella y de sus hijos. Sus padres, que sabían dónde encontrarla, no quisieron volver a tocar el tema.

Hay noches, años después, en que todavía regresa a su mente aquel momento, como una película en cámara lenta. A veces llora, piensa en los niños, en ella, en él... en sí mismo.

No hay dinero ni nada que pague la vida de una persona.

EN EL TINTERO

Aun cuando las circunstancias se refieran a un accidente, un ser humano con conciencia jamás podrá superar del todo el haber causado la muerte de alguien. Lo imprevisto de una situación tan tremenda provoca una conmoción de la que difícilmente la persona se sobrepone.

Para esos seres humanos que sí valoran la vida de otro, caben las terapias con expertos que encaminen y den una salida positiva al trauma vivido. Es muy importante que el terapeuta cuente con una certificación avalada por organismos reconocidos. Hay que averiguar en manos de quién ponemos nuestras emociones. La persona que vive un trauma así y no logra darle salida, no sabe expresar sus emociones o siente que no se "debe" hablar del asunto como sucede con los papás de Pedro, empieza a experimentar miedo, tristeza, sufrimiento, enojo, impotencia, duelo, culpabilidad, indefensión y coraje, entre otras emociones negativas.

Solemos, como digo, "guardar asuntos abajo del tapete" para que, como el polvo y la mugre, no se vean, pero esta decisión es irresponsable. El cúmulo de emociones negativas puede llevar a un ser humano a quitarse la vida para así sentir que sólo con la propia paga por la vida del otro.

En la medida en que los temas que nos importan no salgan a la luz, no floten, no se expongan, quedarán guardados pero no resueltos. Los padres debemos ayudar a nuestros hijos a encontrar un sentido a los traumas experimentados. Lo más fácil es hacer como que nada pasa, aunque las consecuencias de ello pueden generar accidentes no imprudenciales que generarán un arrepentimiento terrible.

Anónimo: "Hay días en que lo deseo..."

Pagó el rescate de su hijo. Siguió las instrucciones al pie de la letra y, aun así, después de entregar el dinero...

No sabe a dónde dirige uno ese odio, ese rencor, esa rabia. Es un proceso que sucede cada minuto, cada día, cada mes... Tiempo después los detuvieron y dedicó setenta horas a entrevistarlos, a preguntarles para intentar entender por qué lo habían hecho.

Al observarlos y escucharlos, se cercioró de que no fue porque hubiera entregado el dinero sin seguir sus instrucciones, no era menos ni era más. Y es que ese asunto rondó su mente por mucho tiempo. ¿Acaso fue él quien no hizo lo solicitado en forma correcta?

Saber que hizo exactamente lo que le pedían, que estaban drogados y que existen personas que, como ellos, terminan con la vida de un ser humano sin remordimiento... fue terrible.

Uno de ellos es papá de un niño de la edad del suyo... ¿Cómo puede ser? ¿Cómo?

¿Vengarse?... Las venganzas nos matan en vida, no son sanas. No tiene la misma estructura que ellos, aunque, en lo más primitivo de su ser, ¡hay días en que lo desea! Por fortuna, cada vez son menos.

Ya no permite que su mente lo controle con imágenes, porque podría enloquecer... su esposa y sus otros hijos lo necesitan.

EN EL TINTERO

El personaje de nuestra historia cumplió con lo que los secuestradores de su hijo le exigieron y, como es obvio, esperaba que ellos lo liberaran. ¡Qué dolor tan tremendo y tan inesperado enterarse de su muerte!

Por desgracia, hay muchos de estos casos en los que los secuestradores, a pesar de haber recibido el dinero, no cumplen con lo acordado. ¿Qué se espera de gente así? ¿Palabra? No tienen. ¿Valores? Carecen de ellos. Es inexplicable que, siendo a la vez padres de hijos con edades similares a los de los secuestrados, sean capaces de lastimarlos e incluso acabar con su vida... ¿Corazón? Tampoco tienen.

Milena: "Actué con la mayor normalidad posible..."

Lo esperaba en casa. Dijo que llegaría temprano para hacer su maleta (saldría de viaje al día siguiente) y cenar con ella y con sus hijos... Qué angustia, no podía localizarlo. El teléfono celular apagado y el guardia de su oficina le informó que estaba vacía. En uno de tantos intentos ¡alguien contestó uno de sus teléfonos!

—¿Quién habla? —preguntó.

—Identifíquese —fue la respuesta.

Por más que le decían, no lo creía. Por la naturaleza del trabajo de su esposo, le había dado una serie de instrucciones sobre lo que podía suceder, por ejemplo, que alguien quisiera hacerla salir de la casa o intentara hacerla entrar en pánico en relación con sus hijos o con él... pero pasaban las horas y le daban más datos concretos del coche, de su vestimenta, de su gafete del trabajo.

No fue sino hasta horas después cuando, abrazada de su hija, todavía en espera de su esposo, recibió la llamada del funcionario que ella sabía era el único que podía confirmar o negar la noticia.

Fue devastador. Su hijo, que tenía siete años, estaba dormido... Actuó con la mayor normalidad posible y lo mandó a la escuela como si no hubiera pasado nada. El niño, al ver mucha gente en la casa, preguntó por su papá y ella le dijo que no estaba pero que después hablaría con él para explicarle. Temerosa, pidió apoyo en la escuela para que nadie comentara lo que había sucedido. Le llamó a una amiga para que lo recogiera a la salida y no le permitiera ver noticias ni periódicos; le pidió que se quedara con el pequeño hasta el sábado para darle tiempo de preparar, junto con su hija, el velorio y el entierro.

Nada resultó... su hijo se enteró, no pudo evitar su sufrimiento por más que quiso.

Milena se volvió aprensiva, miedosa; quedó paralizada... no permitía que sus hijos salieran a la calle. Hoy, cinco años después, los va soltando poco a poco. Se da cuenta de que su forma de vida realmente no era vida.

Recuerda la explicación que le dieron: "Se le cerró un coche y le dispararon, pensó que era un asalto; herido, logró bajarse del auto y decir: '¡Llévate todo!'..." Pero aquello no era un asalto, iban por él. Su esposo era un alto funcionario de la Policía Federal y tenía demasiada información que ponía en riesgo a esos cabrones, a algunos de los cuales acababan de atrapar.

EN EL TINTERO

Esta sección está dedicada al valor y la entrega de todos los servidores públicos que han muerto luchando por nuestra seguridad y por construir un país mejor.

Entre el alto número de personas que han perdido la vida en los últimos años hay cientos que han realizado un trabajo extraordinariamente digno. Al servicio de su país y de los mexicanos, se han enfrentado con valor a los criminales y han dejado a familias completas sumidas en la soledad y el abandono.

Para nosotros pueden ser simplemente servidores públicos y forman parte de una estadística, pero para otros son esposos, papás, amigos o hijos, sin importar el género. Hombres y mujeres valientes y apasionados del Estado de derecho que sí han desempeñado su trabajo lejos de las garras de la corrupción, el miedo y la desesperanza.

He tenido la oportunidad de vivir cerca de muchos funcionarios cuyas familias reciben amenazas por querer enderezar este país. No son corruptos y la información que tienen los vulnera en muchas áreas cotidianas. Pese a su valentía, y a la de sus cónyuges, hijos y madres, que saben el riesgo que corren minuto a minuto, nadie habla de ellos, nadie les agradece su labor y el riesgo que corren por los demás que no nos dedicamos a "atrapar a los malos".

Este "En el tintero" es para ellas y ellos... Son una fuente de inspiración y de fortaleza. No los olvidemos. Honrar su labor es nuestra responsabilidad.

Víctor: "Así, en calma"

La cuidaron hasta el último momento. Estuvieron unidos, la acompañaron, le agradecieron su valor, su entrega constante, su esfuerzo, su lucha por salir adelante después de aquel accidente que con el tiempo le costó la vida.

Se despidió de todos y cada uno de ellos. Los besó, les habló de amor, de valores, de lo feliz que había sido al sentirse amada por ellos y saberlos cerca. Reunidos alrededor de su cama, Víctor, su padre y sus hermanos, la despidieron. Fue tan bello verla partir con tanta paz.

"¿Por qué no fuimos igual de cariñosos antes? ¿Por qué los seres humanos damos por hecho que todos tendremos la oportunidad de despedirnos de nuestra mamá así, en calma? Esto no siempre sucede —reflexiona Víctor—. Nosotros fuimos afortunados. Ha sido el regalo de vida más grande y más valioso..."

Aprendieron la lección... ¡Bendita lección de vida!

EN EL TINTERO

Es fundamental que consideremos cada día como una oportunidad para amar a nuestros seres más cercanos, porque creer que siempre habrá tiempo de despedirse, aun en la agonía, ¡es una falacia!

Todos creemos que contamos con un mañana, con una posibilidad de decir cuánto amamos al otro, pero esa oportunidad sólo la tenemos hoy, en vida. No la dejemos ir, no desperdiciemos el tiempo en tonterías y en enojos absurdos. Cuando nuestros seres queridos se van, no hay ya oportunidad de hacer lo que no hicimos antes.

Hoy es un buen día para amar a nuestra familia. Al final de la vida de alguien eso es lo único que importa. Lo importante es no perder el tiempo, expresar lo que sentimos por el otro. Ahora los miembros de la familia de Víctor están más unidos que nunca, superado el trauma inicial posterior al accidente de su madre y sus secuelas.

Doña Amelia: "No era ella la que tenía que morir…"

Ya tiene ochenta años… Y la vida le ha demostrado que nada es para siempre.

A una de sus hijas se le practicó un trasplante de riñón. Fue muy duro el proceso, pero finalmente su otra hija se lo donó. Las dos salieron muy bien de la operación. Quizá la más débil fue Érika, la menor. Al donar el riñón, tuvo algunas complicaciones en la cirugía, pero logró salir adelante. Su hija Daniela, con el riñón de su hermana, resultó fortalecida.

Como madre, fue hermoso para ella ser testigo de este gesto de ayuda, de la incondicionalidad entre ellas, el amor y la entrega. Su hijo Rafael estuvo muy pendiente y las apoyó económicamente.

Debido a la avanzada edad de su mamá, ambas hijas se mudaron a vivir con ella. Las dos eran solteras. En su casa se cuidaron, se acompañaron y pasaron momentos inolvidables.

Érika empezó con un dolor de cabeza muy fuerte, luego de piernas, hasta que ya casi no podía moverse… murió dos meses después sin un diagnóstico claro.

—¿Y sabe, señorita Fernanda? Si pienso en las posibilidades, no era ella la que tenía que morir porque antes su hermana estaba más en riesgo con un órgano que no le funcionaba.

Ahora Daniela estaba sana, vivía muy bien con el riñón de su hermana y saber que lo tenía les hacía creer que había un pedacito del ser de Érika entre ellas.

No sabe cómo pudo pasar, no encuentra explicación... pero un año después, Daniela resbaló y se pegó en la nuca. Estuvo meses en terapia intensiva, hasta que también falleció. A doña Amelia sólo la ha mantenido la fe en Dios.

No entiende cómo alguien de su edad puede enterrar a dos hijas y a un marido. Sólo están Rafael y ella. Le pide a Dios que no se lo lleve antes que a ella porque ya no lo soportaría.

—¿Será un castigo, señorita Fernanda? Si he sido una buena mujer...

EN EL TINTERO

El rostro de doña Amelia se ha quedado en mi corazón para siempre. Vive ausente, con la mirada perdida, no sonríe. Está sentada en un sillón color beige como entumida, casi diría en posición fetal.

Es pequeña de complexión. Sus manos son suaves y su piel tiene un color rosado que demuestra lo sana que se encuentra. La cuida una enfermera. No conocí a Rafael más que en fotografía.

En su casa se siente la presencia de sus hijas. Con mucho trabajo se levantó y me enseñó sus recámaras. Estaban intactas, como si el tiempo se hubiera detenido y ellas estuvieran por llegar en cualquier momento.

Doña Amelia me recordó el deseo que todos los días expreso: "Que la muerte respete las generaciones. Primero mi mamá, luego yo, después mis hijos..." De no ser así, las personas se enfrentan a grandes tragedias, para muchas insuperables porque parece que se apagan, se mueren en vida.

¿Enterrar a un hijo?, ¿a dos?... no encuentro palabras. Sólo abrazo a doña Amelia.

Carmina: "Mi tía lloraba todo el día..."

Carmina quedó huérfana a los doce años...

Regresaban de estar una semana en Progreso y su camioneta volcó. Su papá, su mamá, sus hermanos y sus abuelos murieron. Sólo sobrevivió ella.

A pesar de su corta edad, lo recuerda todo. Se fue a vivir con una tía que lloraba todo el día. No tenía hijos y vivía sola en una casa muy grande. Cuando cumplió veinticuatro años, ella también murió.

"¿Será que es por mí que se mueren?...", piensa. A veces sueña con ellos. Los extraña mucho aunque están en su corazón.

EN EL TINTERO

Salimos por la mañana y no sabemos si vamos a regresar todos con bien. Dada esa vulnerabilidad tan real y nada más por ese simple hecho, vale la pena abrazarse, darse un beso y decirse: "Te quiero, que tengas un buen día y que regreses con bien".

Muchas historias son inexplicables, no hay forma de encontrarles ni pies ni cabeza, como a la de Carmina. En una manera que simplemente no podía ver venir, muere toda su familia nuclear, excepto ella, y en menos de doce años muere un integrante más, su tía.

Procesar una historia de muerte como ésta requiere de ayuda profesional, de mucho amor y de curar heridas muy profundas. Para Carmina, más grave que la muerte de ellos ha sido pensar: "¿por qué no morí yo?" ¡Imaginemos lo que eso representa! "¿Qué tengo de diferente que a mí no me ha tocado?" Para ella es un deseo constante y no sabe cómo acomodar el rompecabezas de las posibilidades. Uno, dos, tal vez, ¿pero siete personas de su familia? La labor que terapeutas han realizado con ella ha arrojado resultados positivos y trabajan mucho en el entendimiento de la muerte y de la vida, de estar o no estar. Intentan, a través del constante desahogo y de preguntas muy duras para Carmina, lograr que ésta viva con lo que tiene, que preste atención a lo que tiene y no a lo que dejó de tener.

Esta historia es muy dolorosa y nos enseña a todos que la vida es valiosa. El estar implica una oportunidad, un camino por tomar, una decisión por implementar; y acaba con la muerte. Vivir sabiendo lo que sí tiene, con lo que sí cuenta, es la tarea más importante que los terapeutas le están enseñando a Carmina. Un reto en el proceso ha sido que ella no quiere vincularse con alguien porque cree que también puede morir. Le es difícil hacer amigos; su sentido de pertenencia quedó inconcluso, pero, según sus médicos, en el fondo ella valora tanto la vida que jamás ha atentado contra ella para "reunirse con su familia". El sufrimiento ha sido brutal pero, aun con dificultad para relacionarse con los demás, lo ha afrontado.

Concluyo este "En el tintero" recordando que en muchas familias los miembros acostumbran viajar por separado, nunca todos juntos, para evitar que sucedan tragedias de esta magnitud. Quienes lo hacen y lo deciden así, finalmente tienen la conciencia de que si algo pasa, le sucederá a unos pero no a todos. Esta forma de prevención es muy frecuente, sobre todo en núcleos en los que hay mucho dinero, porque se cuida el destino de la herencia para que ésta no se pierda. De sufrir alguno un accidente, siempre quedarán otros para proteger y sacar adelante el trabajo de generaciones atrás.

María Rosa: "Consiguió un cuarto cercano..."

Después de cumplir setenta años, Raúl, el esposo de María Rosa, empezó a sentirse muy mal. Sus hijos y ella lo llevaron al hospital más cercano para que lo revisaran porque se quejaba de un fuerte dolor abdominal.

Lo revisaron y el médico no lograba entender el porqué de su malestar. No encontraba qué tenía.

—Señora —le dijo—, creo que lo mejor es que se quede unos días para hacerle todos los estudios necesarios. Nos falta un aparato que vamos a mandar traer para revisarlo bien. No se apure, pronto sabremos qué tiene.

Lizbeth, su hija, le pidió que se fuera a descansar; le dijo que ella acompañaría esa noche a su papá.

—No te preocupes, mamá, mi hermano y yo nos turnamos para que tú estés tranquila y descanses bien.

Su hijo Raúl insistió en que conseguiría un cuarto ahí mismo en el hospital, por si su hermana o su papá necesitaban algo.

—Ándale, mamá, aquí nos tienes para ayudarte. Vete a descansar, que Lizbeth se queda con mi papá y yo consigo algo por aquí, por si se ofrece.

Por fin, a su hijo le prestaron un cuarto en el sótano de aquel hospital y ahí se quedó a dormir. María Rosa se fue a su casa.

Su hijo amaneció muerto. Se intoxicó. El cuarto que le prestaron estaba al lado de donde guardaban máquinas viejas y calentadores que servían a algunos cuartos de la planta baja. Uno de esos calentadores cercanos a la habitación tenía una fuga de monóxido de carbono que nadie había reportado.

Le explicaron que al quedarse dormido y respirar ese gas, le entró a la sangre, restándole oxígeno. Murió dormido.

¿Cómo puede ser que entraran a un hospital para que revisaran a su esposo de un dolor abdominal y salieran con un hijo muerto?... María Rosa llora sin consuelo y se encomienda a Dios, pensando que Él sabe por qué pasó eso.

EN EL TINTERO

María Rosa sintió de pronto el dolor más terrible que puede sufrir una madre: la pérdida de su hijo, ¡y en qué circunstancias tan inesperadas!

El monóxido de carbono es un asesino silencioso en forma de gas, que no tiene olor, no se ve, no irrita, no provoca tos o náuseas, no se manifiesta con algún color ni sabor. La intoxicación que produce es letal en un alto porcentaje.

La mayoría de las personas desconocen sus efectos. Entra en el torrente sanguíneo, sustituye al oxígeno y causa una intoxicación severa. En nuestro país no hay la cultura de instalar detectores de este gas, y hacerlo es de vital importancia porque es producido por aparatos domésticos que trabajan con combustible, como los calentadores.

El mantenimiento de casas, escuelas, edificios y demás construcciones en donde existan estufas, hornos de gas, calentadores que funcionan con gas o aceite, aparatos de calefacción, estufas que trabajan con carbón o madera, es indispensable. Los incendios o escapes de coches estacionados generan monóxido de carbono. Una fuga puede ser letal.

Un detector de monóxido de carbono puede costar entre 1 500 y 2 000 pesos y es, en definitiva, una buena inversión para nuestra salud. Cuando los niveles del gas son altos los detectores emiten una alarma, así que vale la pena considerarlo. ¿Cuántos accidentes podríamos evitar si tomamos las medidas necesarias de prevención?

Lilia: *"Me metí a bañar..."*

Como todas las mañanas, levantaron a sus hijos para llevarlos a la escuela. Jaime y ella se dividían los trabajos cotidianos. A veces a él le tocaba vestirlos, hacerles el desayuno y darle la mamila a Fabiola; otras era Lilia quien se encargaba de estos menesteres.

Ese día le tocaba a ella. Jaime tenía un desayuno con gente de la compañía. Alistó a sus dos niños lo más pronto posible y él se encargó de llevarlos a la escuela.

Más tarde llevaría a Fabiola a la guardería. Estaba acostada en su camita, le dio la mamila y mientras la tomaba entró a bañarse. El monitor de sonidos estaba conectado. Se escuchaba la música de fondo que siempre le ponía cuando le daba su leche en la mañana. Terminó de bañarse, vio el reloj, ya estaba con el tiempo encima...

Se acercó a su camita, la movió y gritó, gritó y gritó... Fabiola no reaccionaba. Como pudo, la subió al coche y con ella en sus brazos manejó al hospital.

Bajó corriendo con ella y la revisaron en urgencias. Fabiola había broncoaspirado... ya era demasiado tarde.

Jaime y Lilia se divorciaron un año después. Sigue culpándola, pero en verdad ella tardó muy poco en la regadera.

—Era un día como cualquier otro. No era mi primera hija, tenía experiencia, el monitor estaba prendido. Hay situaciones que jamás nos explicamos aunque no dejemos de buscar la razón. Soy su mamá, ¿cómo iba a hacer algo para lastimarla? Hay días que me quiero morir, mis hijos me ayudan a estar aquí, pero una parte de mí está con ella, se fue con ella, con mi Fabiola.

EN EL TINTERO

En el caso de Lilia, sobreponerse a un acontecimiento tan traumático como la súbita y lamentable muerte de su bebé es un asunto que tomará mucho tiempo. ¿Pudo ella ver venir esta situación? Aparentemente no, y el resultado es muy desafortunado.

Según cifras de 2010 de la Organización Mundial de la Salud (OMS), cada año mueren en el mundo 7.6 millones de niños menores de cinco años, y las enfermedades respiratorias son uno de los problemas de salud pública más recurrentes en ellos.

La broncoaspiración, también llamada broncoobstrucción, es la presencia en el conducto aéreo de sustancias líquidas extrañas, como sangre, secreción salival, jugos gástricos o leche, que obstruyen el paso del aire y generan ahogamiento.

Las enfermedades que acompañan a la broncoobstrucción son: asma, neumonía, neumonía por aspiración y fibrosis quística, entre otras.

Los accidentes relacionados con la obstrucción de las vías aéreas por un cuerpo extraño causan, en el más grave de los casos, la muerte. Hacer que la persona tome agua, pegarle en el pecho o en la espalda y hacer cuanta cosa suele hacerse para ayudar, está prohibido. La única maniobra que funciona es la de Heimlich, que es una técnica de emergencia para prevenir la asfixia cuando se bloquean las vías respiratorias con un objeto o alimento (sólido o líquido).

Esta técnica se aprende en los cursos impartidos por especialistas en primeros auxilios. Se trata de la compresión abdominal y puede usarse en niños, adultos y en uno mismo. Sin embargo, los expertos no la recomiendan para menores de un año por la posibilidad de generar lesiones viscerales por la presión ejercida.

El desconocimiento nos lleva a cometer errores que pueden costarle la vida a alguien, de modo que no realices la maniobra de Heimlich sin saber cómo implementarla porque puedes agravar la situación.

El atragantamiento no permite que la sangre reciba oxígeno para alimentar los tejidos, y cuando hay obstrucción total la persona no tose, no grita, no llora, no habla. La maniobra sirve para empujar el cuerpo extraño hacia la tráquea y lograr que la fuerza del aire en los pulmones lo expulse del cuerpo.

Es esencial tomar un curso de primeros auxilios porque no se sabe cuándo tendremos la posibilidad de salvarle la vida a alguien. Tener información y saber cómo implementar esta técnica nos permite tomar las decisiones correctas.

Maribel: "Me quedé sin nada"

Maribel conoció a Gonzalo en Venezuela. Aquel viaje de descanso la unió por dos semanas a un hombre muy especial. Pasaron momentos inolvidables; el amor llegó a su vida sin darse cuenta. Emocionada, con el rostro iluminado por la esperanza de volverlo a ver, se despidió de Gonzalo.

Tenía que retornar a su país para dejar algunas cosas en orden y regresar a reencontrarse con él.

Al llegar a México se mantuvo ocupada en solucionar el cierre de su empresa, firmar algunos papeles y finiquitar deudas para empacar de nuevo; era tiempo de empezar una nueva vida al lado de Gonzalo, en un país ajeno a tan malos recuerdos de una vida pasada llena de sufrimiento y dolor. No quería pensar más en aquella demanda que su hijo presentó contra ella para quitarle el negocio en el que trabajaron juntos durante años y quedarse con todos los beneficios económicos; deseaba olvidar el abandono de su marido y todo aquello que tanto la hizo llorar.

Poco antes del viaje, con maletas hechas y habiendo cerrado un capítulo en todos los aspectos de su vida en México, abrió la computadora para escribirle a Gonzalo que en dos días llegaba a Venezuela, darle los datos del vuelo y la hora de llegada. Después de enviar el mensaje decidió revisar algunos periódicos y ponerse al día.

La muerte de Gonzalo estaba reseñada en la prensa de Venezuela. Un infarto había terminado con la vida del empresario. Las fincas quedaban como herencia a sus hijas, su única familia...

Maribel sintió un golpe en el corazón... México y Venezuela le habían cerrado las puertas... a sus cincuenta y cuatro años volvía a estar sola, sin nada, ni nadie.

EN EL TINTERO

Damos por hecho que todo saldrá como deseamos y no contemplamos escenarios que pueden marcar nuestra vida, porque depositamos en "otros" nuestra felicidad, nuestra estabilidad, nuestro futuro y nuestro sentido de vida.

Es importante recordar que somos quienes debemos tener el control de nosotros mismos y que nadie más sustituye el papel que desempeñamos en nuestra propia historia.

En este caso la muerte repentina frustra los planes de Maribel, quien, después de cifrar todas sus esperanzas de vida en Gonzalo, lo pierde y se encuentra de pronto sola y desamparada por completo.

Ana: "Estaba trabajando y oí su voz..."

—Mamita, te quiero. Mamita, abrázame... mamita, te quiero. Me duele, mamita. Tengo frío, abrázame.

Recibió una llamada de José Luis, su hijo. Un vecino lo puso al teléfono. Iban rumbo al hospital. Lo atropellaron en la privada donde vivían. Salió corriendo entre los coches y un visitante...

Ana temblaba, derramaba lágrimas en silencio. Salió corriendo a la avenida para detener a un taxi.

—Al Hospital Español, urgente.

Alcanzó a decirle:

—Cálmate, amor mío, ¿dónde te duele? Ya vas al hospital y te atenderán unos doctores para que estés bien. Llora conmigo, aquí estoy contigo. Te quiero, te quiero tanto, amor mío. Eres lo más bello que me ha pasado en la vida. Mamita ya va en camino, corazón. No estás solo. Platícame, no te duermas. Aguanta, mi vida, aguanta...

Escuchó cuando llegaron a urgencias del hospital... "Mamita..." Dejó de escuchar su voz, le quitaron el teléfono para atenderlo. El vecino empezó a darle explicaciones de cómo había sucedido. El taxi no avanzaba...

—¿Cómo está? —le preguntó—, ya voy llegando.

Decidió bajar del taxi y correr hasta llegar al hospital. El tránsito de unas cuantas cuadras le parecía eterno. Entró a urgencias, llegó su marido... Pasados unos minutos, el médico que lo atendió salió y al quitarse el tapabocas les dijo:

—El golpe que recibió José Luis fue muy duro y el sangrado interno resultó mortal. Lo siento.

Ana casi enloqueció... No sabía dónde guardar esos dolores, esos recuerdos. Su hijo estaba jugando en un lugar seguro, siempre jugaba ahí con sus amigos de la privada. No ha parado de llorar y no es suficiente. Sueña con José Luis, se ríe con él, juegan, lo abraza y él le da besos. No hay un momento en que no piense en él. Está en ella, siempre...

7. El trabajo: ¿compañeros o enemigos?

¿Cuántas horas dedicamos a nuestro trabajo? Sin duda, una parte muy importante de nuestra vida, por eso no podía dejar de incluir este aspecto. En el mundo laboral a diario nos desarrollamos, convivimos, aprendemos, negociamos y en ocasiones enfrentamos conflictos que pueden surgir por la convivencia con otras personas, nuestros compañeros de trabajo, quienes pueden resultar nuestros peores enemigos.

En este ámbito se traiciona, se roba, se engaña, se sabotea. Las personas que se reúnen en un espacio y con el objetivo de superarse manifiestan valores y principios, formas de educación o de ver la vida muy distintos. A ellos no los elegimos. Nos reunimos en un entorno cotidiano y podemos tener grandes diferencias.

Tener un equipo de trabajo no necesariamente significa tomar decisiones comúnmente acordadas y pretender avanzar en un mismo rumbo para lograr metas y objetivos, lo cual sería lo más sano. Sin embargo, las envidias, los golpes por debajo de la mesa, los chismes o las jerarquías laborales pueden resultar en un desastre interno que pone en riesgo nuestra estabilidad emocional.

El desempeño mediante el uso de habilidades y capacidades puede generar el llamado ruido emocional, eso que defino como un constante zumbido interno que molesta pero no se puede detener, y nos atrapa en un espacio y en un tiempo alrededor de personas que no tienen las mismas motivaciones. Unos trabajan por dinero; otros por logros, por pasión; otros por independencia; algunos por aplicar su creatividad; unos por vocación, por propósito; algunos otros por ocupar su tiempo libre. Es decir, son muchos los motores que existen para que una persona trabaje, pero todos tienden en mayor grado a hacerlo por una remuneración económica, por reconocimiento y por sentirse útiles.

¿Qué es lo que realmente nos importa al ir a trabajar? De la respuesta de cada quien se deriva el factor que nos conduce a enfrentarnos diariamente a una rutina de arranques, arrebatos, impulsos que, sumados a la ambición o a problemas personales cotidianos, pueden conformar una bomba de tiempo para un individuo. De ahí que el tiempo dedicado se invierta o se pierda, provocando estados de ánimo que influyen directamente en las formas y el fondo del trato entre las personas que comparten un espacio laboral.

El enfado, la frustración y la monotonía no alientan, sino que causan irritabilidad y, sumados al sentir de que no se aprovecha nuestro talento, pueden generar mucha hostilidad. Por muy pequeño que sea un entorno laboral, en él suceden cosas como las que leerás en este capítulo. Hay gente que actúa sin escrúpulos, hay algunos a quienes no les importa pasar por encima de otros para alcanzar sus objetivos, hay también los que se levantan a diario decididos a cobrar un "derecho de piso" —sin haberlo pagado ellos— a los más vulnerables, simplemente por el hecho de existir. Otros monopolizan los intereses generales y los hacen su bandera; muchos más traicionan lealtades y al menor intento defraudan empresas, en tanto que algunos ejercen su poder con base en tiranizar y sojuzgar a los demás para mantenerse ahí encumbrados, pudriendo la dignidad con la que uno cuenta; y están los otros, los que todos deseamos encontrarnos en el camino laboral, aquellos hombres y mujeres que al final dejan lecciones positivas y siembran aprendizaje. Estos últimos provocan gozo en el ambiente de trabajo, propician la formación de equipos, la tranquilidad, el respeto y la fijación de objetivos claros para cumplir una meta. Estos hombres y mujeres, no está de más decirlo, son minoría en el ámbito profesional, pero cuando se encuentran, son muy bienvenidos.

Quienes han elegido el trabajo —y gozan del privilegio de tenerlo— enfrentan un sinnúmero de limitaciones: su preparación *versus* un sueldo disminuido, la incapacidad para generar ahorro y mucho menos riqueza, la disparidad en los salarios por razones de género, la falta de incentivos laborales, el atropello de sus derechos legales, la demanda de actualización tecnológica que aumenta día a día, la discriminación en todas sus acepciones, el hostigamiento y el poco o nulo crecimiento que ofrece la empresa… Y, si vamos más a fondo en terrenos de integración y dinámica laboral: las deslealtades, las traiciones, el sometimiento, la competitividad, el engaño, la falta de escrúpulos, la falta de honestidad y las consecuentes presiones que todo ello provoca en detrimento del desempeño y la productividad laborales.

El trabajo tiene sus matices y muchos claroscuros, no sólo en lo que implica convivir con otros o desempeñarse con su colaboración. No puedo dejar a un lado el tema de que conocemos el trabajo formal, remunerado, pero también millones de personas en el mundo trabajan ahora mismo en contra de su voluntad (veintiún millones, según la Organización Internacional del Trabajo, OIT) o desempeñan "trabajos" forzados (once millones según cifras de la OIT) en distintos ámbitos: explotación sexual, agricultura, industria textil, trabajo doméstico e inmigración; los focos rojos apuntan a los niños y las mujeres víctimas de estas aberraciones sociales. Otros tantos trabajan, sí, pero en la informalidad (en México, por ejemplo, al cierre del primer trimestre de 2012, el Instituto Nacional de Estadística y Geografía (INEGI) estimó que el sector informal aumentó a trece millones de personas, en una cifra cerrada, en un país con ciento doce millones de habitantes, cuya población económicamente activa es de 49.6 millones de personas).

El trabajo, el que cada quien desempeña, además de que nos sirve para cubrir las necesidades personales, es el alimento del espíritu; es lo que nos hace llenar nuestras expectativas de vida, lo que nos permite satisfacerlas y continuar nuestro desarrollo, nuestra preparación, nuestra actualización en estos tiempos que avanzan a velocidades vertiginosas. También representa una demanda permanente de las economías emergentes y las que están en crisis, donde las condiciones sociales, económicas y políticas no permiten un desarrollo equitativo para todos. Las tasas de desempleo son preocupantes; no hay trabajo para los jóvenes, y cuando hay, no lo quieren porque está mal remunerado o no hay garantías en cuanto a su permanencia. Es un problema serio y complejo.

¿Cuántas cosas dejamos de ver en nuestro día a día? ¿En qué nos concentramos desde que marcamos una tarjeta de entrada hasta que salimos de ese ambiente, en el que pasamos prácticamente la mitad de nuestra vida? ¿Cómo hacemos nuestro trabajo? ¿Cómo nos relacionamos con los demás?

En el trabajo bien hecho se desarrollan habilidades y competencias. La pregunta es si lo estamos dotando de toda nuestra energía para que salga bien o si nos enfocamos en lo negativo, en todo lo que no tenemos, lo que hemos dejado de hacer y lo que sí tienen los demás, para entonces autocompadecernos y sentarnos durante ocho horas pensando por qué no le caemos bien al jefe, por qué no llega ese aumento salarial, por qué no me consideran para un ascenso, por qué, por qué, por qué... y hacia donde menos miramos es al espejo.

Difícilmente podemos trabajar en el aislamiento, somos parte de un engranaje que debe funcionar en tiempo y forma, y ello nos lleva a vivir innumerables situaciones. Estamos relacionados unos con otros, y las vicisitudes en un trabajo pueden ir de las más simples a las más aberrantes y terroríficas. Todos tenemos historias —propias o a nuestro alrededor— que jamás imaginamos y que nos cambiaron el rumbo, que simplemente no vimos venir, o si las miramos nos hicimos de la vista gorda, con consecuencias aún peores. Muchos hemos vivido situaciones que nos han obligado a poner en perspectiva y dimensionar nuestro papel dentro de la oficina o en el lugar donde llevamos a cabo nuestra labor, y con seguridad hemos aprendido lecciones, para bien o para mal.

Atinadamente Confucio decía: "Elige un trabajo que te guste y no tendrás que trabajar ni un día de tu vida". Suena complicado, pero si lo vemos desde esta óptica, podría ser un principio muy optimista para comenzar a dignificar nuestro desempeño en el trabajo, para estar alertas y atentos a lo que sucede a nuestro alrededor y procesarlo de la mejor manera, preguntándonos no el porqué, sino el para qué. No siempre podremos prever qué va a suceder o qué se nos viene encima, pero elegir hacer a un lado esas obsesiones que nos llevan a atropellar a los otros, en todo sentido, y cambiar nuestra propia visión de lo que desempeñamos a diario, podría ser un buen inicio para evitar pronunciar la frase "no la vi venir".

Diana: "Acábense de enterar..."

—Soy mucho mejor que esa pendeja.

La frase contundente salió del más profundo sentir de Diana al referirse a una compañera de trabajo.

—¿Qué no se dan cuenta de quién soy? A mí no pueden mezclarme con cualquiera. Que tengan muy claro que esa pendeja y yo no somos iguales, y que me la llevo de calle, hasta en el físico.

Esa "pendeja" a la que se refería estaba parada atrás de una mampara escuchando cada palabra que Diana emitía con rencor, soberbia y gran intolerancia.

Romina dejó que Diana terminara de hablar con los demás compañeros del área. No se movió un milímetro para no ser descubierta.

—Así que ¿a quién apoyan? ¿A esa pendeja de Romina o a mí? Porque en esta área tiene que quedar muy claro con quién están y no pueden estar con las dos porque no somos iguales. Acábense de enterar que si están conmigo los apoyaré y hasta lograré un aumento para ustedes, cosa que la tonta esa no hará.

Para Romina fue suficiente... Todos palidecieron al verla.

—Gracias a esta pendeja tú cobras tu sueldo, Dianita. No olvides que de lo que genero para esta empresa tú cobras porque, hasta ahora y que yo sepa, no tienes los resultados en ventas necesarios para sobrevivir. Así que tu pendeja acabó con tu discurso ante todos. Al final, no lo olvides, soy tu jefa, y eso me hace ser menos pendeja que tú.

Diana se quedó sin trabajo, sin cartas de recomendación. Hubo una demanda laboral de por medio y acabó perdiendo por irregularidades que Romina demostró: impuntualidad, ausentismo y falta de productividad... Hace dos años que no encuentra trabajo. Se le cerraron de tajo las puertas del medio de la publicidad. Ha tenido que sobrevivir, para mantenerse a sí misma y a su mamá, con trabajos esporádicos y muy poco remunerados.

En aquella empresa ganaba cuarenta mil pesos mensuales. Hoy vende productos por catálogo y, si acaso, gana quinientos pesos a la semana, pero es porque, pese a sus ínfulas, no tiene capacidad para vender... nunca la ha tenido.

EN EL TINTERO

Hay personas que amedrentan y amenazan a los demás con discursos poco reales. Si bien en ocasiones es difícil detectar la soberbia en ellas, todo cae por su propio peso. Cuando no tenemos la capacidad de desempeñarnos en alguna área laboral, esto acaba por notarse.

A Diana se le vino abajo todo por abrir la boca y expresarse así de una compañera de trabajo que en realidad sí tenía las riendas del desempeño correcto y constante. No obstante, en el fondo, la actitud de Diana implica su frustración por trabajar en un área en la que no tiene la capacidad de desarrollarse porque no es lo que le gusta, no es buena en ventas.

La vida le ha demostrado a Diana que una parte muy importante en la obtención de metas la conforman las relaciones sociales, y no es posible lograrlas hablando así de otra persona. En el trabajo la gente huye de las chismosas, de las mentirosas, de las que enredan todo en lugar de dedicarse a su trabajo y mantener relaciones cordiales y amables con todos. Diana cometió una grave indiscreción y no esperaba que la persona a quien tanto atacaba se percatara de su actitud tan nefasta.

Todo, como dije, cae por su propio peso. Las oportunidades llegan una sola vez y no valorarlas puede enfrentarnos a perderlo todo.

Anónimo: "No contestaba…"

Nuestro personaje emigró a Baltimore, Maryland, Estados Unidos, hace cinco años (hoy tiene treinta y cuatro años), para trabajar como obrero en una construcción. Tardó ocho días en llegar y al décimo ya tenía trabajo. De lunes a sábado, de ocho de la mañana a cinco de la tarde. Ganaba de nueve a diez dólares por hora; cuatro meses después ya ganaba trece dólares por hora y al año y medio quince dólares por hora instalando cocinas integrales. No podía regresar, no era tan fácil para él. Las oportunidades se le presentaban una tras otra y el dinero que ganaba era muy importante para ayudar a sus hijos. Allá, cuanto más sabe una persona, más gana.

Su familia vivía en Tepetlixpa, Estado de México, donde no había muchas oportunidades para él, separado y con dos hijos que tenía que sacar adelante…

En diciembre de 2010 su hija cumplió catorce años. El 27 de enero decidió ir al carnaval de Los Chinelos, una fiesta muy grande en el pueblo. La acompañó una de sus primas, hija de la hermana de nuestro protagonista.

Un día le llamó la mamá de su hija: "Tómalo con calma, por favor, pero desde ayer que nuestra hija fue al carnaval no aparece y tampoco su prima…"

Ahí empezó la pesadilla de su vida… buscaron en todos los pueblos vecinos ¡y nada! No las encontraban. Él decidió regresar pero, como no tenía ahorros, pidió prestado a algunos compañeros y cruzó la frontera, aterrado. Llegó a su pueblo seis días después. Nada sabían de su hija. Ya habían ido a la procuraduría, a la presidencia municipal... sin resultado alguno.

Todos los familiares decidieron buscarlas. Se organizaron y dividieron por zonas. Buscaron en las barrancas del poblado, del estado de Morelos y partes de Puebla. Pegaban volantes en las terminales, en los autobuses, en los sitios de taxi; los repartían en la carretera, en los pueblos; hablaban con la policía. No había apoyo de la autoridad, sólo los cercanos a la familia, unas quince personas, ayudaban a buscarlas.

Les reportaron muchas muertas en circunstancias trágicas...

En abril llegó su sobrina a la casa, muy asustada. "Nos robaron y nos vendieron, tío. Yo logré escapar. Sé dónde está mi prima, vamos a traerla porque se la van a llevar a Veracruz", le dijo.

Fueron a ver al fiscal y cuando salieron por su hija, en la caseta de Puebla ya los esperaban ocho carros ministeriales por parte del procurador. Se detuvieron en un crucero y le pidieron que se hiciera hacia atrás para dejarlos trabajar. A las siete y media de la noche le llamó el comandante para decirle que ya habían recuperado a su hija, que la tenían con ellos y estaba con bien. Él lloró y le recomendaron que se tranquilizara.

Los llevaron a la procuraduría de Puebla. Agarraron a diez tipos y los encerraron. El fiscal le dijo:

—Son tratantes de blancas, lo cual es un delito federal, y esta gente se va para la ciudad de México.

EN EL TINTERO

Hay "trabajos" ilegales que dejan dinero a una cadena de maleantes que usan y abusan de las niñas y de los niños con fines de explotación sexual. Esto es más frecuente de lo que creemos. Son delincuentes que implementan la esclavitud para enriquecerse.

En un día llegan a abusar de las víctimas veintitrés hombres o más, y los cómplices que rodean a los delincuentes son también mujeres que se involucran sin miramientos en la explotación y la trata de personas.

Las víctimas tardan mucho en recuperar su autoestima, su valor, las ganas de vivir, y en vislumbrar la posibilidad de relacionarse de manera sana con su familia y demás personas que las rodean. No se insertan fácilmente en la escuela, ni en un trabajo. La desconfianza generada por el abuso constante de su cuerpo es casi irreparable.

Lo más bajo es que hay gente que considera esto un trabajo, y el sometimiento de las víctimas es constante. Mientras las zonas de tolerancia sigan existiendo, continuarán estas formas de empleo ilícito sacrificando a más niñas y a más niños para su explotación sexual.

En este caso, nuestros protagonistas nunca pensaron que ocurriría algo así en el seno de su familia, una familia normal. El papá nunca imaginó que su hija, a quien recibiera con tanto amor, a quien había visto jugar, pasaría por una experiencia tan traumática.

Estela: "No le voy a fallar..."

Después de diez años, ya era necesario su ascenso. Los resultados obtenidos, su nivel de empeño, puntualidad y desarrollo hablaban por sí mismos.

Don Juan Carlos era su jefe, un señor bastante huraño, con poca paciencia, pero que sabía organizar bien a sus empleados. Estela era la opción para el ascenso; no había más, porque Rómulo, el compañero que entró como su asistente, tan sólo llevaba seis meses en la empresa.

—Don Juan Carlos, vengo a ver lo de mi ascenso. Después de tantos años ya es justo que lo obtenga. Estoy preparada para la dirección de finanzas. Usted sabe que soy una persona leal y no le voy a fallar.

—Estelita, yo la estimo mucho y con el tiempo me he dado cuenta de lo bien que hace su trabajo, pero no será usted quien se quede en ese puesto y le voy a platicar por qué. Rómulo es algo más que un empleado para mí y no tengo por qué darle más explicaciones, así que, por lo pronto, usted no es la que tendrá el ascenso porque se lo daré a él... Y si le parece, Estelita; si no, pase por su dinero a la caja y búsquese otro trabajito.

Estela no podía creerlo. Don Juan Carlos le iba a dar el ascenso a alguien que no lo merecía como ella por cuestiones... De pensarlo se le enchinaba el cuerpo. Don Juan Carlos era un hombre mayor. ¿Cómo podía tener una "amistad" de ese tipo con un chamaco tan joven? ¡Qué horror!

El ascenso lo obtuvo Rómulo, con un sueldo mayor que el que ella habría esperado de obtener ese puesto. Estela no sabía que unos meses antes había llegado a la oficina de don Juan Carlos una mujer que le presentó a Rómulo como su hijo y lo amenazó:

—Si no le das trabajo, buen dinero y un buen puesto, le llamo a tu mujer y a tus hijos, y se te va a armar muy feo.

EN EL TINTERO

Hay situaciones personales de los dueños de las empresas que siempre rebasarán a cualquiera de sus empleados. Unos pagan los platos rotos por otros, como fue el caso de Estela, quien se quedó boquiabierta ante esa cortante negativa de su jefe. Nunca la vio venir.

Es inconcebible que alguien entregue su vida al trabajo de manera responsable y productiva, en espera de mejorar sus condiciones económicas y tener mayores oportunidades, y que una persona completamente ajena sea la que marque el rumbo de su destino laboral (en este caso, la amante que llega con un hijo).

Estela continuó trabajando en esa misma empresa, con lo que se negó de por vida la posibilidad de tener un ascenso. Fue un error, debió haber exigido lo merecido y, de no poderse en esa área, en otra, o bien, irse a otra empresa. ¿Cuántas veces somos testigos de cómo otros aprovechan su oportunidad y no nosotros? Queda claro que para gozar la propia también hay que echar mano de lo que es justo y no quedarse con los brazos cruzados pensando "¿por qué me sucedió?" Defender lo que nos corresponde es también un valor importante en nuestra toma de decisiones.

Blanca: "Los teléfonos siempre sonaban"

Su día iniciaba a las seis de la mañana; un poco de ejercicio, niños a la escuela y de ahí a la oficina. Invertía horas enteras de su vida en tomar llamadas, resolver problemas, cubrir huecos de otros directivos que no hacían su trabajo, viajar ida y vuelta para revisar las ventas en otros estados... Cada día parecía no tener fin.

Llegaba a su casa cerca de las doce de la noche después de comer mal, sintiéndose agotado, incluso enojado en ocasiones, pero con unas ganas inmensas de dormir para mañana volver a iniciar.

Las relaciones sexuales, sociales y familiares fueron disminuyendo. Joaquín no tenía tiempo para nada porque el trabajo lo absorbía por completo. Dormía con el teléfono al lado. Estaba siempre conectado, aun en fines de semana, en vacaciones o en reuniones con amigos, a todos los sistemas posibles por si algo se ofrecía en el periódico, por si se presentaba alguna noticia relevante, para controlar y no dejar que se le escapara algo que ameritara ser publicado por alguno de los doscientos reporteros que coordinaba.

El único momento en que veía a sus hijos era en el trayecto de diez minutos a la escuela, todas las mañanas. Aparte de eso, no comía con ellos, no llamaba ni preguntaba por cuestiones del hogar, porque para eso estaba Blanca, su esposa desde hacía dieciséis años... ella lo resolvía todo.

Cuando llegaba a ir a alguna reunión con Blanca, era imposible convivir con él, los tres teléfonos que traía siempre sonaban.

Un día, Joaquín cayó desplomado en su oficina. Se sintió mal y no le dio tiempo de avisar ni a su secretaria. Cuando la puerta de su oficina se abrió, Bertha lo encontró tirado. Llamó a una ambulancia...

Los médicos movían la cabeza cuando Blanca les pedía una explicación:

—No está nada bien, señora. El mejor panorama es que quede con unas cuantas facultades. El aneurisma causó fuertes estragos en él y la rehabilitación llevará mucho tiempo.

Joaquín murió una semana después. Nada pudo hacerse.

EN EL TINTERO

Hay gente que vive para trabajar y nada les importa más. No es una cuestión de dinero, ni de desempeño productivo, es una obsesión por controlar todo lo que les rodea. No se detienen. Dedican sus días y sus noches a referirse a temas de trabajo, no tienen más vida. Acaban con las relaciones familiares y sociales, y algunos, como en el caso de Joaquín, incluso mueren por el estrés, la mala alimentación y el escaso descanso. Literalmente, él fue sorprendido por la muerte.

El cuerpo es una máquina perfecta que necesita de muchos factores para funcionar. El trabajólico vive para trabajar, no trabaja para vivir. No tiene límites, no hay algo que lo estimule sino el trabajo mismo; ni su familia, ni sus amigos, ni el entretenimiento, ni las vacaciones lo motivan, es más, le causan conflicto porque lo alejan del trabajo.

Conocida también como laborodependiente, *workaholic* o adicta al trabajo, esta persona presenta una baja autoestima y evade sus problemas a través del trabajo. Algunas trabajan dieciocho horas al día los siete días de la semana. Su vida, en otros aspectos, se reduce al poco sueño que el cuerpo requiere para volver a iniciar al día siguiente.

El adicto al trabajo necesita ayuda profesional. Además, no hay que olvidar que espera que todos sus empleados trabajen ¡de la misma manera! No encontrar "cómplices" en su camino laboral genera en él una irritabilidad desmedida ante el mundo que lo rodea... es entonces cuando asume la actitud de víctima y dice: "¿ya lo ven?, ¡sólo yo trabajo! Ustedes no sirven para nada!"

Hilda: "Era mi droga..."

Hilda comenzó a trabajar hace nueve años en una empresa que maneja el dinero de varios empresarios que hacen operaciones en la Bolsa de Valores. Es un medio muy elitista. Aceptó el puesto porque no tenía otra opción; estaba por casarse y necesitaba fondos. Su marido es músico y no siempre ha tenido lo suficiente para vivir bien, así que ella tomó ese trabajo donde le pagaban veinte mil pesos mensuales. Nada sabía del medio, pero aprendió pronto. En realidad, el trabajo exigía más bien rapidez con las manos en la computadora y estar atenta a los precios que le dictaban.

El de su trabajo era un mundo muy distinto del suyo, con un entorno glamoroso. Durante nueve años Hilda tuvo el mismo jefe. En cuanto los presentaron sintió un calambre en el estómago que le duró todo el día. Era un hombre muy atractivo: alto, fornido, con una sonrisa encantadora y siempre impecablemente vestido. Lo mejor de todo: a sus treinta y cinco años era soltero. Hilda tenía veinticinco años y enloqueció por él. Pensaba en él día y noche, fantaseaba locura y media, y por las noches cumplía sus deseos más bajos con su marido, pensando en el otro... sin culpa alguna.

Su jefe era un experto en conquistar mujeres y en la oficina todos sabían que andaba con varias. Un día le tocó el turno a Hilda. Esa mañana al llegar la llamó a su oficina. Ella se detuvo en la puerta, él caminó muy cerca de ella para cerrarla e Hilda aspiró su aroma... Él acarició su cuello y la besó. De lo tierno pasaron al desenfreno y ella no opuso resistencia. Le encantaba y sabía que un día podía suceder. Tuvieron sexo en su escritorio. Lo siguieron haciendo los meses siguientes, unas veces en la oficina, otras en el estacionamiento cuando les ganaba el deseo, y otras alcanzaban a llegar al hotel, bien fuera a la hora de la comida o en una escapada por la tarde.

Al tercer año de trabajar ahí, Hilda tuvo a su primer hijo. La vida le cambió a ella y también a su jefe. Todo el embarazo fue un verdadero martirio. La sobrecargaba de trabajo, se paraba junto a ella a gritarle y a ponerla en evidencia frente a todos en la oficina si no lo terminaba a tiempo, señalaba sus faltas en voz alta, y si se le ocurría responder le iba peor. Obviamente, ella comenzó a cometer muchos errores y él los hacía más notorios. Luego llegaron los insultos, y como ella se equivocaba en sus labores no podía refutarle nada. La anulaba completamente y la vergüenza que le hacía sentir era indescriptible. No había día que no llegara llorando a su casa. Su marido no entendía y ella argumentaba que era el embarazo lo que la tenía muy torpe y sensible. Él le creía.

Fueron días complicados, largos. Un día decidió entrar a su oficina para confrontarlo y detener esa situación. La hacía sentir tan miserable que se disculpó y le ofreció casi ser su esclava; quería llevar la fiesta en paz y, sobre todo, recuperar los días de sexo que los habían hecho tan felices… Él se acercó a ella, le dijo al oído que no debió dejarlo, le mordió el cuello, la empujó contra la pared y la maltrató, pero tuvieron sexo hasta el hartazgo. Para Hilda era como una droga. La relación se fue haciendo cada vez más tóxica, tanto que le hacía daño, pero no podía dejarlo o no sabía cómo hacerlo.

No le importaban los rumores en la oficina. A él le gustaba esa sensación de dominio sobre ella frente a todos. Eso los excitaba a ambos y terminaban haciendo el amor en su oficina… Intervenía hasta en su forma de vestir. Era demasiado fuerte para ella, no podía enfrentarlo porque le iba peor. Para ese momento, su dignidad era inexistente.

Pero cuando se le antojaba, la llamaba y le hacía el amor como sabía y como a ella le gustaba, apasionado, desenfrenado, escandaloso… hasta inmoral. Definitivamente, era su droga.

Un día su marido llegó a la oficina sin avisar y su jefe se puso furioso. Cuando se fue, la llamó a su oficina y después de casi violarla le pidió que le firmara su renuncia y que no volviera a pararse por ahí. La amenazó… Ella había dejado de ser ella. Se sentía desarmada y se quedó sin trabajo. Lo peor es que extraña mucho la relación sexual con él… su marido es tan pasivo que la aburre.

Fue a esperarlo después afuera de la oficina y en su coche le hizo el amor... no sabe cuándo terminará esto o cómo, pero no pueden dejar de verse.

EN EL TINTERO

El precio que Hilda pagó por tener relaciones sexuales con su jefe fue muy alto. Sin prevenir la acción visceral de éste, se quedó sin trabajo, se distanció de su marido, en realidad no ha estado pendiente de su hijo como debiera y se conduce, aun siendo maltratada, con una codependencia terrible que puede llegar a consecuencias graves.

Cuando tomamos decisiones no nos damos cuenta de que en ellas van involucradas las personas que amamos y que nos aman. La adicción o codependencia sexual debe ser tratada, porque las consecuencias para ambos pueden llevarlos a la muerte. No piensan, no actúan con conciencia, no hay responsabilidad, ni sentimientos; hay obsesión, sus estados de ánimo se alteran y no miden las locuras que pueden hacer o hacerse. La obsesión sexual se convierte en una "dosis" y llega a controlar la vida de los involucrados, aunque de manera oculta; es decir, es muy difícil que la persona se dé cuenta de que sufre esto, y cuando lo hace a veces ya es demasiado tarde porque muere en un acto sexual o en el intento de obtenerlo como sea. No hay juicio, no hay razonamiento, es impulso tras impulso y cada vez con más agresión para lograr la excitación que la lleva al límite.

La conducta de Hilda es autodestructiva, sin límites, imparable. Su salud mental, emocional y física está en riesgo pero, peor aún, también lo están su marido y su hijo, ¡sin saberlo!

Marcelo: *"Quería aprovechar la oportunidad..."*

Desde pequeño, Marcelo se sintió atraído por la cocina; al ser hijo único, siempre le ayudaba a su mamá a hacer la comida y lo hacía con mucho gusto. Sin embargo, la situación económica en su casa no era tan boyante como para que él pudiera entrar a estudiar a una escuela de gastronomía, ya que su mamá difícilmente podría cubrir los costos de la carrera.

Para su buena fortuna, lo recomendaron con una reconocida chef para que lo aceptara en su cocina como practicante. Se presentó a trabajar muy motivado. Era el primero en llegar y el último en irse.

Las jornadas eran muy intensas. Trabajaba en la zona de lavado y desinfección, una de las más importantes y arduas en la cocina de un hotel, pero eran tantas sus ganas de aprender que continuamente se desplazaba a otras cocinas, para ver y algunas veces apoyar a los cocineros.

Al cabo de unos meses, Conrado, un chef famoso en el hotel encargado de la cocina fría, se acercó a él. Primero se ganó su confianza, al ser muy atento con él y enseñarle cuando terminaba su jornada. Marcelo estaba muy agradecido con su generosidad... Pronto empezaron a salir con amigos de las cocinas en sus días libres. Se iban de fiesta, platicaban del trabajo... la vida de Marcelo se transformaba de manera importante.

Una noche, después de un banquete, el joven y Conrado se dirigieron al vestidor para cambiarse y marcharse, pero de pronto la mirada de Conrado incomodó a Marcelo. A pesar de ello, se fueron juntos en el carro de Conrado; como siempre, conversaban de la cocina, su pasión. Al llegar a casa del joven, Conrado le preguntó: "¿Qué tanto te gusta la cocina?", a lo que Marcelo contestó que no se veía haciendo otra cosa y no desaprovecharía las oportunidades que tenía. Conrado le dijo que él podía ayudarlo a subir, siempre y cuando cooperara. Desconcertado, Marcelo le dijo que luego lo hablaban. No entendía muy bien el significado de sus palabras, ya que algunos compañeros llevaban más tiempo que él sin ser promovidos.

La mañana siguiente, Marcelo, que no había dejado de pensar en lo que Conrado quería decir, se lo preguntó. El chef sonrió y le dijo: "¿En verdad no entiendes?, ¿no te has dado cuenta de lo mucho que me gustas?" El joven, sorprendido y asustado, dio un paso atrás y le dijo que se dejara de bromas, pero por el semblante del otro se percató de que no estaba bromeando. Si quería ser promovido tendría que aceptar una salida con él...

El acoso se incrementó: le mandaba mensajes, buscaba coincidir en el vestidor, lo invitaba a salir, prácticamente lo acorralaba. Marcelo no sabía cómo lidiar con aquello. Su sueño de toda la vida estaba en riesgo por no querer aceptar una relación con el chef.

Una mañana decidió que era un error dejar perder así una carrera y posiblemente un futuro exitoso; se reportó enfermo en el trabajo y fue a levantar una denuncia en contra de Conrado. El ministerio público tomó su declaración y le dijeron que volverían a llamarlo para ratificarla. Pasaron unos días hasta que, una noche, al salir del trabajo, vio cómo unos agentes esperaban afuera a Conrado. No sólo existía la denuncia de Marcelo, dos compañeros más habían hecho el mismo trámite, porque Conrado no les permitía trabajar y los acosaba de tal forma que decidieron renunciar.

Con eso fue suficiente para que se iniciara el proceso en contra de Conrado. El hotel decidió apoyar el caso, y tiempo después Marcelo fue promovido dentro de la cocina, ya que vieron que tenía actitud y aptitudes para seguir creciendo.

Hoy Conrado está cumpliendo una sentencia de dos años por hostigamiento sexual.

EN EL TINTERO

Marcelo se vio desagradablemente sorprendido cuando Conrado empezó a acosarlo. Al hostigamiento o acoso laboral se le conoce con el término *mobbing* (linchamiento emocional en el trabajo), término acuñado en 1982 por Heinz Leymann, psicólogo alemán.

Hablamos de un maltrato psicológico que deja indefensas a las personas. En su mayoría, lo viven quienes, si bien son cumplidos y tienen un desempeño puntual, destacado, se les hace creer que no es así y que la única forma en que lograrán un aumento, un ascenso o mejores condiciones de vida es a través de tener relaciones sexuales con un superior o de realizar favores ilegales. Desde la óptica del abusador, la razón para ello es que son subordinados, y no cuentan con el poder y las herramientas para defenderse. Se trata de la demostración del poder malentendido; quien lo ostenta cree que, sólo por ello, puede someter al otro; es un acto realizado con dolo, que destruye al trabajador que lo vive, que lo pone en una situación de desventaja y que lo frustra y desmoraliza por la sensación de indefensión que le provoca.

Datos de la OIT indican que, en el ámbito mundial, 15% de los trabajadores sufren acoso laboral.

Los artículos 3°, 5° y 123° de la Ley Federal del Trabajo en México establecen que debe haber respeto a la dignidad y libertad de quien proporciona un servicio, así como de quien lo recibe. Hombres y mujeres tienen el derecho de recibir un trato digno en su ambiente laboral, sin importar el puesto que ocupen; es parte de la dignidad humana y ante cualquier violación debe interponerse la demanda correspondiente. Hay que acudir a la autoridad como lo hizo Marcelo. Y si no es uno sino varios los trabajadores que denuncien el hostigamiento de un jefe, esto ayudará a que el caso proceda con más facilidad.

En América Latina, en países como México, Chile, Colombia y Argentina, actualmente se llevan a cabo estudios importantes que demuestran que el *mobbing* es un serio problema en las empresas, el cual causa, entre otras cuestiones, baja productividad en los empleados que lo viven.

Lidia: "Tuve que contratar más personas..."

Desde que Lidia salió de la universidad siempre quiso poner un negocio, pero se casó, tuvo hijos, y no fue sino hasta cinco años después cuando retomó la idea.

Estudió relaciones comerciales y una compañera de la universidad le dio muchas ideas, entre ellas la de abrir una comercializadora de productos de limpieza. Le pareció que podría hacerlo. Investigó los requisitos y convenció a su esposo de apoyarla. Tomó cursos, invirtieron en productos y pronto inició como proveedora de la empresa donde trabajaba un pariente. El pequeño negocio comenzó a crecer.

Contrató a una persona que le ayudara con los trámites para darse de alta como proveedora de varias miniempresas, así como en la administración. Martha, casi diez años mayor que Lidia, divorciada, con una niña de seis años, pasante de la carrera de administración, era un gran apoyo y, sobre todo, muy buena persona. Era muy cuidadosa con los documentos, siempre al pendiente de los clientes y, en especial, de Lidia; fungía un poco como asistente de ésta, llevaba algunos de sus asuntos personales.

Cuando Lidia se casó y tuvo sus hijos, quedó un tanto aislada de sus amistades, se concentró en su familia y ahora en el nuevo negocio. Por tal razón, Martha se convirtió en una compañía, una amiga, más que una empleada. Comenzaron a formar, tanto ella como su hija, parte de la familia de su jefa. Martha estaba en todos los acontecimientos, por lo que Lidia podía prestar más atención a sus niños que comenzaban a crecer.

Dos años después de iniciado el negocio, Lidia contrató a dos personas más, ya que Martha comenzaba a visitar a los clientes y a buscar nuevos. El negocio iba perfectamente bien, incluso compraron una camioneta para el transporte de los productos, y se contrató a un encargado de las entregas. Llegó un momento en que tenían cinco empleados además de Martha.

Un día que Lidia se presentó muy temprano en la oficina, llegó un cliente y preguntó por "la señora Martha". Lidia le dijo que ella podía atenderlo, pero le contestó que él sólo trataba con ella y prefería esperarla. Esa tarde, Martha y Lidia se sentaron a revisar los asuntos pendientes. Al terminar, Martha dijo: "El viernes dejo de trabajar aquí, estoy muy cansada y mi hija me necesita mucho..." Lidia se sorprendió, pero aceptó su renuncia. Martha le entregó todos los papeles y cancelaron su firma en el banco.

Pocos meses después, el número de clientes de Lidia comenzó a bajar y uno de ellos tuvo la decencia de contarle qué ocurría... Martha había puesto su propio negocio, ¡uno igualito al de ella! Y con todos sus clientes. Argumentó con algunos que la sociedad entre ambas se había deshecho y que, como socias habían acordado dividir la cartera de clientes, que no había problema alguno, ella seguiría suministrando los mismos productos, la misma calidad y el mismo servicio. A otros les dijo que se había cambiado la razón social sólo por un asunto fiscal del marido de Lidia. El caso es que no sólo se hizo pasar como socia, sino que robó el concepto y ¡todos los clientes se fueron con ella!

El marido de Lidia siempre le decía "A mí esa mujer no me da confianza"... ¡qué razón tenía! Muchas personas le advertían que le confiaba mucho y ella nunca escuchó. Hoy el negocio está quebrado.

EN EL TINTERO

Hay personas que, como Lidia, por la cantidad de cuestiones por solucionar en su vida cotidiana, entregan su negocio en manos de personas "desconocidas", y no se dan cuenta de lo que ocurre hasta que quedan en bancarrota. Hay cuestiones que no deben cederse: firmas en cuentas de banco, por ejemplo; hay que estar pendiente de los clientes, de los pagos de impuestos y otros rubros, de la facturación... en fin. Si un negocio es propio debemos atenderlo, porque es una realidad que muchos de los empleados pueden abusar.

El empleado de confianza resuelve, ayuda, implementa, pero ¡no es el dueño! ¿Para qué desear tener un negocio si finalmente no nos vamos a responsabilizar del rumbo que lleva? Es muy cómodo delegar y qué bueno que se hace, pero en ciertos aspectos. Las "tripas" de un negocio se deben supervisar profundamente, porque nadie va a sentir por ti el interés que tú no sientes por algo que es tuyo.

8. La familia: sucede hasta en las mejores...

El afecto es una necesidad primaria en el ser humano. No hay quien sobreviva sin algún sentimiento de este tipo.

Cuando la estructura familiar se rompe, se rompe todo. ¿Cómo lograr pegar los pedazos de nuestras raíces? Si se anula la confianza en nuestro entorno de familia, se anula una parte de nosotros; no olvidemos que hay golpes duros en la vida que provienen del abuso de esa confianza depositada en quien nos parece que la merece más. Las dos primeras personas en quienes confiamos son nuestros padres, y si las condiciones no son adecuadas para desarrollar esta confianza, el crecimiento se verá afectado. No confiar en nuestros padres o en la familia puede repercutir seriamente en nuestro crecimiento emocional, porque de la familia depende la capacidad de dar sentido a la existencia. En su seno aprendemos sobre la libertad, la tolerancia, la paz, la igualdad, y no podemos desentendernos de su importancia en el desarrollo de una persona. Lo que ocurre en el mundo es producto de lo que ocurre en casa.

La familia es un núcleo insustituible.

Los casos que comparto contigo en este capítulo te harán sentir rechazo, miedo e indignación justamente porque suceden en un ámbito tan importante. Éste, fue para mí el capítulo más duro de escribir. Me detenía en los casos y sentía un vacío en el estómago, porque todos tienen que ver con la confianza depositada por amor, por entrega, por ser familia, por ser hijo, confianza que se ve traicionada cuando la vida toma por el cuello a los protagonistas de cada historia de una manera muy dolorosa. Hay historias veladas, es decir, en ellas se narra desde una perspectiva que lleva a pensar que el personaje al que le viene el trancazo es el principal, cuando en realidad la podredumbre emocional que lo rodea se convierte en la verdadera protagonista de la historia.

Podemos prescindir de mucho en la vida, pero no de las raíces sólidas de una familia. A veces pienso que ni el hambre ni la falta de educación son tan graves como una familia que destruye los valores primarios, que ataca a sus propios miembros y atenta contra su estabilidad emocional de manera directa y llana, sin miramientos. Es en esa falta de respeto, de afecto, de confianza, donde se desarrollan los monstruos humanos, la gente resentida, la gente sin amor propio. Y tal cosa se presenta en cualquier nivel socioeconómico, eso no importa. Las historias contadas revelan indignación, abandono, muerte… Muchos protagonistas no logran poner un límite a tiempo y cuando sucede lo que les sucede, ¡no la ven venir! Sin embargo, el golpe llega en forma contundente y sin piedad, proveniente de las personas a quienes más aman o en quienes más confían.

María Elena: "Creí que los conocía…"

María Elena tenía un matrimonio estable. Sin embargo, cuando nació Elena sintió que la mamá de Rigoberto se había encariñado demasiado con ella. No era una abuela que les diera su espacio como pareja y como papás. Estaba en su casa todo el tiempo, la cambiaba, la bañaba, jugaba con ella, le leía cuentos, y si ella le pedía cargar a su hija, su mirada le producía una sensación muy extraña.

Para no lastimarla y no tener problemas fuertes con su suegra, María Elena decidió hablar con Rigoberto sutilmente. Expresó lo mejor que pudo eso que, aunque no podía explicar bien, le producía una sensación de invasión y enojo por sus deseos de atender a Elena y no poder hacerlo. Rigoberto lo tomó bien, le aseguró que hablaría con su mamá, aunque le pidió que tuviera paciencia. Ambos sabían que Elenita le recordaba al hijo que había muerto de cuna y que su apego a su hija podía ser parte del miedo que tenía de que le sucediera algo parecido.

Pasaron meses y la situación empeoraba. María Elena descubrió que su suegra le pedía a su hija que le dijera mamá porque, le decía, ella lo era. Su paciencia empezaba a esfumarse. ¡No podía creer que su suegra fuera capaz de algo así! Una tarde, Rigoberto le sugirió que trabajara, pues eso calmaría mucho sus ánimos. "Ya es tiempo de llevar a Elenita a una guardería —le dijo—, para que empiece a conocer a más gente y no viva únicamente en medio de las emociones en conflicto de dos mujeres."

¿Emociones en conflicto? ¡Ella era la mamá! En realidad no entendía nada. Sus tiempos con su hija tenían muy poca calidad. Siempre eran observadas y su suegra sólo se comportaba en forma diferente si Rigoberto estaba cerca de ellas. Había días en que se sentía como una loca, intentando explicar a su marido lo que sucedía, porque, para él, sonaba como una mentirosa. No se daba cuenta de lo que en realidad ocurría.

Consideró el asunto del trabajo y de llevar a Elenita a una guardería. Rigoberto le decía:

—Va a ser bueno para ella, María Elena. Además, ya es tiempo, es natural que los niños comiencen a socializar y a tener una rutina de horarios. Si quieres, puedo consultar información sobre guarderías en las que ella se sienta a gusto. Esa distancia de mi mamá le va a hacer bien. Tú sabes que su vida no ha sido fácil por la muerte de mi hermano y de mi padre, ya sólo le quedamos nosotros. Es una mujer que ha dependido mucho de mí y tenemos que ser muy inteligentes para apartarla de Elenita.

María Elena vivía confundida, carente de su hija, sin privacidad, sin la posibilidad de vincularse con ella como lo hace una madre. Pensaba que si su suegra no había procesado la muerte de su hijo ¡era su asunto!, no el suyo. Antes de morir, su mamá le decía que a la señora le faltaba un tornillo, que tuviera cuidado con ella porque vivía a través de los ojos de su hijo. Hoy encontraba sentido a sus palabras.

Amablemente Rigoberto le consiguió una cita de trabajo en un edificio en la colonia Del Valle, le entregó un papel con los datos de un tal señor Gámez que la esperaba para ofrecerle un puesto en su empresa de publicidad. Dos días después Elenita entraría a la guardería.

Acudió a la cita de trabajo, buscó la dirección con el taxista y no la encontraron. Como Rigoberto no contestó su llamada, decidió regresar a su casa. Al entrar, sintió el cuerpo helado. El silencio era aterrador... Elenita, su niña, no estaba.

Hoy han pasado cuatro años. María Elena ha hecho todo lo que está a su alcance y no ha logrado encontrar a su hija. Rigoberto y su mamá se la llevaron. Parece como si a los tres se los hubiera tragado la tierra. No hay rastro alguno.

EN EL TINTERO

Conocí a María Elena. Me buscó para pedir mi ayuda y, pese a los esfuerzos realizados, nada pudo conseguirse. En verdad parece que se los tragó la tierra. Desaparecieron. ¿Qué madre le puede hacer eso a otra madre?

La reflexión que llega al corazón es que nunca conocemos a las personas en todos los aspectos, y aquí, el papá de su hija, su pareja, resultó un desconocido sin entrañas, un desalmado. En este caso, la sorpresa indescriptible ante lo sucedido dio paso a la desesperación y el desamparo que ahora siente que la envuelven.

Ernesto: "La bebé no para de llorar..."

Un sábado Ernesto fue a trabajar medio día y cuando regresó a comer con su familia, en la puerta encontró a dos vecinas que le dijeron:

—Ernesto, vieron salir a tu esposa con maletas. Vino un taxi por ella y los niños están solos desde hace una hora. La bebé no para de llorar, tocamos a la puerta pero tu hijo mayor nos dijo que no podía abrir, que tenía llave...

Subió desesperado, sus hijos estaban en la sala. Cuando lo vieron llegar se le fueron a los brazos, el mayor cargaba a la bebé. La carita de su hijo de diez años le partió el alma cuando le dijo:

—Mamá se fue.

Así, duro, contundente, sin más explicación, "mamá se fue". Asustados, todos lloraban. Intentó calmarlos. Revisó la casa, el gas, todo. En ese momento no sabía qué pensar. Le llamó a sus papás y les pidió que vinieran urgentemente. Se quedaron con sus hijos y él fue a casa de su suegro a buscarla.

En lugar de encontrarla, su suegro le dio una carta:

"Si tanto quieres a tus hijos, quédate con ellos. Ya no puedo, estoy harta de estar encerrada cuidando niños. Yo también merezco hacer mi vida, así que no me busques. Dale a mi papá los documentos del divorcio, te doy la custodia de los niños, yo lo único que deseo es mi libertad. Te firmo lo que quieras..."

Su papá no podía verlo a los ojos.

—Pero ¿dónde está? ¿Se fue con alguien? ¿Qué sucedió? —le preguntó.

—Sólo ella lo sabe —respondió—. A mí nunca me dijo nada, nunca me di cuenta de que algo así pasara por su mente.

A los treinta y cuatro años de edad, Ernesto se quedó solo con sus cinco hijos. Cuando eso sucedió, el mayor tenía diez años, los cuates ocho, el penúltimo cinco, y la bebé un año y medio. Ella, en efecto, firmó los papeles a través de un abogado extranjero y renunció a todo derecho sobre los niños.

Diez años han pasado y nada sabe de ella.

EN EL TINTERO

¿En verdad Ernesto no vio venir lo que sucedería? ¿Acaso su esposa no mandó señal alguna de su hartazgo? ¿Será que la incomunicación llegó a tal grado que ella decidió ocultar sus sentimientos hasta que estalló?

Casi siempre nos enteramos del hombre que abandona a una familia, son pocas las ocasiones en que se descubre que es la mamá quien deja a los hijos. Hay mujeres para quienes sus hijos son un estorbo, un obstáculo, un impedimento, y acaban por hacerlos a un lado buscando su realización personal.

¡Qué actitud tan irresponsable! ¡Qué inconcebible es una situación así! ¡Qué egoísta resulta ser una mujer que abandona de esa manera a sus hijos! La maternidad es una decisión y los hijos no son productos desechables.

Verónica: "Lo atropellaron y está muy grave..."

Después de colgar el teléfono, lo único que Verónica pudo hacer fue localizar a Manuel, quien había ido en viaje de negocios a Nuevo Laredo, para avisarle:

—Manuel, es urgente, regresa cuanto antes. A tu hijo lo atropellaron.

Y colgó.

Tomó su coche y mientras conducía sólo pensaba que el niño estaba grave. Cuando llegó al hospital público, habló con los médicos y se informó. Logró que trasladaran al niño a una institución privada. Le llamó a su médico de cabecera y el chico recibió la mejor atención. Al día siguiente los doctores confirmaron que se salvaría, lo habían operado y estaba estable.

Hasta ese momento y debido al accidente, Manuel le contó que tenía tres hijos con otra mujer: dos niños y una niña que se llamaba Verónica, como ella. Aquella mujer había entrado como asistente a su oficina y recuerda que sólo duró unos meses en ese trabajo. Ella fue quien llamó a su casa.

—Me da mucha pena, si no estuviera en esta emergencia no me hubiera atrevido a llamarla. Mi hijo estaba jugando en la calle y lo atropellaron, está muy grave y sólo quiere ver a su papá. Yo sé que usted es una mujer muy buena, que va a dejar que Manuel venga a verlo, ayúdeme a avisarle, se lo suplico. Manuelito lo llama en su delirio...

Fue entonces que entendió todo de pronto. Le preguntó en qué hospital estaba, le pidió todos los datos necesarios, y en seguida le llamó a Manuel a Nuevo Laredo. Se había casado con él siete años antes. Se conocían desde niños, su padre y su suegro eran amigos de la infancia. Fue una gran alegría para las dos familias. De Guadalajara se mudaron a la ciudad de México y, cuando llegó el tiempo de querer tener hijos, perdieron a dos bebés...

Le pidió que se fuera de la casa y comenzó con el trámite del divorcio. Lo más terrible para ella fue enterarse de que la gente lo sabía: clientas, amigos, personas de Guadalajara que los conocían muy bien, y ¡nadie le dijo nada!

Nunca pensó que una llamada cambiaría su vida para siempre.

EN EL TINTERO

¿Cuántas veces por situaciones fortuitas nos enteramos de la doble vida que llevan personas tan cercanas? Hay quienes llegan a tener hasta tres familias y la única forma de enterarse es hasta que mueren.

En este caso en particular, la amante recurre a la esposa para localizar a Manuel por una emergencia y ella, llevada por su buen corazón y por el entendimiento de que el hijo no tiene la culpa, asume la situación y reacciona de inmediato avisándole al marido.

¡Qué difícil! En muchas de estas circunstancias hay personas alrededor de la pareja que están enteradas del asunto y se quedan calladas, demostrando lealtad a quien no la merece e ignorando a quien al fin y al cabo resultará ser la más afectada.

Patricio: *"¿Qué hago ahora?..."*

Patricio adora a su hijo Emiliano. Cuando el niño cumplió once años, por una llamada telefónica que escuchó al azar, Patricio se enteró de que, en realidad, no era su hijo.

Su esposa lo había engañado durante años con un hombre que vivía cerca de ellos y que, hasta ahora, mantenía una estrecha relación con el niño. Tardó once años en darse cuenta. Ahora se pregunta: "¿Cómo voy a dejar de ver y de querer a Emiliano? ¿Serán míos los demás?... ¿Se lo digo a Emiliano?"

EN EL TINTERO

Esta verdad Patricio ¡no la vio venir! Descubrir de pronto que un niño al que has amado incondicionalmente no es tu hijo, resulta una revelación que se antoja imposible de digerir.

Las cifras de personas que tienen hijos fuera del matrimonio son altas. En México, según el Instituto Nacional de Estadística y Geografía (INEGI), no se cuenta con datos precisos sobre cuántos hombres y mujeres tienen hijos con diferentes personas. Pero vale la pena conocer un estudio publicado en 2011 por Shari Roan en el diario *Los Angeles Times:*

> Más de la cuarta parte de las mujeres de Estados Unidos con dos o más hijos los tienen con más de un hombre.
>
> En el estudio se encontró que, en general, 28% de las mujeres con dos o más hijos los tuvieron con hombres diferentes. La tasa fue de 59% entre las mujeres afroamericanas con dos o más hijos, en comparación con 35% entre las mujeres hispanas y 22% entre las blancas, dijo la autora del estudio, Cassandra Dorius, demógrafa del Institute for Social Research de la Universidad de Michigan.

Los datos recogidos se presentan por educación, empleo, etnia, características de la familia y estado de la custodia. De manera inesperada se descubrió que las mujeres que tienen hijos con varios hombres pertenecen a todos los niveles de ingreso y educación, más frecuentemente asociados con el matrimonio: "Lo que es único acerca de los datos es que encontré que las mujeres de todos los niveles de educación, ingreso y empleo tienen hijos con más de un hombre. Esto me sorprendió", dijo Dorius.

La demógrafa presentó estos resultados en la reunión anual de la Asociación de Población de Estados Unidos, celebrada en Washington el 1° de abril de 2011. Es importante tener en cuenta que éste es el primer, único y más largo estudio realizado, que examinó un amplio sector de la población mundial. Esto nos indica que hay tela de dónde cortar en ambos géneros. En España, por ejemplo, en más de 35% de los matrimonios con hijos, ¡éstos no son de los maridos! Resultan ser de otro hombre...

Así que en ambos géneros y en ambos sentidos, el engaño es brutal y las consecuencias las pagan los hijos.

Doña Elvira: "Estaba como salado, había empezado tan bien y ahora ya no tenía nada"

José Ramón, el hijo de doña Elvira, encontró trabajo como mesero en un restaurante donde tocan música. Como era muy entregado, inteligente, con mucho carisma y buena presencia, muy pronto lo ascendieron a gerente general. Poco después se independizó. Compró un departamento muy bonito.

Un día, muy preocupado, les contó a sus papás que al llegar de trabajar a su departamento, descubrió que habían entrado a robar. ¡Pobre de su hijo! Le robaron sus discos, sus aparatos de música, su ropa, ¡todo lo que tenía!

Meses después lo asaltaron y le robaron su coche, pero lo peor es que lo golpearon tan fuerte que lo mandaron al hospital. "Hay gente muy mala y envidiosa", dice doña Elvira. Lo corrieron del trabajo, perdió el departamento, el cual vendió para ayudar a sus padres a pagar el hospital, y regresó a vivir con ellos. Lo veían muy triste y, para colmo de males, un día lo atropellaron. Estaba como salado, había empezado tan bien y ahora ya no tenía nada.

Un día le dijo: "Ahorita vengo, mamá", y lo siguiente fue ir a la delegación por él. Estaba detenido por darle una golpiza a un ex compañero de trabajo. Su papá habló con el juez, quien le dijo que por las condiciones que presentaba su hijo, no quedaba más remedio que "internarlo"... ¿Internarlo?, ¿cómo?, ¿en dónde?, ¿por qué?... Les explicaron que en los estudios médicos que le hicieron en la delegación se habían encontrado sustancias tóxicas. El padre, furioso, alegó que seguramente decían eso para sacarles más dinero, porque ellos sabían que su hijo no consumía drogas. Después de muchas horas, el juez aceptó liberarlo con la condición de que se sometiera a un estudio médico privado.

Cuando les entregaron los resultados del estudio vieron que, en efecto, en la sangre de su hijo había droga, pero lo más doloroso fue que en el reporte del psicólogo se leía con claridad: "esquizofrenia causada por tóxicos".

Doña Elvira comenzó a investigar, preguntando por aquí y por allá, a sus amigos... A su hijo lo corrieron del colegio porque llevaba cervezas, las fiestas en su casa eran realmente borracheras donde también fumaban mariguana, en su primer trabajo lo ascendieron porque era quien conseguía la droga para los clientes y para sus amigos. Por supuesto, cuando ella le encontraba "medicinas", le decía que eran vitaminas. El robo en su departamento fue para cobrar el dinero que le debía a sus proveedores de drogas, la golpiza fue también para cobrarle y el atropellamiento se debió a que estaba drogado.

—Siempre le dimos toda la libertad y la confianza. Hoy, a sus cuarenta y cinco años, vive con nosotros, sus amigos desaparecieron y sigue un tratamiento de por vida para la esquizofrenia. No puede trabajar, tampoco puede salir de casa solo, depende por completo de nosotros que ya estamos ancianos... es como tener a un niño en casa —concluye doña Elvira.

EN EL TINTERO

¿Por qué hay mamás que no quieren ver lo que realmente ocurre con sus hijos? Se niegan a aceptar quiénes son y consideran que jamás harán algo malo, ilegal o que lastime a alguien. Confían a ciegas en ellos.

¿Cómo educaron esas mamás a sus hijos para que sean así? ¿Qué no vieron, qué descuidaron o en qué se excedieron? Nadie se hace un delincuente de la noche a la mañana, es un proceso en el que, si uno está presente en toda la extensión de la palabra ¡se da cuenta!

Parte de los problemas que hoy manifiestan muchos niños y adolescentes se deben a la falta de atención por parte de sus padres.

Sonia: "Lo que quería era aprender música..."

La historia de Sonia es como la de muchas mujeres que salen embarazadas: el hombre en cuestión no les responde y quienes se hacen cargo son los abuelos.

La verdad es que Sonia no era tan joven cuando su hijo Ricardo nació, ya tenía treinta y dos años; claro está, a esa edad no te embarazas por descuido, sino porque quieres. Del papá del niño nada se sabe, excepto que era un compañero de la oficina donde ella trabajaba como secretaria.

Ricardito, como le dicen todavía sus abuelos, fue el primer nieto y, por consiguiente, se volvieron locos con él. Ellos se hicieron cargo del niño mientras Sonia trabajaba; Ricardito era el amo y señor de esa casa, no le faltaba nada, de eso se encargaba su madre. Era un mocoso berrinchudo y, por supuesto, súper consentido.

Trabajando horas extra, Sonia adquirió un fideicomiso para los estudios de su hijo, pero cuando estudiaba la secundaria, el muchacho decidió que "la escuela no era para él, porque lo que quería era aprender música". Lo inscribieron en el Conservatorio y, como era de esperarse, ¡el gusto le duró menos de un año! Lo corrieron por violento e indisciplinado. Entonces comenzaron a pagarle clases particulares, mismas que tomaba cuando se le antojaba, pues pasaba todo el tiempo en el gimnasio. Sonia no le exigía nada, no lo regañaba. "No se vaya a enojar Ricardito", decía.

Cuando el chico llegó a la mayoría de edad, sacó todo el dinero del fideicomiso, dizque para hacer un negocio; hasta la fecha nadie sabe de qué se trataba. Sonia se lamentaba: "Qué barbaridad, el país no funciona, por eso hay que cerrar el negocio de Ricardito". Pero eso sí, el muchacho tenía coche e instrumentos, vestía muy bien y tenía una novia, todo pagado por Sonia.

Pasaron los años, Ricardito embarazó a la novia y ¿dónde iban a vivir? Pues con los abuelos. Sonia estaba muy contenta porque iba a ser abuela, y sus papás muy resignados pero felices porque no perderían a su nieto y tendrían un bebé en casa. En ese momento a Ricardo le ofrecieron un trabajo de músico en Cancún, sólo que mientras él "se acomodaba" dejó a Marilú, la novia, en casa de los abuelos. Sonia, si bien tenía otras dos bocas que alimentar, sintió que "como madre debía apoyar a su hijo" y aceptó el trato.

Pasaron meses, nació la bebita. Sonia se mostraba feliz con su nieta y Ricardo seguía en Cancún, pero como le pagaban muy poco, su mamá le mandaba dinero "para que la pasara mejor, porque la vida en Cancún ¡es tan difícil!"

Actualmente, Ricardito sigue en Cancún. La niña ya tiene siete años y Marilú volvió a casa de sus papás, eso sí, con una mensualidad que le da Sonia para su nieta. Ricardito no manda un peso, su madre le sigue enviando dinero y lo mantiene... Sonia se pregunta a menudo: "¿En qué fallé? ¿Por qué Ricardo es así de desobligado, si todo se lo di?"

EN EL TINTERO

¿Qué significa dar todo? He conocido casos de papás que le regalan una camioneta último modelo a su hijo de dieciséis años buscando darle todo lo que merece, y el muchacho acaba matándose en ella por exceso de velocidad. ¿Qué significa dar todo? En el caso de Sonia, ella educa a un hijo inútil y le resuelve todo "en pro del amor y de la comprensión", cuando en realidad lo que pretende es suplir la figura paterna con su dinero y sus "cuidados" mal enfocados. Después, increíblemente, se sorprende con la actitud desobligada de su hijo.

Éste me parece un tema fundamental en la educación de nuestros hijos. ¿Qué es todo? ¿Qué es lo mejor? Sin duda, el amor que les brindemos, el tiempo que les dediquemos, los límites que les impongamos y nuestra presencia constante. No debemos ser miserables en nuestra condición interna y ofrecer sólo bienes materiales. Los hijos necesitan desarrollar valores y principios como la honestidad, el respeto propio y ajeno, la responsabilidad de asumirse como seres de bien; fundamentos que estructuran vidas sanas, fuertes en cimientos, rodeadas de calidez y apoyo. Los seres que se sienten amados responden con respeto ante la vida.

Me sorprende mucho en la actualidad la falta de límites en tantos casos. Veo a niños y adolescentes manipular a sus padres como títeres, para obtener lo que se les dé la gana a costa de lo que sea. Con eso de que ahora no podemos darles una nalgada porque podríamos traumarlos... ahora todos los *no* son para los papás: "No les levantes la voz, no les pegues, no les reclames, no los limites, no les impidas"... cuando los *no* que deberían prevalecer en estos casos son: no a las mentiras, no al abandono, no a la negligencia, no a castigos no cumplidos, no a tu ausencia.

¿A cuántos nos dieron nalgadas merecidas alguna vez? ¿Acaso crecimos traumados por eso? Por el contrario. En su momento forjan bases importantes de respeto, de honestidad, de responsabilidad. Parece que hoy tenemos miedo, que no queremos buscarnos más problemas, o que, simplemente, con tanta información nos sentimos confundidos. Hoy hay terapia para todo, de diversas corrientes y precios, y creemos que en manos de la maestra o la terapeuta se resolverán los problemas que presentan nuestros hijos. Hay casos que evidentemente lo necesitan, pero otros requieren un "¡hasta aquí, se acabó!"

Cabe aclarar que no se trata de dejarles las nalgas moradas, ni humillarlos como suelen hacer algunos padres, ni abusar de la fuerza física o soltar bofetadas. Es muy diferente una nalgada que actos violentos que minimizan al ser humano y merman su autoestima. Si no sabes medir esto, si no sabes cómo no cruzar la línea entre intención y fuerza, mejor evítalo, porque en ese caso es contraproducente.

En la actualidad explicamos de todo a nuestros hijos, los niveles de conversación de niños a adultos son de tú a tú. Ya me imagino de niña interviniendo en las conversaciones de los adultos, ¡ni soñarlo! Me iba "como en feria". Ahora educamos a reyecitos y a reinitas que se sienten intocables, que pasan por alto cualquier autoridad, que faltan al respeto a sus mayores... y cuidado si la maestra los regaña, porque el papá, enfundado en su túnica de mártir, salta para salvar a su mocosa diciendo "¡con qué derecho!"

Parece que el péndulo de la autoridad se fue, en muchos casos, al lado contrario; niños de diez años con cuentas privadas de Facebook, que ven televisión durante horas, que piden cosas sin mesura; adolescentes que cada vez son más hábiles para engañar a sus padres; jóvenes que toman cantidades de alcohol inimaginables... ¿No nos damos cuenta? Porque ellos sí. Los hijos no son tontos, y nos toman la medida en menos tiempo del que imaginamos. Basta con abrirles una puerta para que insistan en abrirla una y otra vez.

Amarlos es ponerles límites; hablarles con la verdad sin tanta explicación; hacerlos independientes y capaces de solucionar problemas minúsculos para que de grandes resuelvan los mayúsculos, y cumplan adecuadamente con sus obligaciones, no a medias; exigir respeto, y elegir batallas claras y contundentes. "En esta casa cuando se trata de honestidad, respeto y responsabilidad, ¡no se negocia! Por lo demás, nos arreglamos", diría yo en un ataque reciente en el que tuve que poner límites muy claros.

Recuerdo que un día me le puse a mi papá al brinco y le acerqué la cara retándolo... Me dijo: "Dale gracias a Dios que no eres hombre porque ya te hubiera reventado la boca", ¡y santo remedio! Me cuadré y obedecí. Otro día azoté la puerta de mi cuarto ¡y me la mandó quitar! Gran solución porque, claro, ni cómo azotarla. Escribiendo este texto, recuerdo muchos momentos duros pero efectivos al cabo de los años y, como mamá, valoro esos límites que me dieron cimientos para ahora no quitar el dedo del renglón.

Revisemos lo que les damos a nuestros hijos, cómo se los damos, qué ven ellos en nosotros, qué les exigimos, y procuremos que sea congruente. Nuestros hijos no son nuestros amigos. Son nuestros hijos y no hay título alguno que supla éste. Si logramos que respeten nuestra autoridad, respetarán las demás autoridades que encuentren en la vida, y mientras éstas lo sean, sabrán diferenciar.

A veces me pregunto: "¿Qué hay ahora que no había antes?" Tecnología al alcance de muchos, información inmediata, redes sociales que llegan a vulnerar la autoestima de cualquier chamaco expuesto a ellas sin límites, muchos contenidos televisivos brutalmente confusos, tareas interminables y responsabilidades a muy temprana edad que no permiten que los menores jueguen con su imaginación. Veo niños que se divierten poco, veo que ahora están "más enchufados" y menos conectados con la realidad, niñas que a los diez años se visten como adolescentes, echando el cuerpo por delante... olvidamos que son niños y parece que hay casos en los que a los padres les urge que crezcan para ya no ocuparse de ellos... Tú, ¿qué ves? Escribe en tu tintero sobre este tema, vale la pena que nos demos cuenta de lo que sucede a nuestro alrededor.

Establecer límites es inculcar valores. Si pudiéramos comprender esto seguiríamos viviendo aquellos que ahora llaman "valores tradicionales", que tanto bien nos hicieron a muchas generaciones. ¿Valores tradicionales?... Los llamaría urgentemente "valores obligatorios".

Susana: "No quería fallarle..."

"Siempre he tenido sentimientos encontrados. No logro explicar bien por qué. Fueron muchas veces las que mi padrastro abusó de mí desde que cumplí ocho años.

"Hoy lo recuerdo y sé que no quería fallarle. Mi padre nos había abandonado. Él daba todo por mi hermano y por mí; estaba presente, nos ayudaba en las tareas, cuidaba a mi mamá, nos llevaba a la escuela, invitaba a muchos amigos a nuestra casa y siempre tenía un regalo sorpresa que nos hacía sentir muy bien.

"Yo sabía cuándo iniciaba el momento. Normalmente era cuando iba a darme el beso de las buenas noches. Mi mamá en su cuarto, mi hermano en el suyo, y él me tapaba con la almohada para que no gritara.

"Hoy lo recuerdo y sé que no quería fallarle. A mi mamá la hacía reír mucho. Se veían contentos. Se querían. Con mi hermano era muy amable, jugaban futbol y se revolcaban de la risa cuando metía gol. No podía romper todo eso.

"Durante seis años abusó de mí. Murió en un accidente...

"Hoy lo recuerdo y sé que no quería fallarle."

EN EL TINTERO

Este caso invita a la reflexión por parte de las mamás y papás que rehacen su vida después de un divorcio o separación. Introducir a alguien a nuestra intimidad, incorporarlo a la vida con nuestra familia para que se involucre en su día a día, es algo muy delicado, algo que requiere echar mano de la lupa más potente y examinar minuciosamente a la persona en cuestión.

Abusos sexuales, robos, maltrato y violencia son episodios que se dejan de ver con tal de rehacer una vida. Las menores, o los menores, por temor a que sus mamás se desestabilicen y por no alterar la "armonía" familiar, optan por callar y soportar tan terrible situación.

Incluso llegan a justificar, como en este caso, a su agresor. Y si en algún momento la madre se entera, es muy posible que exprese que esto la ha tomado totalmente desprevenida...

Jorge: "Era un ama de casa entregada a las tareas necesarias..."

Ella era una mujer joven. Tenía como veinticinco años y tres hijos. La casa no era muy humilde; tres cuartos, una cocina amplia, cuatro televisores, un radio. Decorada con buen gusto.

Su voz era tierna cuando cuidaba de sus hijos. Les hablaba con mucho afecto y en sus tiempos libres jugaba con ellos. Era un ama de casa entregada a las tareas necesarias, minuto a minuto, con devoción y buena gana.

Sus hermanos venían de vez en cuando a visitarla. Les daba de comer, se divertían y conversaban. Su madre, una señora mayor y enferma, vivía con ella. Puntualmente le daba sus medicamentos y le llevaba de comer a un sillón en el que pasaba horas frente al televisor.

Jorge empezó a conocer a todos poco a poco. Ella se llamaba María. El hermano mayor, Juan Ignacio, y el menor, Román. Sus hijos, María Isabel, Ignacio y Carlos. Su madre no hablaba mucho, parecía tener un problema mental. Sólo gritaba de vez en cuando: "¡María, ven!" Ella corría a su lado para atender sus necesidades. Parecían una familia integrada, pendientes el uno del otro, pero algo no quedaba claro. ¿Dónde estaba el papá de María? Aunque hablaba de él con sus hijos y con sus hermanos, jamás aparecía por ahí.

No había teléfono en la casa. Ella traía dos teléfonos celulares que no soltaba. Estaban siempre sujetos a su cinturón y cuando los contestaba subía el volumen de la televisión a un grado ensordecedor. Era imposible escuchar algo.

Sin embargo, un día Jorge escuchó que contestaba una llamada. Su tono de voz empezó a subir cada vez más hasta que dijo: "...¡Pues a la chingada! Si no me cumplen se van al carajo, se acabó. Yo no soy su pendeja, ahora sí me van a conocer estos hijos de puta porque si no es por mí se mueren estos cabrones...", y colgó.

María les abrió la puerta de la casa. Eran dos los secuestrados que se encontraban ahí desde hacía cuatro meses. Aterrados, se levantaron y a empujones los sacó a la calle. "¡Váyanse, hijos de la chingada! Órale...

a mí nadie me chinga con el dinero, ni se hace el pendejo, y menos el cabrón de mi papá. Órale, cabrones, no los quiero volver a ver y den gracias a Dios que no los mato, hijos de puta, porque encabronada estoy... Órale, pa' sus casas como puedan, pendejos, y no tarden en llegar para que no le paguen ni madre a mi papá, ¡se chinga! Ahora me toca a mí poner las reglas..."

EN EL TINTERO

De no ser éste un caso real, parecería poco creíble, pero, en efecto, Jorge, muy para su sorpresa, fue liberado repentinamente por una pugna entre dos delincuentes que eran, ni más ni menos, padre e hija...

En nuestro país, sólo de los llamados capos, líderes de cárteles mexicanos, hay más de quinientas familias que están involucradas en el crimen organizado. La factura social que esto genera no tiene límites.

De ellas, si consideramos el total de detenidos en los últimos años por delitos de secuestro, extorsión, trata de personas y, en general, por uso de armas de fuego, la cifra de mujeres involucradas se eleva a más o menos cincuenta mil. El ejemplo que viven los hijos, la forma en la que se ven involucrados al vivir del dinero proveniente de delitos, convierte a muchas familias en nidos de criminales potenciales.

Hay casos en los que los secuestradores llevan a las víctimas a su casa para retenerlas en cautiverio, y lo grave es que la familia participa en su custodia. La esposa, los hijos o la mamá del delincuente les dan de comer y les brindan las atenciones básicas de supervivencia para que logren cobrar el rescate.

El punto más delicado es que cuando se detiene a los responsables del secuestro y surge la información sobre la complicidad de hijos y esposas, éstos se justifican argumentando "que le dieron de comer y trataban bien a la persona", sin aceptar que se trataba de un secuestro. Sin embargo, a los familiares que son cómplices su actividad les redítua una ventaja económica si el acto delictivo "sale bien"... y de no ser así, ¡acaban todos en la cárcel!

Según el Consejo Ciudadano de Seguridad Pública, en 2011 se llegó al más alto nivel histórico de personas plagiadas: dos mil novecientas setenta y nueve, y ciento doce asesinatos en los cuales las familias de los delincuentes estuvieron involucradas.

Clara: *"Ninguno de los dos la vio venir..."*

Él no esperaba su regreso después de casi un año de que ella se fuera sin su consentimiento. Ella no lo escuchó. Antepuso su trabajo al deseo de él de tener una familia pronto. Hizo las maletas y se marchó sin tomar en cuenta los sentimientos de José Manuel.

—No te vayas, te lo suplico, la distancia nos alejará de la posibilidad de tener una familia. Es momento de ser padres, de crecer juntos. Quiero tener un hijo contigo y si te vas, cuando regreses, quizá yo ya no te esté esperando.

Clara regresaba ahora dispuesta a formar esa familia que José Manuel tanto quería. Aun sin hablarlo con él, estaba segura de que podrían retomar la relación sin problemas.

Abrió la puerta de su casa. Él no estaba, y a ella le dio gusto porque sabía que a su regreso del trabajo se llevaría una grata sorpresa al encontrarla ahí nuevamente.

Lo que Clara nunca imaginó fue encontrar, sobre el buró de la recámara, la fotografía de una bebé recién nacida, hermosa, de ojos azules idénticos a los de José Manuel.

Bien lo había dicho él. Era demasiado tarde. Clara tomó su maleta, pero dejó sus llaves junto a la fotografía. Salió, cerró la puerta tras ella y jamás volvió a abrirla.

EN EL TINTERO

En un periodo de separación de una pareja puede suceder cualquier cosa porque cada uno de ellos contempla dicha separación desde perspectivas diferentes. Por ejemplo, Clara no escucha a José Manuel, no presta atención a su anhelo de ser papá y conformar una familia, y se marcha. Por su parte, él, frustrado porque ella no atiende a su necesidad, no espera a que Clara regrese y se involucra con alguien más.

A su regreso, Clara, aunque no mantuvo contacto con su pareja, guarda la esperanza y la seguridad de que nada haya cambiado mucho. Prefiere no ver o indagar lo que ha sucedido durante su ausencia, pero encuentra una fotografía que indica que todo cambió radicalmente. Quizá pudo haber visto venir lo que ocurriría, pero prefirió soñar, tan sólo para despertar con brusquedad del sueño.

Lucía: *"Murió la hija perfecta"*

La hija de Lucía era su orgullo... Un día la llamaron para decirle: "Se cayó y no responde".

Fue a una fiesta con sus amigos. Lucía la consideraba madura, centrada, y ahora le avisaban que habían fumado mariguana y que "en esta ocasión" no fumó lo de siempre, se le pasó la mano.

"¿Cómo lo de siempre? ¿Desde hace cuánto tiempo fuma mariguana?", se preguntó.

Murió la hija perfecta, la que era su orgullo... y Lucía con ella. Tenía que aceptar que no iba a revivir, que no volvería a ser la de "antes", que ya tomaba decisiones propias y había dejado de ser la prolongación de su persona. A veces dudaba acerca de si volvería a quererla y a aceptarla igual que antes, pero... ¡sí lo logró! Le dio la bienvenida, con amor, a la vida nueva de su hija y a todo lo que representaba ayudarla para vivir sanamente.

EN EL TINTERO

Lo que Lucía no vio venir fue que es muy posible que una hija no resulte ser lo que deseamos, y somos muy egoístas al pretender que los hijos sean lo que queremos y no lo que en verdad son. ¿Cuál es la lección para Lucía? A un hijo se le acepta como es. Cambiarlo o no querer ver sus debilidades es no amar-lo y no amar-nos.

Parece sencillo aceptar a un hijo como es. Con frecuencia pretendemos etiquetarlo o cambiarlo, o lo creemos otro. No querer ver sus debilidades porque veríamos las propias, nuestros desaciertos, nuestra vulnerabilidad, sucede más de lo que imaginamos. Lo más fácil, dicen, es taparle el sol con un dedo a un niño, pero ya cuando crece, no nos alcanza la vida para tapar nada.

Ante la realidad de que nuestro hijo no sea quien queremos que sea, lo más sencillo es culparnos y preguntarnos: "¿Qué hice mal?", en lugar de cuestionar: "¿Quién es mi hijo?"... Hay etapas en las que los hijos desean descubrir y conquistar, en las que se sienten inmortales y no ven las consecuencias de sus decisiones. Ahí es sumamente importante la presencia constante de nosotros, los padres.

La adicción de un ser querido es una situación sumamente difícil de enfrentar y manejar, por lo que vale la pena que estemos alerta e intentemos detectar señales que nos den nuestros hijos para ayudarlos a solucionar, a tiempo, un problema. Si intuimos algo y le prestamos atención, ello puede representar ganancia en tiempo para no permitir que caiga en una adicción que puede facturarse con su vida.

A tiempo, las adicciones se tratan y algunas hasta se superan. Si no lo ayudamos, entonces sí seremos culpables de nuestra propia falta de decisión, y eso sí es un desacierto. Su vida está en juego y no la recuperamos, punto. Es importante informarnos y superar nuestros propios miedos de enfrentar una realidad que no veíamos venir. Ahí está y necesita nuestra ayuda.

¿Cuántos casos hay de adolescentes que caen en el consumo de drogas, en excesos, por llamar la atención de sus padres? ¡Te sorprenderías al saberlo! No hay "algo" que supla tu presencia y tu amor. Ellos tienen que comprender que entre sus decisiones hay una que no deben tomar, y es romper tu confianza, porque tú eres su columna, su límite, su contención.

Carolina: "Qué detalle, seguro es una hermosa sorpresa"

En la pedida de mano de Carolina, su familia lucía espléndida. Ella, su mamá y su hermana, muy elegantes. Su padre, impecable... Flores, meseros y Café de París atendía. Un sueño hecho realidad.

Sonó el timbre, entraron el padrino de su futuro esposo, su obeso hermano y la mamá con una bolsa de Liverpool en la mano.

De inmediato pensó que en esa bolsa venía un gran regalo para ella. Un brillante, un zafiro, ¡algo!, porque era su pedida, y Rubén ni siquiera había mandado flores. "Qué detalle —le dijo a su hermana—, esperaron para darme ¡todos! una hermosa sorpresa que viene en esa bolsa."

Llegaron los invitados, bocadillos exquisitos, champaña, música... La bolsa de Liverpool al lado de su suegra, todo el tiempo, no la soltaba. Y Carolina, pendiente.

Dos horas después vio a su suegra sacando algo de la bolsa. Eran... ¡unas alpargatas!, porque ya no aguantaba los tacones. Se cambió los zapatos en la sala frente a todos.

A pesar de las miradas de su mamá y de su hermana, Carolina siguió adelante con el compromiso y se casó. Ahí empezó la peor pesadilla de su vida...

Pasados cinco años:

—Papá, acabo de firmar los papeles del divorcio.

—Mira, mi'jita, sola no estás y al final qué bueno que se divorciaron porque a mí no me gustó cómo me bailó su mamá en la boda.

—¿Cómo? ¿A qué te refieres, papá? —le preguntó ella.

—A esos detalles que muestran que el otro y toda su familia tienen una educación diferente que no va de acuerdo con la tuya. Se relaciona con valores, con criterios. Más fácil, con observar que unos mastican con la boca abierta y otros no, mi'jita.

—¡No me di cuenta, papá!

—Pues no, ¿cómo ibas a darte cuenta si estabas embrutecida de amor?

EN EL TINTERO

En ciertos momentos suceden incidentes importantes que no se quieren ver, que parecen insignificantes —como el de las alpargatas—, pero pueden marcar el rumbo de una relación y sacar a la luz las diferencias sustanciales entre los miembros de una pareja. Carolina, a pesar de reparar en ese detalle, no lo tomó en cuenta y siguió con sus planes. Es más, el día de la boda no se percató de otro detalle que volvía a señalar la brecha entre las familias.

Más adelante, al decidir firmar el inevitable divorcio, su papá le hace ver que ella, que había visto el video de la boda cientos de veces durante los cinco años que duraron casados, *no notó* que la consuegra, frente a todos, le ponía una buena arrimada al consuegro ¡que daba pena ajena! No tenían la misma educación y el papá sonreía muy forzadamente durante el evento, atorado con el matrimonio y con el noviecito rascuache de su hija, pero calladito en aras de la felicidad de la mocosa. Pasaron años para que soltara la boca, y mencionara el baile "del arrimón", en el que la señora, además de moverle frenéticamente los senos, lanzaba un zapato por un lado, el otro por acá, y, despojada de vergüenza alguna, reía a carcajadas corrientes y con gran excitación frente a los cuatrocientos invitados que observaban a la mamá del novio bailar con el papá de la novia, solitos en la pista.

Uno ve pero no ve. ¿Cómo no notar semejante distancia entre una familia y otra? En la pedida de mano ya se observaban las diferencias, y ahora ¡ahí estaba todo filmado! Los invitados de uno y de otro eran completamente opuestos, no encajaban, hacían grupos, no se integraron jamás ni durante el video, ni en la vida. Y esto no tiene que ver con que alguna de las familias sea mejor que la otra, simplemente no podrán convivir en el mismo escenario de la vida futura de dos que quieren construir una familia, sin tener roces importantes. ¿Qué problemas vendrán cuando lleguen los hijos? ¿Qué forma de educación va a pesar más sobre ellos?

Bien dicen que el amor es ciego, pero no hay tanto "pendejo" a la redonda para no ver (perdón, así dice mi dicho).

Phil Collins: "Esperé este momento toda mi vida..."

El hombre era ya viejo. Estaba sentado en la primera fila del Estadio Wembley, en Londres. Un reflector lo iluminaba y Phil Collins le cantaba "In the air tonight"... Era, sin saberlo, el invitado especial de ese concierto. Phil lo localizó y envió una limosina a su casa para recogerlo y llevarlo a escuchar el lanzamiento de su nuevo disco como solista. Sin entender por qué había tenido ese gesto con él, acudió al evento.

Escuchaba el concierto con atención.

De pronto las luces del estadio se apagaron por completo y un reflector potente iluminó su rostro. El anciano no entendía. Phil Collins empezó a cantar sin dejar de mirarlo a los ojos:

"...Esperé este momento toda mi vida. Te he visto dos veces. Aquel día que te vi por encima de la barda de la casa. Te vi cómo permitías que tu hijo se ahogara en la alberca y no hiciste nada. No lo ayudaste. Vi tu cara. He visto tu rostro, pero no sé si sabes quién soy. Estuve ahí, te vi, lo vi con mis ojos. Me acuerdo muy bien, no te preocupes, cómo olvidarlo... He esperado este momento toda mi vida..."

Habían pasado años desde que Phil, cuando niño, presenciara ese hecho. Llegaba el día. El anciano, sentado en primera fila, escuchaba la canción, en silencio, con lágrimas en los ojos... ¡era su juicio final!

9. La amistad: se cuentan con los dedos de una mano y ¿sobran?

Este capítulo está dedicado a esa relación maravillosa que es la amistad. El tema me parece delicado porque uno elige a las personas que desea como amigos. Salvo en pocas excepciones, nadie interviene en nuestra decisión de quién va a formar parte de esa lista.

Si pensamos en quiénes son nuestros amigos, nos damos cuenta de que éstos han cambiado con las etapas de nuestra vida, los deseos y las vivencias, y que aquellos que considerábamos entrañables hoy ya no están cerca porque simplemente dejamos de verlos, porque cambiamos con el tiempo, porque ya no resultaron serlo... en fin, son múltiples los motivos por los que algunos amigos se van quedando en el camino y dejan de serlo.

El tema, en el contexto de ¡no la vi venir!, no trata de aquellos casos que por distancia o por cambio de intereses en común o por las etapas de la vida ya no lo son. Este capítulo remueve las entrañas porque en él se presentan casos de personas que sí eran amigas, que así se consideraban, pero que, por no serlo realmente, por ser convenencieras o abusadoras, y por un sinfín de motivos, terminaron por romper ese vínculo tan extraordinario que las unía.

Creo y sostengo que hay amigos para todo, es decir, amigos para ir al cine, amigos para viajar, amigos para compartir secretos y formar parte importante de nuestra vida, amigos con quienes emprender un negocio; no con todos hacemos lo mismo. Con unos se comparten ciertas vivencias y con otros, aspectos diferentes. El problema surge cuando esperamos algo de una persona que en realidad sólo puede brindar una cosa distinta.

En su libro *Rethinking Friendship* (Replanteamiento de la amistad), publicado por Princeton University Press en 2006, los autores Liz

Spencer y Ray Pahl definieron ocho tipos de relaciones amistosas por grado de funcionalidad:

1) Asociados: comparten sólo una actividad común, por ejemplo, un deporte, un pasatiempo, un gusto.
2) Contactos útiles: comparten consejos, información, dudas y todo lo relacionado con las áreas laboral, escolar o familiar y se saben capaces de llegar a acuerdos mutuos que beneficien su crecimiento.
3) De favores: se ayudan de manera funcional, se apoyan y se impulsan, pero sin involucrar aspectos emocionales.
4) Para el ocio: se unen para socializar y divertirse, pero nada más. No hay apoyo emocional, no comparten problemas ni angustias; sólo viven y disfrutan el momento relacionado con pasarla bien.
5) Ayudadores: se unen como amigos de favores y amigos para el ocio. Se ayudan para funcionar en conjunto. Se toman en cuenta para pasar ratos sociales agradables y para conocer más gente.
6) Alentadores: cubren la definición de ayudadores, pero en este caso sí existe apoyo emocional.
7) Confidentes: se interesan el uno por el otro, se confían sucesos personales e íntimos, disfrutan de la compañía del otro, pero no siempre están en la posición de ofrecer ayuda.
8) Almas gemelas: entre ellos prevalece la confianza, el respeto, la complicidad. Son pocos los que logran este nivel. Se saben amigos para siempre. No permiten la distancia. Se apoyan incondicionalmente. Comparten los buenos y los malos momentos.

A esta lista yo sumaría más tipos: los cibernéticos (los amigos en redes sociales), los depresivos (que sólo nos buscan para que les demos consejos, pero en realidad no les importamos ni preguntan: "y tú ¿cómo estás?, ¿necesitas algo?"), los que quieren ser, los que nos gustan, los que nos usan, los que aparecen y desaparecen, los que se dicen ser y nunca los vemos, e incluso aquellos que no nos conocen y dicen serlo. ¡Usamos tanto el término amistad que olvidamos lo que en verdad significa!

La amistad es un regalo preciado. Lograr que exista confianza entre dos personas es sumamente raro y difícil, y en esa confianza se resumen y explican las remotas posibilidades de encontrar amigos genuinos. Muchos resultan *cuates* o conocidos, pero entablar una amistad incondicional con alguien no es fácil.

Podemos afirmar que un amigo no nos dice mentiras, no nos juzga, no nos envidia, no se enoja por detalles superficiales porque sabe que la relación es valiosa, no nos critica pero nos sugiere, nos quiere, nos cuida, nos acompaña en las malas, entiende los silencios y los espacios... cada uno de nosotros podríamos aportar una definición. Cuando la amistad es auténtica no sólo no hay abuso, sino que hay acompañamiento de vida, apoyo, buenas formas, respeto, cuidado, y todo aquello que nos ayuda a crecer y nos hace bien. La amistad no representa sufrimiento, ni acciones ventajosas, ni egoísmo; es andar con paso firme, constante y certero por la vida sin miedo, sin vulnerabilidad, sabiéndonos cobijados y en lugar seguro.

Con definiciones tan profundas, cabe plantearnos la interrogante: ¿cuántos que eran o son nuestros amigos lo son en realidad? Es necesario hacer un detallado examen emocional e inteligente en ese sentido para saber dónde estamos situados en cuestiones amistosas.

La amistad tiene su origen en la necesidad del ser humano de buscar aliados, de solucionar conflictos, recurriendo a una especie de altruismo mutuo; al intercambio constante de ideas, secretos, pensamientos, intimidades, juicios; al comportamiento cooperativo, la presencia y la constancia, que permiten un crecimiento paulatino acompañado. No se refiere, aunque ésta sí existe, a la unión por beneficios económicos, sociales o con algún sentido de ganancia. La amistad es una alianza con cimientos de respeto, confianza y reciprocidad, una relación horizontal que permite a dos personas crecer.

Hoy es muy común el uso de la palabra *amigo* en las redes sociales, por ejemplo; en un afán de cubrir su timidez, muchos que no logran relacionarse o acercarse a alguien confunden lo que es tener amigos con entrar en contacto con muchas personas. Sin duda, estas redes son medios para reencontrar a ciertos conocidos o establecer relaciones con gente de muchos lugares al mismo tiempo, pero nada tienen que ver con la complicidad que implica la amistad lograda de manera directa, que es una fuente de identidad, de interacción, de reconocimiento mutuo y apoyo incondicional.

Este capítulo me parece de gran relevancia porque son nuestra elección, nuestra concepción de la amistad o la manera en la que la mal entendemos las que nos llevan a vivir momentos inesperados en los que resultamos lastimados. Si analizamos a fondo la definición misma de la amistad, nos percataremos de que los verdaderos amigos son tan pocos ¡que se cuentan con los dedos de una mano y sobran!

Emma: "La amistad nos permitía hablar mucho…"

Como todas las mañanas, Emma bajó al sótano del edificio a dejar la basura, pero ese día fue distinto: encontró a una vecina muy joven, en bata, llorando. Intentó consolarla mientras se desahogaba diciendo que había discutido con su marido y éste la había golpeado. Se sentía sola.

La invitó a subir a su departamento. Braulio y los niños ya se habían ido. Le ofreció un café y conversaron toda la mañana… Con el tiempo se hicieron muy buenas amigas, cocinaban juntas y compartían detalles de su vida. Ella no tenía hijos, y como los esposos llegaban hasta la noche, prácticamente estaban solas, y se hacían compañía una buena parte del día.

La amistad les permitía hablar mucho, contarse secretos; se trataban como hermanas. Roxana llegó a cuidar a los hijos de Emma, les ayudaba a hacer tareas, les hacía de comer, salían de paseo… poco a poco se convirtió en parte de su familia.

Su vida no era sencilla. Se casó muy joven con un hombre mayor que la maltrataba y no deseaba tener hijos. Se había trasladado de Tampico a la ciudad de México, dejando atrás toda una vida de sufrimiento económico. Sus padres no tenían dinero, sufrían para pagar la educación de cuatro hijos, y para Roxana casarse fue una salida fácil.

La vida de Emma era más estable: un matrimonio de muchos años, hijos; disfrutaba ser ama de casa y vivía para ellos. Tenían una buena cantidad de dinero ahorrada; no había grandes sorpresas, ni grandes dificultades… vivían una cotidianidad equilibrada.

Aquel diciembre, el esposo de Roxana se enfermó y Emma se ofreció a ayudarla en sus cuidados. Hacían de comer para la familia de Emma y para el marido de Roxana, Emma le daba la medicina si ella no estaba, le leía, platicaban mucho los tres esperando la llegada de Braulio y los niños.

Para el esposo de Emma resultaba incómodo pasar tantos días juntos en el departamento de los vecinos o en el propio. Perdieron privacidad, comunicación, y ya los temas de su propia familia se mezclaban con los del matrimonio de la amiga. Llegó un momento en que todos opinaban sobre la escuela de los hijos de Emma, las tareas, los viajes, las salidas. Las decisiones importantes ya eran tanto parte de ella como suya.

Emma no sabe en qué momento permitió tanta invasión en su vida sin problemas. Braulio ya no venía a comer, sus hijos preferían ir a casa de algún amigo de la escuela con tal de no llegar a la suya y cuanto más sola estaba, más la invitaban al cine, a comer fuera, a ir de compras... Su matrimonio terminó. La distancia entre Braulio y Emma se convirtió en un abismo de indiferencia. Su vida cambió... Cuando Braulio se mudó con sus hijos a otro lugar y se quedó sola, supo que Roxana le había contado a su marido que Emma tenía un amante, que ella se quedaba en las tardes con sus hijos cuando salía con él... Fueron tantas mentiras y durante tanto tiempo que para cuando quiso recuperar a su familia ¡lo había perdido todo!

Roxana inventó toda una historia que Braulio le creyó... ella no podía soportar que Emma tuviera una familia estable. Su plan era separarlos y lo logró. Emma no sabe cuándo le dio a esa pareja un lugar que no merecía.

EN EL TINTERO

La intimidad familiar es fundamental. Dicen que la ropa sucia se lava en casa y ¡por algo será! Compartir tu estabilidad con la persona incorrecta puede causar una envidia muy profunda en quien no la ha tenido. Los matrimonios son de dos y entre ellos deben tomarse las decisiones sobre el rumbo a seguir. Involucrar a conocidos o incluso a amigos es un arma de dos filos porque nunca sabemos en realidad cuáles son las verdaderas intenciones de quien expresa una opinión.

La realidad de Emma, dentro de su estabilidad, es que se sentía sola y por momentos aburrida; de pronto, Roxana vino a ponerle sal y pimienta a su cotidianidad; el precio pagado por esa compañía fue muy alto: perder a su familia, que su marido y sus hijos se alejaran de ella, que dejaran de tomarla en cuenta... Cuando Emma la conoció, la vida de Roxana ya era un caos y seguiría siéndolo. Su inestabilidad, sus motivaciones y frustraciones estaban a flor de piel... Parecía no haber sorpresas en ese sentido, pero para Emma fue terrible descubrir de pronto que la amiga a quien le había entregado tanto fue capaz de traicionarla e inventar una historia para destrozar su felicidad.

Para dar buena salida a los sentimientos de soledad, indiferencia o aburrimiento provocados por la monotonía, siempre es conveniente hablar del asunto con la pareja, insistir en que nuestras emociones cuentan, y expresar nuestros deseos, motivaciones y frustraciones. Compartir todo eso con una tercera persona acentúa la distancia y los sentimientos negativos.

Vincularse desde la carencia siempre pondrá al otro en desventaja. No hay que olvidar que la envidia es un sentimiento de frustración insoportable.

Luisa: *"Nos divertíamos mucho…"*

Sandra, Martha, Josefina, Gabriela y Luisa se conocieron en la escuela, y formaron un grupo de amigas que salían juntas a divertirse. Organizaban viajes, salidas a cenar y a bailar, y su relación, en grupo, era bastante divertida.

De las cinco adolescentes, Gabriela era la más rebelde. Le encantaba vivir al límite. Ligaba a cuanto chavo se le ponía enfrente, tomaba mucho, mentía a sus papás para poder salir, pero era la más divertida. Siempre ponía ambiente y era quien instaba a las demás a socializar, a conocer más gente, proponía los lugares de moda y las llevaba siempre a muy buenos antros. El único problema con ella es que se las arreglaba para no pagar cuentas, ya que no tenía el dinero suficiente para mantener ese ritmo de vida. Sin embargo, las demás aportaban lo necesario para que saliera con ellas porque les convenía, ¡siempre la pasaban muy bien! Pagarle era lo de menos.

Viajaron juntas a Acapulco. Era un puente largo y no había escuela; Sandra, Gabriela, Martha y Luisa convencieron a sus papás de dejarlas ir. Josefina tenía una familia más tradicional y no le dieron permiso.

Ese viaje cambió su vida. El reventón fue espectacular y la cantidad de chavos que conocieron, increíble. Gabriela dominaba la situación: sabía a dónde ir, qué hacer y cómo hacerlo. Un día antes de regresar fueron a bailar, se emborracharon y terminaron en el departamento de Plutarco, un hombre al que conocieron en el antro. Al llegar, siguieron tomando, y cuando las chicas vieron que Gabriela ya estaba muy mal, dejándose fajar por tres tipos al mismo tiempo, Luisa decidió decirle a Sandra y a Martha que se fueran para no meterse en problemas. Borrachas, pero con algo de conciencia, salieron una por una del departamento del tal Plutarco.

Dejaron a Gabriela ahí, sola y muy mal. Al día siguiente, al despertar, vieron que no había llegado... La angustia de no saber de ella iba en aumento, sabían que tenían que regresar porque sus papás las esperaban. No podían faltar a su confianza porque seguramente no volverían a dejarlas ir a ningún lado... y regresaron sin Gabriela.

Sus papás les pidieron datos de dónde la habían dejado, pero no recordaban mucho. Finalmente, Gabriela apareció muy mal en un hospital de Acapulco. Alguien la ayudó y la salvó. Cuando semanas después regresó a la escuela, se supo que había sido golpeada y violada por todos los presentes en ese departamento.

Sus amigas, para evitar problemas con sus familias, dieron la espalda a la situación y no la ayudaron. ¿Por qué involucrarse en asuntos que no les correspondían? Después de todo, pagaban sus cuentas, la invitaban siempre. Ese grupo de amigas le permitió conocer antros que ella, por no tener dinero, no habría conocido. Si se le pasó la borrachera, muy su bronca, ¿no?

Al final, ese grupo se rompió y dejaron de ser amigas. Después Luisa encontró otro grupo y nada pasó. Amigas siempre hay, sólo es cuestión de buscarlas.

EN EL TINTERO

A Gabriela la dejaron sola, expuesta y en la inconsciencia absoluta que no le permitía entender que su vida estaba en riesgo. ¿Qué clase de amigas te abandonan en un departamento, sola con un grupo de hombres que acaban de conocer? Aquellas a quienes no les importas y únicamente te utilizan para socializar y divertirse.

También es interesante intentar entender por qué en un grupo de adolescentes no hay una que ayuda a Gabriela; pareciera que todas están cortadas por la misma tijera, piensan igual, sienten igual y la abandonan igual. ¿Por qué? Porque en todo grupo hay un líder y ese líder es Luisa, esa voz que marca el rumbo de las decisiones y tiene los recursos para que las ideas del otro se lleven a cabo. Es quien se aprovecha hasta donde ella quiere y desea, y las demás resultan ser borregos que siguen las ideas de una y la implementación de la otra.

Gabriela aporta diversión, chavos guapos, ligues, socialización... ¡reventón divertido! Y nada más. Representa, simplemente, un medio para conseguir algo. Luisa es la líder. Ella decide dejarla sola y llevarse a las demás, que, por cierto, sin poner resistencia, tampoco piensan en el riesgo que corre Gabriela ¡y se marchan! para evitarse problemas. Para Luisa, su "amiga", después de ser violada y golpeada, "ya no sirve", es desechable. Con su actitud manda el mensaje: "Si hay problemas, no cuentes conmigo; si hay diversión, contribuyo con lo necesario". ¡Qué triste fue para Gabriela descubrir en tan terribles circunstancias lo que no vio venir: la total indiferencia de sus "amigas" hacia ella!

Casos como éste son enmarcados en "amistades" por conveniencia. En tanto se pueda sacar beneficio o utilidad, somos amigos; si se rompe esa regla, no lo somos. En una amistad por conveniencia alguien busca su provecho, su utilidad, su comodidad, pero si aparece un problema, la amistad desaparece, se esfuma, nunca existió.

A este tipo de amistad le llamo "amistad peligrosa", porque entablar una relación en la que nadie cuida, ayuda o salva al otro de situaciones en las que la vida se comparte con excesos en el uso de drogas o alcohol y/o eventos extremos, conlleva un gran riesgo.

Lorenza: "Siempre lo vio con mucha admiración..."

Óscar, el hermano de Lorenza, se dedicaba a escribir. Tenía una habilidad que pocos lograban: plasmaba en papel historias inimaginables que mantenían al lector al borde del suspenso. Un gran escritor.

Lorenza trabajaba en un periódico y gracias a sus contactos tuvo la oportunidad de presentarle al dueño de una casa editorial. Quedaron encantados con el proyecto que Óscar presentó, se pusieron a trabajar y lograron que su libro saliera a la venta. ¡Fue un trancazo! Se vendió como pan caliente. Su hermana y su mamá lo acompañaban a firmar ejemplares, a presentarse en todo el país y a dar pláticas sobre la elaboración de texto en el género de suspenso. Óscar vivía uno de sus mejores momentos.

En una firma de libros, Alberto se acercó a pedirle un autógrafo. Había leído el libro varias veces y las palabras de admiración hacia él fueron realmente conmovedoras. Óscar le dio la firma, pero Alberto no se fue; esperó hasta que finalizara el evento y los invitó a cenar para platicar. Aceptaron.

Al tiempo, se hicieron amigos y Alberto los acompañaba a todos sus eventos públicos. Su admiración por Óscar era sorprendente. Lo llenaba de halagos, le narraba detalles de los encuentros con sus lectores que fascinaban al autor. Siempre estaba pendiente de los comentarios de la gente y al final de cada presentación pasaba horas hablando de la valiosa aportación de Óscar al género literario. El centro de atención, en esa amistad, siempre fue Óscar. Poco se sabía de Alberto, excepto que estudiaba la carrera de comunicación y vivía con sus padres, tenía una hermana y le gustaba leer.

Aquel día Lorenza no pudo acompañar a Óscar y le pidió a Alberto que no faltara al evento para ayudar a su hermano en lo que se le ofreciera...

—Mi hermano apareció muerto —dice Lorenza—. Lo encontraron dos días después en el cuarto de un hotel cerca de la Avenida Libertadores. Amarrado, asfixiado, torturado, rodeado de sus libros, que estaban tirados en el suelo y abiertos en distintas páginas, con fotografías de todos los eventos a los que Alberto lo había acompañado. Con la sangre de Óscar, Alberto escribió en la pared: "Te admiro para siempre, tu amigo".

De Alberto sólo tenían su número de celular; no sabían dónde vivía ni quiénes eran sus papás. Preguntaron en la universidad en la que les dijo que estudiaba comunicación, pero ahí no existía ese alumno... sólo contaban con las fotografías de los eventos a los que asistió con ellos. Por lo demás, no había rastro alguno.

Desapareció el fanático y asesino de Óscar. Hasta hoy, la policía no ha dado con él.

EN EL TINTERO

En este caso, dos protagonistas de la historia no vieron venir lo que sucedería: Lorenza confía en quien había logrado convencerlos de que era un buen amigo y Óscar, ingenuamente, creyendo en la admiración que Alberto dice sentir por él, cae en manos de su asesino.

El fanatismo es una pasión exacerbada, desmedida e irracional, que pone fuera de sí a la persona. Es el afán de posesión de algo o de alguien, sin conceder libertades; es exaltación, intolerancia, rigidez y prejuicio. El fanático pierde la identidad propia para buscarla en algo o alguien que representa lo que él no puede lograr, hacer o alcanzar. Eso externo es lo que le da sentido a su ser, estar y vivir. Desesperadamente busca "transformar" al otro para que permanezca para siempre en él.

El fanático depende de algo del mundo exterior, creyendo equivocadamente que esto lo completará o le dará valor. Y si depende de algo o alguien para sentirse valioso, evidentemente lo defenderá hasta la muerte, aun cuando eso signifique asesinarlo para que no sea de nadie más, sólo suyo. Piensa: "Si me falta, me falto yo, pero si en mis manos queda su vida, me tengo yo".

En los casos de algunas personas que han muerto por la locura de un fanático, éste es quien ahora se convierte en el famoso. Es decir, no habría un Ramón Mercader sin Trotsky, ni un Mark David Chapman sin John Lennon (por cierto, los seguidores de Lennon se prohíben mencionar el nombre del asesino justo para no darle la fama que él deseaba obtener al matarlo). ¿Habríamos conocido a una Yolanda Saldívar si no fuera porque mató a Selena? ¿O a Lee Harvey Oswald sino porque asesinó a John F. Kennedy...? Y no habría un Alberto sin Óscar en la situación que narré antes.

En muchos de estos casos, los asesinos fueron personas muy cercanas. Amigos, trabajadores de confianza, gente relacionada con la familia... hay fanáticos que usan la amistad, la cercanía o la confianza para aniquilar, ésa es la forma de "igualarse" con aquel que pasará a la historia junto con ellos; finalmente, en sus manos quedan para siempre la vida y la muerte del otro.

Como bien me dijo Alvin Toffler en una entrevista: "El gran enemigo del siglo XXI será el fanatismo". Éste es una obsesión que no resulta benéfica para nadie, ni para el individuo ni para la sociedad, y muchas surgen tras el velo de la amistad y la admiración enferma.

Sebastián: "Tengo muchos conocidos..."

Sebastián tiene cuarenta años y recuerda que desde niño poco socializaba con los demás. Tenía fama de defender a los más débiles, aquellos que eran presa de ataques y burlas por parte de los grandulones, fueran quienes fueran. Era conocido por eso, pero amigos no tenía.

El que lo invitaba a su casa de vez en cuando era Juan, pero a Sebastián no le gustaba ir porque se aburría mucho y su papá tenía mal carácter. Creció y en la adolescencia ocurrió lo mismo. Uno que otro conocido con quienes llegaba a salir de vez en cuando, pero en realidad pasaba mucho tiempo en su cuarto oyendo música.

Las personas le dan pereza en general. No le parece interesante convivir con la gente. Le dan "hueva" las pláticas, siempre hablan de muchas tonterías y lo aburren. No tiene buenos amigos, muchos conocidos sí, pero nada más...

—Mi mamá siempre me dijo que yo era una persona única, muy especial y muy inteligente —dice Sebastián—. Siempre me sugirió que, por ser así, debía juntarme con los que fueran como yo, y como no hay, prefiero dosificar mi convivencia con los demás.

EN EL TINTERO

Hay personas que con frecuencia pierden amigos porque consideran la amistad como un refugio constante de los problemas y una fuente para avivar la autoestima que no se ha trabajado individualmente. "Es con mi amigo como estoy bien..." ¡qué carga para el amigo! ¡Qué suplicio y negatividad! Es como desear que el otro me cargue, que me sostenga en sus brazos porque sólo ahí me siento bien.

Otro obstáculo para encontrar amigos es la timidez. El aislamiento se genera porque sentimos que no pertenecemos a entorno alguno, tal vez porque tenemos miedo de no ser suficientes para los demás. El aburrimiento surge también del miedo a enfrentar lo que sabemos que nos rebasa. Más allá de las emociones que manifestamos por encontrarnos sin amigos, hay una que sale a relucir y es la soberbia. ¡Cuidado! Pensar que "nadie es suficiente para compartir conmigo la vida" puede ser una vertiente que no consideramos pero que existe.

La pereza que manifiesta la persona del caso anterior puede tener esa lectura. Los demás no aportan, no valen lo suficiente; "me dan hueva", es la postura de Sebastián... ¿Qué nivel de arrogancia implica expresarse así de la gente durante la vida? "Todos son menos que yo y no merecen mi presencia; me aíslo y escucho música porque nadie resulta ser tan exitoso y valioso como yo. Así crecí, así me enseñaron." ¡Qué sorpresa se llevaría si se enterara de que quizá no es todo lo que cree ser y muchos de aquellos a quienes desprecia son más valiosos de lo que cree!

No tenemos amigos de vida para completar el rompecabezas de nuestras expectativas o carencias; más bien, ellos significan acompañamiento y crecimiento mutuo. No son los demás, es Sebastián quien mide a la gente con una vara muy alta. Aparentemente, en su interior él se sabe tan poco exitoso que prefiere aislarse que rozarse con lo que no ha podido lograr.

Pero, antes de que él midiera a la gente, su mamá lo midió a él con una vara tan grande que le cerró el paso a ser como es, a ser querido por lo que en verdad es y no por lo que cree ser. Asegurar que en la vida sólo tiene conocidos ¡no es un buen síntoma! La amistad siempre reflejará una parte sana de los seres humanos, y no por la cantidad sino por la calidad de la misma.

La salud también llega por la relación con los demás y la amistad es un buen signo en nuestra vida. Una persona que quiere a sus amigos y es querida por ellos es sana; alguien que a los cuarenta años no tiene amigos, no quiere ni es querido a través de la amistad, debería prestar atención a ese foco rojo.

Magdalena: "Se fueron a otra ciudad por trabajo…"

Magdalena empezó a salir con Sergio, un hombre de cincuenta y cinco años. Tras su divorcio y el de ella, la vida los unió. Dedicados los dos a trabajar en el ramo de la publicidad, tenían amigos en común; gracias a ellos y a las tantas salidas en grupo, decidieron establecer un compromiso.

A los cinco meses de salir y compartir, Sergio organizó una comida con su familia. Su mamá, sus hermanas, sus hijos, ¡todos! Preparó un asado tipo argentino y se reunieron en su casa de Yautepec. Magdalena ya conocía a algunos, pero su sorpresa fue inmensa cuando apareció el marido de la hija…

Los dos se quedaron helados. Los presentaron y ella alcanzó a decir: "¡Nos conocemos hace tiempo! Fuimos muy buenos amigos en una etapa importante de nuestra vida".

En efecto, Alfredo y ella se conocieron muchos años atrás. Estudiaron juntos la universidad… ¡y Magdalena fue testigo de la relación que éste mantuvo con Armando, un amigo mutuo, durante años! Eran, en aquellos tiempos, de las pocas parejas de homosexuales que habían salido del clóset. Cuando terminaron la carrera, Alfredo seguía con Armando y ambos se fueron a vivir a otra ciudad por oportunidades de trabajo.

Hoy lo encontraba como el esposo de la hija del hombre con el que ella salía ¡en una comida familiar! Cargaba en brazos a su hijo de dos años y su esposa esperaba otro bebé. La comida transcurrió y ¡para ella resultaba claro que Alfredo era homosexual! Algo no estaba bien, ahí había una mentira de fondo en la cual no quería participar.

Por respeto a Sergio, a su hija y a sí misma, dejó de verlos. Desapareció sin dar explicaciones. Prefirió tomar esa decisión que solapar a una persona que fue su amigo y ocultaba una verdad así. No podría, no alguien como ella.

EN EL TINTERO

El caso anterior me lleva a reflexionar acerca de las personas que quieren tapar el sol con un dedo y pretenden "reivindicarse" o "retomar el rumbo" hacia una vida heterosexual, pretendiendo encajar en los esquemas sociales y familiares, pero no en los genuinos en su caso. Buscan cumplir con esa imagen heterosexual de la familia feliz: esposa, esposo e hijos, cuando la realidad es que uno de ellos miente sobre un asunto de enorme significado para la vida de todos.

Habrá quienes tengan un encuentro erótico con personas de su mismo sexo de forma fortuita, pero ¿mantener una relación con otro hombre por más de tres años? No es un asunto esporádico y mucho menos circunstancial. Ahí hay engaño y no todos han puesto las cartas sobre la mesa, por lo cual es Magdalena quien decide retirarse antes de ser cómplice de esa gran mentira. Ella, que sabe que "su amigo" de la juventud mantuvo una relación homosexual, ahora, en forma por demás inesperada, lo encuentra casado y con un hijo, y no desea ser utilizada para cubrir una mentira tan indigna. No es benéfico para nadie, en el nombre de una amistad, solapar mentiras que pueden dañar profundamente a terceros. Alfredo miente y desea que Magdalena lo cubra y le siga la jugada; esta situación puede generar un caos para los integrantes de esa familia. Finalmente, la amiga de aquellos tiempos supo de una relación bastante larga de Alfredo con Armando y en ella no cabe la menor duda de que él es homosexual y ha engañado a todos.

Para este caso habrá entonces que formular la pregunta: ¿puede cambiar la preferencia sexual de una persona? Hasta el momento no hay elementos para afirmar que se logre, más allá de lo que desearían muchos que son homofóbicos.

Se debe entender que el respeto por uno mismo es fundamental; fingir es un acto de autocastigo muy severo que tarde o temprano ocasionará que no resistan las emociones, los deseos y la situación de la verdadera realidad de la persona.

La homosexualidad ¡no es gripe! No es algo que te da y se quita; por el contrario, es una decisión, es una forma de vida, es una identidad.

Vicky: "A partir de mi accidente ¡todo cambió!"

¿Amigas? Desde niñas. Las familias de Vicky y Maricarmen se conocían, y ellas crecieron juntas. Estudiaron la misma carrera y cuando salieron de la universidad y la vida las enfrentó a la responsabilidad de sacar adelante un negocio, se asociaron.

El salón de belleza era todo un éxito. Se hizo famoso por los precios, la buena atención y los resultados que lograban las dos al cambiar la imagen a las personas. Al negocio llegaban clientas con baja autoestima y salían diferentes. Su agenda era muy apretada: citas para tintes, cortes de cabello, maquillajes, depilaciones... el servicio era completo. Para atraer más clientas contrataron a edecanes que las atendían, les servían café, les daban masaje en las manos mientras las peinaban; todo estaba organizado de tal manera que aquello era una mina de oro.

A partir del accidente de Vicky ¡todo cambió! Estuvo en cama cuatro meses y para cuando regresó al salón ya casi no tenía clientas. Pocas querían atenderse con ella. "Mejor con Maricarmen", le decían. No entendía muy bien lo sucedido, pero en menos de un año, ésta la corrió.

—Ya no es como antes, querida. Ahora yo me encargo, yo atiendo y lo hago muy bien. No tienes nada más que aportar, el negocio es mío...

Le pagó una liquidación de sólo el 20% de la sociedad y jamás volvió a contestar una llamada suya.

—¿Qué ocurrió? —se pregunta Vicky—. No lo sé. Nunca me permitió hablar con ella, simplemente dejamos de ser socias y amigas. El dinero que podría haber invertido para demandarla lo gasté en mi recuperación.

EN EL TINTERO

Muchas amistades acaban cuando interviene el factor económico. Si bien Vicky había contribuido al gran éxito del negocio del cual era partícipe, "su amiga" Maricarmen se aprovecha de las circunstancias mientras está convaleciente y le da la espalda cuando ella más necesita el trabajo y el dinero para salir adelante. ¿Habrá cambiado Maricarmen, o más bien Vicky no quiso verla tal como era antes de que lo demostrara?

En casos como éste solemos apelar a la compasión y comprensión de la otra persona para que, como podría esperarse de un verdadero amigo, nos tienda la mano. Sin embargo, queda claro que no hay tal amistad.

¡La ambición gana!

Ruth: "Llegó el día en que decidí dejar de ver a Rolando..."

Ruth y Rolando fueron amigos durante quince años. Ella siempre estuvo pendiente de él, de su vida, de sus problemas. A veces él le llamaba a las dos de la mañana para contarle que se había peleado con su novia; le prestó dinero que nunca le pagó, lo acompañó a la mayoría de sus eventos familiares. Su mamá le decía: "¿Cómo no se hacen novios? ¡Tan buenos amigos que son!" Al salir de la universidad rentaron un departamento entre los dos, pero sus fiestas y la presencia de tantas mujeres agobiaban a Ruth. No podía descansar y tenía que levantarse muy temprano.

Soportó su estilo de vida un año y luego se mudó. Rolando siempre estaba en problemas. Un día tuvo que ir a sacarlo de la delegación porque había chocado. En otra ocasión le prestó su coche y se lo devolvió enlodado; no tuvo tiempo para llevarlo a lavar y le dio cincuenta pesos para que lo hiciera ella.

Pese a todo, Ruth era genuinamente incondicional con él. A la hora que fuera y para lo que fuera, Rolando contaba con ella.

Una noche que le marcó para pedirle que pasara por ella a un antro porque la habían dejado sus amigos y no quería regresar sola, le contestó:

—Ay, toma un taxi, como si no pudieras resolverlo.

Cada vez que ella necesitaba algo, él encontraba una salida para no ayudar, pero si a él se le ofrecía algo, ahí la tenía.

Ruth acabó por hartarse y poco a poco dejó de verlo. Nunca le dijo nada, y él a ella tampoco.

EN EL TINTERO

Las relaciones unidireccionales terminan por llegar a un punto de hartazgo del cual ya no hay regreso. Hay gente que se aprovecha de la bondad, la generosidad y la amistad de otros. Sienten que se les debe todo, que la incondicionalidad es merecida y ¡hasta una obligación!

Cuando se trata de sus necesidades, el tiempo apremia. Hay que resolver de inmediato. ¡Cuántas personas se hartan de los "amigos" interesados sólo en ellos mismos! Éstos necesitan ser escuchados a la hora que sea, ser atendidos y respetados, ser apoyados, acompañados y motivados por otro, pero cuando se trata de ese otro, no tienen tiempo para llevarlo, escucharlo, ayudar, ¡siempre tienen algo más importante que hacer!

Este caso nos hace reflexionar sobre el equilibrio en el dar y en el recibir. Una relación que no es recíproca no es sana, sino ventajosa. Somete a uno y libera al otro de la responsabilidad de construir juntos. El ser humano que no siente placer al dar manifiesta algo negativo en su estructura. Una de las fuentes de sufrimiento es la ausencia de empatía, la cual genera incomprensión, insensibilidad, carencia de afecto; la demanda para ser el centro de atención es innegable.

Si entendemos que algunos tienen dificultad para amar, para entregarse, para lograr empatía, que centran todo interés únicamente sobre su persona, que son tan egocéntricos que tienen siempre hambre de reconocimiento y adulación, que sólo desean escuchar lo maravillosos que son y esperan un trato especial (como que les perdonen sus deudas), sabremos que esperar algo de ellos es irreal.

Lo más sano es distanciarnos emocionalmente de alguien así, porque en su necesidad de saberse superior puede intentar rebajarnos y humillarnos. Por su arrogancia, insensibilidad y tendencia a resultar víctima de las circunstancias, quizá lo más conveniente sea mantener una relación superficial con él o ella. Ésta fue la decisión que tuvo que tomar Ruth al ¿descubrir? que en realidad Rolando no se interesaba en ella.

Rosa María: "Siempre me saludan con gusto..."

Rosa María es muy "amiguera". Le encanta salir, conocer gente. Si está en la fila del banco, platica con quien venga formado atrás de ella.

¿Estar en silencio? ¡No, qué horror, se vuelve loca! No le gusta, se aburre. Busca a alguien o de plano sale a la calle a hablar con quien se cruce con ella.

"La gente me quiere mucho", se dice. Son cientos de amigos los que la rodean. ¿Novios? ¡Ay, no, tampoco! No le aguantan el paso. Se hartan, pero a ella no le importa porque tiene a sus amigos.

Conoce los nombres de todos, aunque no dónde viven; de algunos no sabe a qué se dedican porque platican de muchas otras cosas. Pero sabe dónde encontrarlos, sólo es cuestión de llegar y la saludan con mucho gusto, toma varias copas, paga su cuenta y se va.

Sus amigos son encantadores, gente de bien. Entre exposiciones, inauguraciones y eventos sociales, poco tiempo le queda para ella.

No podría decir quién es su favorito ya que todos son muy cercanos. ¿Sus números telefónicos? ¡No, no los tiene! ¿Para qué si siempre sabe dónde encontrarlos? Sólo deja de verlos cuando suceden cosas raras. Por ejemplo, cuando estuvo en cama con hepatitis, ¡obvio que no los vio! Pero en cuanto se recuperó fue a saludarlos y conversaron mucho.

"Soy afortunada de tener tantos amigos. Me gusta saberme querida", concluye Rosa María.

EN EL TINTERO

Hay personas que socializan tanto con tantos que no profundizan con nadie. ¿Qué es lo que no percibe Rosa María? Que, en realidad, tiene muchos conocidos, pero ¿amigos? Este caso me recuerda un párrafo de *El Principito*, de Antoine de Saint-Exupéry, que me parece sabio:

> A las personas mayores les encantan los números. Cuando uno les habla de un amigo nuevo, nunca preguntan lo esencial. Nunca dicen: "¿Cómo es su voz? ¿Qué juegos prefiere? ¿Colecciona mariposas?"... En cambio preguntan: "¿Qué edad tiene? ¿Cuántos hermanos tiene? ¿Cuánto pesa? ¿Cuánto gana su padre?", y sólo entonces creen conocerlo...

Vivir rodeada de relaciones superficiales y creer que no se está sola es un engaño que implica un castigo profundo para cualquier persona. Sabemos que cantidad no es calidad. Alguien que se vincula con tanta gente de manera tan superficial se aleja de posibilidades sanas y valiosas para su propio ser: pierde la oportunidad de expresar sus sentimientos, compartir valores e intereses en común, desarrollar el sentido de la confianza y de la pertenencia, saberse importante, querido y cuidado; el ruido externo no le permite escuchar el silencio interno, que es tan apreciable.

Y una persona que tampoco puede estar consigo misma, que evade los momentos para estar sola, pierde también la oportunidad de ponerse en contacto con su ser, evaluar si está haciendo lo que desea hacer, escucharse y hacer caso a su voz interior, dialogar consigo misma y desarrollar el sentido de la pertenencia interna.

En la manifestación de los extremos siempre hay desajustes que vale la pena revisar.

10. La seguridad: ¡no le pises la cola al león!

Quizá te llame la atención el título de este capítulo destinado al tema de la seguridad. Debo explicar que en múltiples ocasiones el ser humano se ve inmerso en problemas que llegan a costarle la vida porque no tiene consigo mismo el cuidado suficiente para no colocarse en lugares o con personas que acabarán por causarle daño.

Conozco casos en los que la prepotencia, la soberbia o la desidia llevan a alguien a correr un riesgo irremediable. La frase "¡no le pises la cola al león!" proviene de una historia que me contaron sobre un adolescente que se emborrachó en un restaurante. El encargado del bar se acercó a decirle que por favor bajara el volumen de "su desmadre" porque en la mesa de al lado había un narcotraficante "muy cabrón" que ya estaba harto de su comportamiento. El adolescente se rió del cantinero y siguió bebiendo sin importarle el comentario. No sólo continuó con "su desmadre", sino que se acercó a la mesa del narcotraficante a decirle: "Tú, hijo de la chingada, me la pelas, no sabes quién es mi papá y tú a mí no me amenazas…" (empezó a pisarle la cola al león, que es la imagen de la maldad, de la soberbia, de la inhumanidad… y el adolescente creyó que podía contra ese león porque era igual de soberbio, creía que era inmortal y que nadie podía lastimarlo). El mafioso le dio una oportunidad más y le dijo: "Ya lárgate si no quieres que te mate, me vale un carajo quién seas, nos estás molestando a todos con tu desmadre". El adolescente no lo miró, estaba borracho, se sentía cobijado por sus cuates, quería demostrar su poderío, y acabó muerto a tiros en un restaurante.

¿Cuántos casos conocemos de gente que le pisa la cola al león y piensa que éste no va a rugir más fuerte? En México se viven estas historias de prepotencia, soberbia, uso de poder, demostración de quién es el jefe… ¡todos los días! No digo que lo que hace el león está bien o es correcto, en absoluto; escribo sobre ellos porque es de tontos pensar que no existen y no ver que en la vida siempre habrá uno más fuerte, uno más soberbio, uno más poderoso, uno más cínico, uno más malo... No hay que andar buscando pleitos pensando que nada puede sucedernos. Un día nos toparemos con el león y éste rugirá más fuerte que nosotros. Lo inteligente es no exponernos a situaciones que nos lleven a terrenos inseguros pensando siempre que vamos a salir bien librados.

Este capítulo se refiere a historias así, cuyos protagonistas podrían asegurar que ¡no la vieron venir! Sin embargo, su forma de actuar, de reaccionar, de sentirse intocables, los orilló al cobro de cuentas, a las venganzas, a verse inmersos en un mundo en donde "no rugieron tanto como creían". La clave es la discreción. Hay que ser cuidadosos y observar. No se trata de coartar la libertad de nadie, se trata de ver, de darse cuenta de que somos responsables de nuestros actos y éstos tienen una consecuencia, para bien o para mal.

A ti, que lees estas páginas, te pido que reflexiones sobre este tema. No te metas en problemas, los tiempos que vivimos ya no son aquellos en los que los problemas se arreglaban en la calle a puños. Hoy matan. No te expongas. Educa a tus hijos a que en ese aspecto pasen inadvertidos y sean más inteligentes. Que su forma de rugir se manifieste en logros de vida, no en fuerza por apellidos, posición económica o cuestiones que sólo los mantendrán agarrados de un hilo frente a la garra del león. En realidad, los riesgos pueden advertirse observando y esquivando los conflictos en los que por necedad o por demostración de valentía y fuerza muchas veces nos vemos involucrados.

Si buscas, encuentras; punto. Y no podrás medir lo que encuentres y hasta dónde lo encuentres.

Éste es uno de los capítulos que a mayor reflexión me llevan, porque el México y el mundo de hoy están conformados por personas así, a las que por momentos, como sociedad, no queremos ver, pero que existen, y la complicidad entre mamás e hijos, parejas, amigos y trabajadores crea una red importante de inseguridad que nos vulnera a todos.

La violencia que actualmente se registra en el país mucho tiene que ver con la rivalidad o el antagonismo entre grupos que hasta hace poco tiempo formaban parte de una misma organización que se fragmentó por diversas razones, entre ellas la acción de las autoridades, la vulneración de autoridades involucradas o los problemas internos derivados de las disputas por el liderazgo. Al final lo que está en juego es el dinero que se genera como producto de las actividades ilícitas, en particular el trasiego de drogas al menudeo y, en menor grado, el secuestro, la extorsión, el cobro de piso, el tráfico de armas y el robo de vehículos. Entonces aquí la interrogante por plantearse es: ¿quiénes consumen drogas y viven de actos ilícitos para ganar dinero fácil?

El "qué tanto es tantito", ¡es mucho! La permisividad de los padres, la falta de límites, la falta de educación, el no querer ver que mis hijos no son buenas personas, afectan, al final, a todo un entorno. No vivimos aislados los unos de los otros; vivimos integrados, hombro con hombro, y hemos acabado con la confianza que implica hacerlo en sociedad.

En nuestras manos está no vivir de las "ventajas" del dinero fácil, del amigo que te resuelve, del telefonema que te salva de las consecuencias de un crimen, de ser hijo de tal o cual. Estamos generando un resentimiento muy importante entre nosotros. El problema sí son los cuarenta millones de pobres, pero también lo es la corrupción en el entorno de quienes hoy consiguen fácilmente tener una "mejor vida" a costa de la vida de los demás. Tal vez el hambre se quita con corromperse, pero en ese acto se arrasa con toda una comunidad.

Si cada uno de nosotros ayudara a darle herramientas a otro, viviríamos en un mundo más sano. No me refiero a regalar, sino a integrar, a enseñar, a discernir entre lo que nos hace bien y lo que nos hace mal ¡a todos!

Tenemos que recuperar los valores que caracterizan a una comunidad de personas que viven y conviven en un mismo espacio, porque de lo contrario nos quedaremos como una masa sin forma o un conglomerado de desconocidos que llevan su rumbo sin volverse a ver al otro; *empatía* es la palabra, y a la vez debemos trabajar en nuestro sentido de pertenencia, porque ya no nos conocemos, ya no preguntamos quién es la otra persona, qué necesita, en qué puedo ayudarla. El no hacerlo genera que haya poco compromiso entre los habitantes y con ello se pierde todo. Ése es el punto clave de lo que vivimos hoy en día. ¿Quién es mi vecino? ¡Quién sabe! ¿Necesitará algo? ¡Quién sabe, ni lo conozco! El sabernos como unidad nos lleva a vivir forzosamente valores como el respeto y la tolerancia.

La razón de ser de la policía es, desde su origen, penar delitos, y aquí no está a discusión si lo hacen o no. El tema es que cuando no hay códigos sociales compartidos por convicción sino sólo por ganancia, se pierde la ayuda mutua. Se trata de ganancia cuando a medida que obtengo, peleo por algo; se trata de convicción cuando los valores y los principios son los que rigen las decisiones para actuar ante una situación. Un aspecto se rige por la conveniencia de ganar momentáneamente algo y otro es por los valores y los principios que me llevan a obtener algo como consecuencia, aun sin esperar que llegue. Saber que se actúa desde ese motor nos hace ya ganadores sin importar qué se nos devuelva a cambio. Los valores y los principios fueron los que nos motivaron a proceder. Los corrompidos somos también nosotros como sociedad, no sólo quienes se encargan de penar los delitos. ¿Qué bomba de tiempo se vive cuando unos corruptos no señalan los delitos, pero una sociedad tampoco se interesa por quienes los cometen? ¡No hay convicción! Únicamente ganancia. ¿En qué momento caímos en eso? ¿Dónde perdimos nuestro compromiso con nuestro entorno y con nosotros mismos como parte de un sentido de pertenencia a una comunidad?

La solución radica en los valores y en el cumplimiento de las reglas del juego que a través de la historia han conformado la convivencia social. Vivimos una crisis de valores, carencia de respeto, de pertenencia, de palabra de honor, de empatía, de mirar al otro como si nos viéramos a nosotros mismos. Aun así, esto no puede resumirse de manera tan simple como decir que una persona, por ser pobre, decidió salir de ese nivel a costa de lo que fuera. La salida fácil obedece a otros factores: la solución rápida con menor esfuerzo, la polarización de clases, la discriminación, el abuso del poder, la falta de Estado de derecho, entre otras, así como a algo fundamental, la despolitización de los temas sociales. Es urgente dejar de usar a los pobres, la educación, la inseguridad y tantos temas más de forma política, porque al final gobernar es elegir, y si no se elige lo necesario y urgente seguiremos arrastrando el lastre de valores y principios faltantes… Ahora resulta que por culpa de… ¿y nuestra responsabilidad como ciudadanos? ¿Qué hay de lo que sí podemos implementar en nuestro entorno inmediato? ¿Acaso no es posible contribuir con nuestro granito de arena?

Antes de presentar los casos de este capítulo, quiero mencionar de manera muy especial que no podría haber terminado el mismo sin la ayuda y asesoría del ingeniero Genaro García Luna y el ingeniero Facundo Rosas Rosas, funcionarios de la Secretaría de Seguridad Pública. Sus explicaciones, datos y anécdotas aportaron a este capítulo sobre seguridad un valor importante cercano a la realidad del México de hoy. Sé que para ellos la participación ciudadana y dar a conocer la información necesaria para prevenir delitos en México es fundamental.

Anónimo: "¡No tienes vergüenza!"

Le pega al coche de adelante. El conductor se baja enfurecido:

—¿Qué te pasa, pendejo? ¿Qué traes, por qué me pegas?

—Chinga tu madre, cabrón. Muévete o te empujo hasta tu casa con mi coche. Llevo prisa, ¿qué no ves?

—¿Qué me dijiste, animal? ¿Además de pegarme me dices que vaya y chingue a mi madre? ¡Estás loco, cabrón!...

Enfurecido, regresa a su coche y arranca. El otro no percibe que lo espera unos metros adelante y empieza a seguirlo. Encuentra el momento y baja con una pistola. Rompe el vidrio del coche que le pegó, carga la pistola y le apunta al conductor...

—Ahora sí, hijito de la chingada, ¿qué me dijiste?

En la parte de atrás se escucha la voz de un niño:

—No, por favor, no le haga nada a mi papá.

—No mames, cabrón, todo eso que has hecho y dicho ¿fue enfrente de tus hijos? ¡No tienes vergüenza! ¿Cómo se te ocurre, pendejo?... Te salvaste por esta vez, la próxima quién sabe y a lo mejor vengas solo.

EN EL TINTERO

¿Qué clase de educación damos a nuestros hijos con reacciones de esta naturaleza? Un papá que viene con sus hijos y se pelea con un tipo a mentadas de madre y a empujones de coche... En realidad, el de la pistola le perdonó la vida. ¿Acaso cuando nos invaden el enojo y la furia somos capaces de hacer lo que sea con tal de avanzar en el tránsito? ¡Es estúpido pensarlo! Necesitamos más amor por la vida, más inteligencia y más respeto para nosotros mismos y para nuestros hijos. Basta un balazo para morir y así no hay manera de avanzar ni cien metros.

Los actos violentos no son sólo los que vemos en televisión o en la prensa. La realidad siempre superará a la ficción. Hay seres humanos que no piensan, que se dejan llevar por las emociones frente a un extraño, creyendo que nada les va a suceder... ¿No la quieres ver venir? No le pises la cola al león. Hay personas malas cuyos actos no quedan en simples episodios de mal humor o de desesperación, ¡sí matan! Está de pensarse dos veces, ¿no crees?

Hemos perdido varios de los valores que daban cohesión a la sociedad, entre ellos el respeto y la tolerancia. Y si sumamos esto a que en muy pocos casos se muestra prudencia porque ésta puede confundirse con debilidad o con miedo, tenemos una mezcla explosiva.

Celina: "No podía marcar del celular..."

El esposo de Celina es dentista. La familia de ella es acomodada, de buen nivel económico, manejan negocios de transporte. Cuando se casó dejó de trabajar para ellos y se dedicó a su casa. Su suegra vivía con ellos y en esa temporada Celina esperaba a su segundo bebé; el mayor tenía cinco años. Su esposo ya contaba con su propio consultorio, una pequeña clínica, montada con dos amigos de la carrera, y les iba relativamente bien.

Vivían en la colonia Del Valle, en una casa grande con jardín trasero y un patio grande enfrente. Tenían dos personas de servicio y un señor que hacía de jardinero y de chofer porque ella, en su octavo mes de embarazo, ya no podía manejar.

Un día estaban en la cocina su suegra, el niño, Celina y las empleadas domésticas cuando de pronto entraron a la casa cuatro hombres encapuchados. Ante el tremendo grito de su suegra, uno de ellos le dio un golpe que la tiró al piso y la hizo sangrar de la cara. Celina tomó a su hijo, lo abrazó fuerte, y le tapó los oídos y los ojitos para que no viera lo que ocurría. Las empleadas se quedaron inmóviles, calladas. Los hombres las tomaron de los brazos y a empujones las llevaron al patio, les amarraron las manos y les taparon la boca. Una de las empleadas les pidió que no le hicieran nada a la señora porque estaba embarazada, pero su respuesta fue golpearla y tirarla junto a ella.

Dos de los hombres subieron al segundo piso y revisaron todo; se les escuchaba empujar muebles, abrir cajones, tirar cosas... De pronto entró el chofer, quien vio atados a todos. El otro hombre que les apuntaba con un arma le dijo que se callara y lo sentó junto a la suegra, quien seguía sangrando. A él no le pegaron.

En el patio estaban el automóvil de Celina y la camioneta de su marido. Los hombres bajaron con cajas, maletas, su computadora portátil, aparatos de su esposo... y comenzaron a cargar los vehículos. Acababan de comprar un equipo láser para unos tratamientos... todo, se llevaron todo. Les gritaban groserías, les ordenaban que no se movieran, era una pesadilla.

A pesar de estar atada, Celina apretaba a su niño contra sí todo el tiempo, rezando para que no se llevaran a nadie, para que no les hicieran más daño. Intentaba mantenerse lo más quieta posible, todos estaban pegados unos contra otros. No sabe cuánto tiempo pasó, pero le pareció eterno.

Cuando pensó que ya se iban, llegaron por la empleada que estaba junto al chofer y le ordenaron que los llevara a la caja fuerte. Todos los días su esposo guardaba ahí el dinero recibido por las consultas y a fin de mes lo depositaba en el banco. En ese momento faltaban como tres días para esa visita mensual, por lo que había una buena cantidad de dinero en efectivo.

Volvieron a salir todos al patio. De pronto, el chofer se incorporó —nunca estuvo amarrado—, le entregaron un fajo de dinero y le dijo a Celina: "Lo único que les pedí es que no la tocaran, señora". Ella no podía abrir más los ojos. Lloró de rabia, de impotencia, de dolor... ese hombre era raro, nunca le gustó, pero le funcionaba, hacía las cosas. ¡Cómo no se dio cuenta!

Él les abrió el portón. Uno de los encapuchados le gritó a la empleada que los había llevado a la caja fuerte: "Sube, para que te den tu parte"... Ella se levantó, contestó: "Nada más cierro el portón", y subió al coche.

En *flashback* Celina recordó que cuando llegó a esa casa, trajo consigo a una empleada de casa de sus papás, que fue la que la defendió y a la que golpearon. La segunda la contrató por medio de una agencia. Después, en las investigaciones se supo que todos los papeles que había entregado tanto en la agencia como a su marido eran falsos. Naturalmente, fue ella quien recomendó al chofer/jardinero.

Ya que salieron, todos esperaron un momento, aturdidos, aterrados, en silencio. Como pudieron se desataron unos a otros. Su suegra tenía una crisis nerviosa; desde entonces sufre ataques de ansiedad.

Entraron a la casa y vieron que estaba de cabeza. Celina quiso llamarle a su marido, pero los cables de teléfono estaban cortados. No podía marcar del celular, no dejaba de temblar.

Han pasado tres años y sigue sin comprender qué pasó. "¿Por qué a nosotros?, ¿qué daño les hicimos?", se pregunta.

EN EL TINTERO

Cuántas situaciones como esta ocurren, en las que las personas cercanas y de mucha confianza para nosotros ¡se convierten en nuestros peores enemigos! La mayoría de los secuestros, abusos, extorsión de cualquier tipo, y robo de objetos, dinero o joyas, son perpetrados por alguna persona que conoce íntimamente nuestro entorno.

No es de sorprender, por ejemplo, que en 80% de los robos a casa habitación haya empleados domésticos, gente de vigilancia, choferes o jardineros coludidos para lograr el objetivo. No somos cuidadosos, no observamos, vivimos desprevenidos, y el factor confianza conlleva grados de vulnerabilidad privada ¡inimaginables!

Hay empleados que trabajan durante años en casas u oficinas, que saben mucho de los movimientos internos: horarios, cuentas de banco, deudas, pagos en efectivo, escuelas, rutas... algunos hasta firman cheques o tienen la combinación de las cajas fuertes. No hay precaución y pareciera que, además, nos apena resguardar esa información tan valiosa que en cualquier momento puede, ¿por qué no?, ser usada en nuestra contra.

Debemos poner atención. Dicen, y así lo creo, que la confianza ¡apesta! Terminamos por intimar con personas de quienes a veces no sabemos ni dónde viven, quién es su familia, qué antecedentes tienen, si viven con hábitos sanos o no. Las contratamos porque lanzan buena energía o por recomendación de alguien cercano que tampoco sabe nada de ellas. Nos asustaría saber cuántos casos tan graves suceden por esta falta de medidas de seguridad propias y para nuestro entorno familiar.

¡Cuidado! En verdad, los conceptos de fidelidad laboral, valores, principios, educación, generosidad y bondad que podamos tener, no necesariamente representan la realidad del otro. No lo demos por hecho.

Los resentimientos, las envidias, el coraje, las salidas fáciles, son más frecuentes a través de actos delictivos de esta naturaleza. Hay casos en los que el robo de una casa o el secuestro de un integrante de la familia se planifica durante años y ¡nadie se da cuenta hasta que sucede! Entonces, nuestra expresión de sorpresa se debe a que nosotros mismos, por descuido, pusimos en sus manos esa posibilidad. Y, sin embargo, nuestra primera reacción es preguntarnos: "¿Por qué a mí?" Porque se nos sorprende justo en esas áreas en las que nos sabemos vulnerables. No hay que pensar demasiado para saber que hay elementos muy privados que sólo nosotros debemos conocer y manejar. Es increíble que por pereza deleguemos nuestra propia seguridad.

Como este anterior suceden cientos y miles de casos. Es tiempo de prevenir y de evitar que la vida nos enfrente a la frase "¡no la vi venir!" Porque en el "mejor de los casos" roban unas joyas, pero hay tragedias indescriptibles generadas y concebidas en la intimidad de los hogares por gente que no conocemos pero sí contratamos.

Como el caso de Cecilia, que leerás a continuación.

Cecilia: "Pasé momento terribles..."

Antonio, el esposo de Cecilia, siempre fue una persona muy trabajadora. Su padre lo heredó en vida y con ese dinero Antonio puso un negocio de suministros para empresas. Cecilia lo trabajó con él y pronto empezó a rendir buenos frutos.

En un viaje a Saltillo, el mejor amigo de Antonio le comentó que tenía muchos problemas económicos, por lo que éste decidió ayudarlo con uno de sus hijos. La pareja trajo a Mario muy niño a vivir con ellos para que estudiara la secundaria. Mario fue creciendo y era como un hijo para ellos. Ya siendo mayor de edad, decidió no estudiar más y comenzó a trabajar en el negocio, desde abajo, hasta que llegó a hacerse cargo de todo cuando la pareja salía. Él podía cerrar o abrir, tratar con los empleados y despachar las camionetas que salían a entregar pedidos.

Cecilia inscribió a sus hijos en un jardín de niños muy cercano para poder continuar trabajando. Mario la acompañaba algunas veces cuando iba por ellos o él, que estaba registrado con credencial para ello, era quien los recogía cuando Cecilia estaba muy ocupada. A los niños les gustaba estar con él, jugaban mucho, lo veían como un hermano mayor. Era un jovencito muy bueno, y muy atento con Cecilia y con Antonio. Era un miembro más de la familia.

Un día Cecilia tuvo mucho trabajo en el negocio. Estaba perdido un pedido. El cliente llamó informando que no llegaban sus suministros, principalmente artículos de papelería, pero en los registros aparecía que la camioneta ya había salido, y para esas horas ya debía estar de vuelta tras entregar el material. Comenzó a hacer llamadas y le pidió a Mario que fuera por los niños.

Se fue y media hora después llamaron por teléfono a Antonio, que estaba en el otro negocio, diciéndole que tenían a sus niños y que pedían un millón de pesos por ellos y por Mario, que Cecilia estaba vigilada y que no llamara a la policía.

Los choferes de las camionetas tenían banda civil. Antonio le pidió a un chofer —sin decirle de qué se trataba exactamente— que fuera a la oficina de Cecilia y verificara cómo estaban las cosas. Cuando el chofer llegó, de inmediato se presentó con Cecilia, algo extraño porque con quien tenían tratos era con Mario. Entonces ella se dio cuenta de que ya había pasado una hora y el chico no regresaba con los niños, lo cual le explicó al chofer.

Éste reportó que efectivamente Mario estaba con los niños y no se encontraban en la oficina. En ese momento Antonio movió todo para coordinar el pago.

Minutos después de que salió el chofer, llegó Antonio, pálido y muy angustiado. Le informó a su esposa lo del secuestro de sus "tres" hijos, y ella, enloquecida, gritó desesperada, asustando a los pocos empleados de su oficina. Antonio la tranquilizó, le dijo que su empleado de confianza estaba reuniendo el dinero, que esperarían la llamada para saber a dónde llevarlo.

Cecilia no paraba de llorar y gritar; no podían usar los teléfonos, todo estaba como detenido en el tiempo...

Sonó el teléfono. Un hombre preguntó si tenían el dinero y les dio la dirección de un lugar muy cercano para dejarlo. El empleado de su marido, que ya había hablado con la policía, dio aviso y las patrullas emprendieron la búsqueda.

Cuando Antonio estaba a punto de salir, llegó una patrulla y uno de los oficiales le dijo que lo acompañaría a entregar el dinero. Cecilia gritó que no lo hicieran, que no intervinieran porque ponían en riesgo la vida de sus tres hijos, pero no la escucharon. Pasó momentos terribles que le parecieron eternos.

Treinta minutos después llegaron los policías con Antonio, los niños y con Mario esposado. Lo primero que Cecilia hizo fue golpear al policía que traía a Mario, diciéndole que se trataba de su otro hijo, que lo soltara, pero le dijeron:

—Quien planificó el secuestro fue Mario.

El joven confesó todo. Un chofer que hacía años no veían y que sólo trabajó unos meses con ellos se hizo amigo de Mario y le habló de que era momento de independizarse y, sobre todo, que trabajaba mucho y quienes se hacían ricos eran Antonio y Cecilia, y no él. Finalmente, lo convenció de que con ese dinero podría poner su propio negocio y se aliaron... Lo de la camioneta perdida nunca fue cierto; el cliente que habló quejándose era el mismo hombre que le hizo las llamadas a Antonio pidiéndole el rescate.

¡Qué horror! El mismo al que consideraban su hijo les jugó chueco... ¿Por qué se ensañó con ellos si sólo lo trataron como a sus hijos propios?

EN EL TINTERO

¿Cómo alguien a quien le has tendido la mano te la muerde? La respuesta es que sucede y no estamos atentos. No nos percatamos de las actitudes, el lenguaje no verbal, las miradas de complicidad en contra de nosotros; no revisamos constantemente las formas de vida, los datos personales, el entorno de los seres cercanos a nosotros. ¡Eso no falla! Pero parece que da pereza. Conozco muchos casos de personas que no verifican quién entra a su casa, y es algo tan obvio. Hablamos, compartimos, nos volvemos cuates de quien sea y no medimos las consecuencias.

En este caso, por ejemplo, ¿el hecho de que alguien sea hijo de un conocido es garantía de su calidad como persona? ¡No! Lo llevaron a vivir a su espacio, le ofrecieron todo lo que tenían, no se guardaron nada y ¿sorprende lo sucedido? No, porque los valores y los principios que emanan de una familia pueden no ser los mismos que emanan de otra.

El secuestro es uno de los delitos de mayor impacto social. Quienes lo llevan a cabo planifican, se toman su tiempo —años si es necesario—, porque saben esperar y cómo actuar, conocen las vulnerabilidades de los involucrados, saben lo que les duele, saben mucho o saben todo. La espalda no se da de manera tan simple en estos casos: nosotros resultamos ser responsables.

Es importante mencionar el manejo de crisis. Las situaciones no se resuelven con gritos, lágrimas y nerviosismo, sino con el apoyo de expertos en el manejo de estos casos. Hay que aprender a tener herramientas para saber reaccionar ante eventualidades en las que la vida de una persona está de por medio y nuestra reacción puede ponerla en riesgo.

Delia: "El güerito traía un buen fajo de billetes..."

—Iván, vamos por unas putas.

—¿Cómo crees? Me caso en unos meses. ¿Para qué? Yo vine a trabajar.

—Pero si ya acabamos de trabajar; ándale, güey, acompáñame entonces...

Iván jamás imaginó que la puta con la que se sentó a platicar estaba embarazada del mafioso del burdel... El amigo contrató a dos mujeres sin que Iván supiera.

Al salir, se llevó una gran sorpresa cuando las dos —una de ellas, la embarazada— subieron al coche con ellos para ir a pasar un rato al hotel ¡los cuatro!

Iván no tuvo el suficiente carácter para tomar un taxi e irse por su cuenta. No hizo caso a sus verdaderos deseos, descansar y dormir en su habitación porque mañana sería otro día largo de trabajo. Pronto regresaría a abrazar a su novia y a seguir con los preparativos de la boda.

En el trayecto, en un momento dado las putas abrieron las puertas traseras del coche y se tiraron. Ellas sabían que Vicente, el mafioso del burdel, venía persiguiéndolos para que los güeritos no se llevaran a su novia embarazada...

Al tirarse del coche las putas dejaron libre el camino a Vicente... las ráfagas parecían interminables.

Al declarar, las dos putas aseguraron:

—Nosotras no salimos del burdel, ahí atendemos, pero el güerito traía un buen fajo de billetes y pagó para que saliéramos. No se enteró de que Carmen estaba embarazada... pero nosotras sabemos que si nos llevan, tenemos que ir en la parte de atrás del coche para tirarnos si es necesario. Así no acabaremos muertas; porque nadie se mete fuera del burdel con la vieja del Vicente.

EN EL TINTERO

Los bares, antros o prostíbulos son lugares en los que suceden muchas situaciones "por debajo del agua", de las cuales es difícil darse cuenta, como sucedió en el caso de Iván y su amigo. No sabemos quiénes frecuentan esos sitios, quiénes son los dueños, qué manejo hay del personal que labora en ellos o qué ocurre en los baños, en las barras. Todos los giros negros, como les llaman a los tugurios, burdeles o centros de diversión, presentan, de alguna u otra forma, irregularidades que van desde lo más elemental hasta lo más extremo. Pero no sólo los dueños, el personal o el inmueble muestran irregularidades o intervienen en asuntos ilícitos, son también los mismos clientes los que se unen a la ilegalidad.

Por ejemplo, el último censo de Ciudad Juárez, efectuado en 2010, arroja la existencia de mil sesenta negocios de este tipo, en tanto que hay poco más de novecientas escuelas. Lo grave es que muchos de esos lugares se convierten en oficinas de los delincuentes, en las que "cierran" sus negocios. Ejemplos hay varios y son públicos: el News Divine, el caso Cabañas, el caso del hijo de Javier Sicilia, el Casino Royale y tantos otros. Si alguien a sabiendas acude a ponerse en riesgo, es bajo su propia cuenta y que después ¡no se queje!

No propongo coartar la libertad, propongo que la diversión sea sana sin recurrir a actos ilegales, para lo cual es importante proporcionar información y observar. Los riesgos pueden advertirse observando el tipo de vehículos que se llevan a esos sitios; por lo regular, una persona agresiva que se sabe con "poder" conduce coches ostentosos y hasta de mal gusto, sin placas o haciéndose pasar por la autoridad misma. Debemos enseñar a nuestros hijos a cuidarse y a ver dónde andan metidos, queriendo o sin querer, para poder atenerse a las consecuencias de sus decisiones. Si van a divertirse, que no lo hagan en lugares aislados y no vayan solos. Hay que proveerles la información que les forme un criterio para sortear cualquier peligro.

Tenemos que pedir y dar la oportunidad a nuestros hijos de que lean actitudes, que sean observadores para saber si hay algo peligroso a su alrededor. El fanfarroneo, la prepotencia y la maldad se notan. Hay que alertarlos para que tomen el camino contrario.

En el tema de antros, bares y demás, hay una máxima que dice: "Era un buen comerciante, pero eso no es sinónimo de buen hombre".

Teresa: *"Seguían en la diversión…"*

Se acercaba la graduación de secundaria de Juan Daniel, el hijo de Teresa. Se decidió que se hiciera en un bar cercano a la escuela. Ella no estuvo de acuerdo porque no estaban en edad para divertirse en un bar, pero como fue la única que se quejó, nadie le hizo caso y finalmente, por mayoría de votos, se llevó a cabo ahí.

Llegó el día y su marido, su hija y ella llevaron a Juan Daniel a su fiesta.

A las once de la noche, después de cenar, empezaron a servir alcohol. Lo sorprendente es que entonces casi todos los papás decidieron irse y algunos hasta coche les dejaron a sus hijos para que regresaran a sus casas. En el caso de Juan Daniel, su familia se quedó con él y a la una de la mañana se despidieron de muchos compañeros que seguían en la diversión. A regañadientes, Juan Daniel salió con ellos.

—Por favor, dejen que me quede más tiempo, es mi graduación. Me lleva Camila.

—No, Juan Daniel, ya festejaste, es más que suficiente. Esto es lo que corresponde a tu edad, nos vamos, punto.

La tarde siguiente Teresa recibió la llamada de una de las mamás. Había sucedido una tragedia. Tres de los alumnos tuvieron un grave accidente. Dos murieron y una joven estaba gravemente herida en terapia intensiva… Salieron borrachos y quien iba manejando no tuvo los reflejos suficientes para esquivar un árbol a cien kilómetros por hora…

Juan Daniel la abrazó.

—Gracias por cuidarme de los peligros. No entendí ayer la decisión de irnos, pero hoy comprendo esos límites. Te quiero, mamá.

Quien manejaba era Camila, la compañera con la que Juan Daniel quería regresar…

EN EL TINTERO

Juan Daniel no vio venir la tragedia que se desataría por el abuso del alcohol, pero por fortuna su madre tuvo la fuerza necesaria para alejarlo de la situación.

Tomar alcohol antes de cumplir dieciocho años es ilegal y nosotros como padres no tomamos en cuenta que al aceptar que nuestros hijos beban en una graduación, en nuestra casa, en una fiesta de amigos, en un viaje... apoyamos frente a ellos la ilegalidad. Es como ponerles una cubita en la noche bien servida en su buró porque "pobrecitos", no dieron alcohol en la graduación. Si permitimos una permitimos dos, y no saber que por el cigarro y el alcohol se accede a otras drogas ¡es tener los ojos vendados!

¿Por qué no recibimos en casa al hijo o a la hija con su cigarro, su copa y su pericazo para que duerma bien? Parece broma, y de mal gusto, pero eso es lo que hacemos como padres ante muchos de nuestros adolescentes. El problema lo constituyen la permisividad y la falta de límites. Pensemos dos veces antes de abrir las puertas a nuestros hijos a lo que puede significar su muerte, ¡atención! "Los irresponsables son ellos porque la irresponsabilidad viene de la autoridad", ése es justamente el mensaje que se envía. Actuemos con cuidado, no coartemos su libertad, pero seamos muy puntuales con las cuestiones ilegales y no vulneremos a nuestros hijos.

Como sociedad tenemos que cumplir las reglas del juego en cuanto a leyes y reglamentos. No cumplir con nuestras responsabilidades como ciudadanos nos lleva a problemas serios y eso es romper las reglas del juego que abarcan cuestiones irregulares e ilícitas. Los jóvenes están expuestos, y si los adultos permitimos que consuman, siempre habrá alguien que se la va a jugar para sacar dinero de ese nicho.

El tema de las adicciones no es gratuito y lo expongo en una metáfora que me dieron y que habla de la realidad: las puertas de las cantinas se empujan sin que opongan resistencia. Una de ellas es el consumo de alcohol y otra es el consumo de tabaco... esas dos puertas te llevan al consumo de drogas y en ésas ¡hay aún menos resistencia! Pasas fácilmente, se abren para cualquier lado, son flexibles. Está comprobado que el 100% de los adictos han probado tabaco antes y el 80% de esos mismos adictos han probado antes alcohol.

Así que estemos más alertas y seamos menos permisivos con nuestros hijos.

Eduardo y Sandy: "Y vivieron felices..."

—Sandy, me he dado cuenta de que Cuauhtémoc te madrea horrible, y tú me gustas. Entiendo que todos somos amigos, pero a mí me molesta cómo te trata ese cabrón. Quiero ayudarte, siempre me has gustado, y veo que él no te valora, se pasa de cabrón contigo...

—Sí, me quema mis partes privadas, me viola, me golpea el cuerpo, me amarra, me vuelve a violar... Es terrible lo que me hace y nadie lo imagina. Su familia lo ve como un santo porque tiene poder, pero es un monstruo, te lo juro.

—¿Qué quieres que haga por ti? Lo que tú me digas, princesa, no quiero verte sufrir...

—¡Me gustaría verlo muerto! Lo que me hace es muy denigrante, pero sé que no podré hacer nada. Si lo denuncio le creerán a él, ya ves que es el hijito predilecto de su mamá.

—No te apures, Sandy, todo estará bien. Vamos a ver si puedo ayudarte en algo. Yo te quiero y te cuidaré siempre.

Tres semanas después, Cuauhtémoc desapareció. No volvió de una fiesta. Cuando encontraron su cuerpo, vieron que tenía quemaduras graves en los genitales, las manos mutiladas, signos severos de violación y el cráneo deshecho por golpes...

Su madre nunca se explicó por qué su hijo había muerto así.

Eduardo y Sandy se casaron dos años después.

EN EL TINTERO

Detrás de cada muerte violenta no hay un razonamiento. Dejarnos guiar por las emociones y no tener autocontrol es frecuente, y eso nos ciega y no nos permite anticiparnos a ciertos riesgos. ¿Qué tanto sabes de tu hijo o hija? ¿La mamá no vio alguna señal para darse cuenta de lo violento y enfermo del actuar de su hijo? ¡Me cuesta creer que no! En realidad, son pocos los casos en los que una mamá se percata y hace que su hijo pague las consecuencias.

En relación con esto, recuerdo el caso de la fuga de reos de un penal municipal en Michoacán. Uno de ellos decidió regresar a su casa con su mamá, pensando que iba a recibir apoyo, pero cuando ella lo vio, le dijo:

—¿Cómo que ya escapaste? Éste no es tu lugar, tu lugar es la cárcel.

Literalmente lo tomó de la oreja y lo llevó a la policía:

—Oficial, aquí está éste que ya quiere quedar libre de lo que tiene que pagar, así que se lo traje para que cumpla lo que le toca.

¡Y lo metieron a la cárcel otra vez!

¿Cuántas mamás como ésta? ¡Casos contados! Pero qué justa y qué benéfica para su hijo. Hiciste algo, paga las consecuencias, yo no solapo tus andanzas.

Doña Alma: "Nosotros vivimos mejor…"

Para doña Alma, su chamaco vale oro; se hace responsable de todos, de sus dos hermanos y de ella desde hace diez años.

Como madre, prefiere hacerse de la vista gorda y no preguntar. A ella la tiene viviendo como reina y piensa que lo merece. A sus hermanos les da para lo que necesiten, además de pagar sus estudios universitarios, coches y todo el lujo que también merecen.

—La vida nos golpeó muy duro cuando su padre nos abandonó —dice doña Alma—. Yo no sabía más que coser y a duras penas comíamos, pero eso ya cambió. La gente en el pueblo lo respeta y lo cuida, y Martín les ayuda como puede. Ya construyó una escuela para los niños de aquí. Es muy bueno y tiene buenos sentimientos. Si anda de maloso, pues allá él. Nosotros vivimos mejor y nos apoya. No creo que haga nada malo, porque lo eduqué bien. Lo poco que pude estar pendiente, lo hice muy bien, tanto que hoy vivo así gracias a mi hijito lindo. ¿Que anda matando gente? Eso dicen y a mí no me consta, pero, ultimadamente, ¿no somos ya muchos? No creo que unos cuantos menos importen.

Según doña Alma, hoy la vida es justa con ella y con sus otros chamacos que sí salieron buenos para nada. Están estudiando, pero ni para cuándo la saquen de pobre. Por eso su Martín es especial, él sí la cuida y la quiere. Ella es su reina y con eso vive requetebién.

EN EL TINTERO

Hay múltiples ejemplos en los que las madres abren sus casas para que sus hijos mantengan en cautiverio a sus víctimas amordazadas, a las cuales alimentan e incluso dejan jugar a los niños encima de ellas. ¡Es verdad! Aunque parezca increíble.

Esto se combate con educación, con valores y con las enseñanzas positivas que podamos brindarle a nuestros hijos en el núcleo familiar, y después en su primer entorno social, sin dejar a un lado la escuela.

En la mayoría de los casos hay elementos suficientes para advertir que los familiares, y sobre todo los hijos, "andan en malos pasos". Y una premisa marca el rumbo en este sentido: "No hay hijas feas, ni hay hijos malos". Como en el caso de doña Alma, una madre prefiere cerrar los ojos y no aceptar que su hijo es malo o que su hija es fea, por el lazo afectivo que los une. Si a esto le sumamos el *glamour* que envuelve la situación cuando alguien se hace de riqueza de manera fácil y rápida, es casi imposible esperar algo distinto de esa madre. El crimen no paga el "sacrificio" al que se expone a una familia cuando llega la hora de ser descubiertos o rendir cuentas.

Aun así, poco se ve la otra cara de la moneda, porque parte de los detenidos con perfil delictivo o "gran capacidad económica" están en malas condiciones de salud física y psicológica. Esto ocurre a tal grado que al capturarlos no es fácil ubicar de inmediato su resguardo; más bien hay que conseguir un médico para que no mueran de un coma diabético o alguna insuficiencia cardiaca, hepática o renal.

Viven enfermos porque están en el filo de la navaja. No hay momento de tranquilidad, de plenitud, ni tienen tiempo para disfrutar su dinero fácil porque siempre están "a salto de mata", huyendo y enfermos. Esa imagen vigorosa presentada por algunos medios de comunicación ¡es falsa! El tema es adentrarse en "lo humano" para ver lo enfermos que están.

¡Tenemos que preocuparnos más por qué hijos le vamos a dejar al mundo y no por qué mundo le vamos a dejar a nuestros hijos!

Anónimo: *"Deja de robar..."*

Ella, distraída, mira a un hombre guapo que está en el coche de al lado...
—Dame el reloj, pendeja, o te mato.
—No te voy a dar más que trabajo, cabrón, estoy harta de los asaltos. Yo trabajo, no ando chingando a la gente como tú.
—Dame el reloj o te disparo.

—Ya te dije que si quieres te doy ¡pero trabajo! Deja de robar. No te voy a dar mi reloj.

El semáforo se pone en siga, todos tienen que avanzar. El asaltante, a través de la ventana abierta del coche, muy nervioso, sudando, grita una vez más:

—¡Que me des el reloj, chingada madre!

—¡Que no, carajo!

—¡Te salvaste, pendeja, porque esta madre no trae balas!

EN EL TINTERO

Ella, esperando que el semáforo se pusiera en verde para avanzar, ¡no la vio venir! Pero tampoco el ratero al ser retado... y tú tampoco como espectador, ¿o sí?... Son instantes, son segundos en que algo sucede y reaccionamos sin pensar. Con un mecanismo de defensa que no nos defiende en lo absoluto. ¿Te ha sucedido? Es la rapidez de nuestros reflejos, de nuestra acción, de nuestra toma pronta de decisiones que se activa sin consultar porque no hay tiempo. Es un tronar de dedos que cambia o no nuestro futuro.

Dicen que los instantes que marcan nuestra vida para siempre a veces son sólo segundos: un nacimiento, un accidente, el dejar de respirar, perder una extremidad, un sí o un no que nos suman o restan oportunidades. Nos quedamos con cara de sorpresa, sin aliento, contenidos, como en cámara lenta, sin digerir las reacciones, las formas, lo dicho y lo hecho. Ahí están los sucesos, como en un escenario, y nosotros viendo desde la butaca sin darnos cuenta de que estamos ante la puesta en escena de nuestra propia vida.

Rocío: "Nos divertimos como nunca..."

Rocío estudiaba el último año de secundaria, vivía con sus padres y su hermano menor. Como a muchas jóvenes, le encantaba ir a fiestas, salir con amigos y pasarla bien. No era muy estudiosa; su prioridad era su vida social, darse la gran vida, aunque sus padres no podían proveérsela. Ella y sus amigas siempre encontraban la forma de obtenerla: en los antros se ligaban a chavos para que les pagaran la cuenta... a cambio de unos besos y un buen faje.

Cuando sus papás le pedían cuentas sobre los lugares a los que iba, con quién andaba, cómo llegaba a la casa... ella les inventaba cualquier cosa y le creían.

A pesar de que contaba con muchas libertades, Rocío prefería mentir y enredarse en sus historias raras y absurdas. Se vio involucrada en varios choques... Muchas de sus salidas se convertían en un caos, estaba fuera de control; sin embargo, sus papás, sin dejar de regañarla, sentían el deber de apoyarla.

Una noche fue a un bar de moda. Por su atuendo, maquillaje y tacones, nadie hubiera pensado que no era mayor de edad. Allí conoció a Luis. Le gustó desde que entró, no le costó trabajo ligárselo y no se separaron el resto de la noche.

Después de hacerse "amigos" en Facebook, se tomó fotografías con él y las subió a su muro. Al día siguiente entró a hurgar en la información de Luis: encontró fotos de sus fiestas y conquistas; se veía un chavo "bien", con buen carro, amigos guapos, viajes por el mundo y mujeres de todo tipo. Esto no le importó porque había dejado las fotos que ella subió la noche anterior.

A diferencia de otras ocasiones, este hombre sí siguió buscándola. Poco a poco empezaron a intercambiar comentarios y mensajes cachondos; él le pedía fotos de ella en ropa interior; hasta que fueron subiendo de tono. A Rocío le encantaba saber que Luis estaba clavado con ella.

Un fin de semana fueron a Cocoyoc a una fiesta. El "amigo" dueño de la casa les dejó una recámara para los dos; Luis, con naturalidad, acomodó sus cosas y se cambió de ropa frente a ella. Rocío se sintió incómoda. Jamás lo había hecho; a pesar de sus reventones, nunca llegó tan lejos. No se sentía con tanta confianza, pero era su oportunidad de pasarla bien y no pensaba mostrarse como una niña tonta e inexperta. Luis se dio cuenta de su nerviosismo y, muy comprensivo, la besó tiernamente, preparando el camino.

La fiesta estaba a reventar, se divirtieron como nunca, bebieron de todo y de vez en vez se metían una tacha. Animado, Luis la llevó al cuarto y sacó una cámara fotográfica. Ella, sonriente, simplemente empezó a posar y a quitarse la ropa... y no supo más de sí.

Luis quedó de llamarla para ver qué harían el siguiente fin de semana. Pasaron los días y no lo hizo; Rocío le marcaba, le dejaba mensajes y él no se reportaba. No volvió a tener noticias suyas. No sabía dónde vivía ni a qué escuela asistía, si es que estudiaba. En realidad nada conocía de él. La información que tenía era lo que estaba en Facebook.

Semanas después una amiga le mostró una página en su computadora diciéndole que su hermano le había preguntado si la de las fotos no era Rocío... su sorpresa al ver las imágenes pornográficas fue mayúscula.

Eran las fotos que Luis le tomó aquel fin de semana... Sus recuerdos le llegaron en forma intermitente. Había fotos en el cuarto, en el jardín, en la alberca... ella, drogada, desnuda y tendida en el pasto con dos hombres —ninguno de los cuales era Luis— que abusaban de ella. En otras era ella quien le practicaba sexo oral a algún asistente a la fiesta. En varias más, con la mirada perdida, sonreía tontamente a la cámara.

Rocío quedó impresionada. ¿Y si la contagiaron de algo? La madurez le cayó en menos de una semana. Decidió hablar con sus padres y enfrentar lo que viniera. Ellos, molestos y decepcionados, la llevaron al Ministerio Público a levantar una denuncia, pero, por desgracia, ahí no les dieron esperanzas. Era casi imposible bajar las fotos de esa página y no había referencia de quiénes la elaboraban.

Rocío se cambió de escuela y entró a terapia, pues le resultó muy difícil aceptar que un momento de inconsciencia trastornó su vida y la dejó marcada para siempre. Si bien el sitio desapareció, ella vive con la incertidumbre de que algún día alguien pueda ver de nuevo sus fotos en la red.

EN EL TINTERO

Como en este caso, muchas adolescentes no se percatan de la vileza de sus novios o amigos y acaban por ser víctimas de la mafia de la pornografía. Actualmente la pornografía llega por las redes sociales. En la década reciente el material impreso ya no es el medio más usado para acceder a imágenes pornográficas, ¡son los chats, los blogs, las redes sociales, internet! La forma inmediata en que estos contenidos llegan a nuestros hijos es alarmante. Cada día, empresas dedicadas a la protección de sitios "indeseables" bloquean miles, pero miles vuelven a surgir.

Según registros de la Organización para la Cooperación y el Desarrollo Económicos (OCDE), México ocupa el tercer lugar en el mundo en delitos cibernéticos relacionados con la pornografía infantil. Es un secreto a voces que la pornografía es de los temas más buscados en la red.

En un análisis de tan sólo cuatro millones de páginas, Optenet (compañía de seguridad y protección de datos) encontró que 37% de éstas tienen contenido pornográfico y que las "ventanas pornográficas" aumentaron 17% entre 2009 y 2010. Pero eso no es todo, los sitios con contenidos violentos crecieron 10.8%; los sitios de drogas ilícitas, 6.8%; y los relacionados con el terrorismo, 8.5%. Esta empresa deja claro que más de un tercio de los contenidos en internet son pornográficos. La curiosidad de muchos niños y jóvenes se ve saciada con gran facilidad. Adultos peligrosos, personas con la mente retorcida y criminales son quienes incrementan día a día esa industria que está al alcance de nuestros hijos. Y no basta con "proteger" sitios, cientos salen diariamente. No olvido que una vez, al ayudar a mi hijo a hacer un trabajo sobre los incas, de la nada surgieron imágenes pornográficas. Debemos implementar más seguridad y observar el uso que se dé a internet y a las redes sociales.

Es un grave error no querer ver que los cibercriminales colocan enlaces maliciosos en lugares específicos de redes sociales con el objetivo de atraer usuarios a sitios infectados. Y, más aún, la confianza y el *modus operandi* de éstos para enganchar a los adolescentes y niños es una realidad, pues muchos han caído en sus redes... "sociales".

Nuestros hijos pueden estar expuestos, depende de nuestra vigilancia evitar que se les utilice para acrecentar estas redes. La Dirección General de Prevención de Delitos Cibernéticos de la Secretaría de Seguridad Pública de México recomienda tomar en cuenta algunos puntos:

1) Hacerles sentir confianza en sus instintos les permitirá madurar y desarrollar un criterio de autoprotección ante posibles riesgos en la red. No se exceda en la vigilancia hacia sus hijos.
2) Ubicar la computadora en un área neutral y visible le permitirá supervisar lo que hacen y ven sus hijos. Es recomendable establecer horarios para el uso de internet.
3) Instale herramientas de eliminación de *software* malintencionado para buscar, prevenir y eliminar programas que pongan en

riesgo la información personal y confidencial, así como para el control de aquellos contenidos que puedan ser inapropiados para sus hijos.

4) Participe en la elaboración del perfil de su hijo, sin importar la red social a la que pertenezca. El perfil es como una carta de presentación donde las personas se describen ante los usuarios de internet, por lo que será importante que bajo ninguna circunstancia su hijo publique sus datos personales, datos de su escuela, información laboral de los padres y mucho menos fotografías o videos personales y familiares.

5) Dígale a su hijo que es más divertido mantener el anonimato en su perfil y que en lugar de poner su fotografía puede emplear alguna mascota de su preferencia, un paisaje, un dibujo... Ofrezca su ayuda para la elección de la imagen de su perfil.

6) Recuerde a su hijo que el uso de las redes sociales es sólo un medio para continuar con amistades que ya conoce, ya sea en la escuela, en actividades recreativas, en el deporte, etc.; sólo personas que conoce físicamente o que le hayan informado de la forma en que mantienen a su vez el anonimato para que identifique sus perfiles, ya que agregar un contacto desconocido implica un gran riesgo para él y para su familia.

7) Es necesario que active todas las medidas de control de seguridad en el perfil de sus hijos, para que sólo sus contactos tengan acceso a la información.

Demetrio: *"Les voy a decir por qué..."*

Demetrio era secuestrador en Morelos, en el Bajío y en Guerrero. Su *modus operandi* era distintivo por la tortura impuesta a sus víctimas. Secuestró a más de treinta personas...

Uno de los secuestrados resultó ser el hijo de Facundo, un empresario muy poderoso. Demetrio lo mantuvo en cautiverio un mes; exigió el rescate, Facundo lo pagó y liberaron a su hijo.

Sin embargo, Facundo, aun cuando su hijo estaba libre y con vida, a título personal inició una persecución para vengarse de Demetrio por ese secuestro. Pero acabó muerto en Chilpancingo.

Años después, cuando detuvieron a Demetrio, se le preguntó, entre otros temas, qué pasó con el empresario don Facundo...

—¿Por qué lo mataste?

—Yo lo mandé matar, es cierto, pero les voy a decir por qué: a este señor Facundo se le olvidó que hasta hace unos años ¡rompíamos vidrios juntos! Sólo que el destino hizo que él se convirtiera en un gran empresario y yo siguiera siendo un delincuente.

EN EL TINTERO

Quizá Facundo ya había olvidado que fue compañero de Demetrio en actos delictivos, y no vio venir que éste querría vengarse porque él había prosperado más...

Son muy frecuentes las venganzas entre grupos de delincuentes; es decir, éstas no se presentan en las familias que viven dentro del marco de la legalidad, es sólo en aquellas involucradas directa o indirectamente con actos ilícitos. La mayor venganza registrada en archivos de seguridad federal fue la que vivió Héctor Palma Salazar, alias *El Güero Palma*, cuando, a consecuencia de un agravio muy grande —la falta del pago de millones de dólares— a otros grupos, mataron a su esposa y a sus hijos en una forma aterradora e indescriptible. No considero necesario entrar en detalles sobre este asunto, baste mencionar que entre los grupos delictivos y en ese caso particular tan emblemático la venganza cobra tintes muy graves.

Las venganzas se suscitan para castigar la traición, la delación (el acto de delatar a alguien), el no pago de deudas, agravios mayores o por ajuste de cuentas, y ocurre entre adultos o entre grupos. El caso anterior tiene muchas lecturas. Demetrio y Facundo eran delincuentes en su juventud y los actos los realizaban juntos. El destino llevó a Facundo a tener mucho dinero y Demetrio, al secuestrarle a su hijo, lo que hacía era pedirle que "se mochara" con algo de lo que le sobraba: ¡dinero! Por supuesto, Facundo, al enterarse de que su amigo delincuente de la adolescencia fue quien secuestró a su hijo, quería vengarse en lo personal, pero murió asesinado por órdenes de ese mismo de quien fue cómplice.

La venganza se da a título personal. Es la autoridad quien se debe hacer cargo de los delincuentes, no nosotros mismos. No constituye la mejor vía ni en el peor de los agravios, porque las repercusiones pueden trascender generaciones. Hay muchos casos de familias que mantienen un rencor vigente por generaciones. En Guerrero, por ejemplo, se han acabado familias completas y el círculo vicioso no cesa. Son venganzas por pleitos añejos.

Anónimo: "No se hagan tontos..."

Secuestraron al dueño de una empresa, los familiares informaron a la autoridad e iniciaron las negociaciones telefónicas para liberar a la víctima.

Pedían doce millones de pesos de rescate...

La autoridad se percató de que el margen para la familia era de tres millones únicamente y sobre ese monto empezaron a trabajar en la negociación con los delincuentes. Lanzaron su primera propuesta, la cual fue rechazada; lanzaron la segunda, que también rechazaron... En la tercera llamada los secuestradores le dijeron al negociante:

—No se hagan tontos, les vamos a ayudar. Vayan al banco tal, hablen con el ejecutivo tal y le dicen que de la cuenta del señor que está con nosotros, retiren doce millones y le dejen novecientos pesos para no cerrarla.

La esposa no sabía que había ese dinero...

—Señora, ¿quién podría tener esa información de la cuenta, el banco y demás?

—El contador, pero es de toda nuestra confianza...

Al revisar el expediente del contador, se encontró que ninguno de sus documentos, incluida su acta de nacimiento, era legítimo. Sin embargo, llevaba once años trabajando con el secuestrado.

EN EL TINTERO

Volvemos al punto. ¿Hasta dónde confiar en alguien que trabaja con nosotros? Hasta que sepamos qué está pensando. Por naturaleza, las personas nos guiamos por conductas; tenemos que aprender a leerlas y contrastarlas con la realidad. Podemos saber si alguien nos dice la verdad sin hacerle pregunta alguna, pero no observamos. Hay que ver conductas y ser prácticos en esos temas. No averiguamos, no preguntamos, somos muy complacientes con quienes tienen en sus manos lo más importante de nuestra vida... ¡todo!

Hay que ser discretos con la información personal, se tenga o no se tenga mucho dinero, porque lo que está en juego es la vida. Querer tan entrañablemente al que te acompaña por antigüedad, meter la mano al fuego por alguien, es un error. Debemos ser cautelosos. No miedosos, cautelosos, porque si nos ponemos en una posición vulnerable, los delincuentes se dan cuenta, huelen, atacan y se salen con la suya.

Es fácil que por los vínculos cotidianos después de tantos años se pierda la inteligencia, la racionalidad, la lógica y se involucren sólo las emociones. Las personas se ciegan, ¡qué delicado!

Según la Secretaría de Seguridad Pública, hay medidas para la prevención del delito de secuestro que vale la pena considerar:

- Registrar y guardar los datos del personal doméstico y trabajadores de cualquier tipo, proveedores, personas que nos ofrecen algún servicio y tienen acceso a nuestro domicilio.
- Evitar la divulgación de información de cualquier tipo: económica, social, correspondencia; todo aquello que nos vulnere.
- No confiar plenamente, siempre guardar la posibilidad de un cambio de estrategia inesperada para el otro.
- Cambiar rutas, horarios, itinerarios. Organizar un viaje y no salir, para ver el movimiento en nuestra casa.

Éstas son algunas de las medidas que podemos practicar para ser precavidos; pero el asunto es ponerlas en práctica, no archivarlas para no echar mano de ellas frecuentemente.

11. ¿Eres víctima o cómplice?

CON LA COLABORACIÓN DE SANDRA SCHAFFER

Hay relaciones de diversos tipos —amistosas, amorosas, laborales y demás— que pueden envolver a una persona en la intimidación, en la depresión, en una pérdida total de autoestima, y causarle daños psicológicos difíciles de tratar. Nuestras elecciones son fundamentales para que las consecuencias no sean dañinas. Por eso es necesario darnos cuenta del tipo de personas que reaccionan y se manifiestan como cómplices, observando qué consecuencias genera en los demás relacionarse desde esa perspectiva, así como cuáles se relacionan desde la victimización provocada por la baja autoestima.

En lo que respecta a la victimización, el psicólogo Joseph Carver (http://www.drjoecarver.com), en los estudios realizados a lo largo de su carrera, divide los trastornos de la personalidad en tres categorías:

A) individuos con conductas atípicas y excéntricas. Las personalidades paranoicas, esquizoides y esquizotípicas están comprendidas dentro de esta categoría.
B) personalidades altamente dramáticas, tanto en lo emocional como en lo conductual. Las personalidades antisociales, limítrofes o de trastorno límite de la personalidad (personalidad *borderline*), narcisistas e histriónicas pertenecen a este grupo.
C) personalidades que se caracterizan por ser ansiosas y miedosas. Las personalidades dependientes y obsesivo-compulsivas caen dentro de esta categoría.

Es esta última categoría la que abarca a las personas que eligen, en forma consciente o no, ser víctimas. En esta categoría, por ejemplo, se manifiesta la autojustificación; al respecto dice Carver:

[Son] personas que no piensan, ni razonan, ni sienten o se comportan con normalidad. Sin embargo, habitualmente justifican *todas* sus conductas. A menudo, su justificación proviene de la idea de que han sido víctimas de la sociedad o de otras personas y, por consiguiente, eso justifica sus conductas manipuladoras, controladoras, delictivas o abusivas. Una justificación común de los delincuentes es culpar a la víctima del delito que ellos han cometido, como cuando oímos: "Fue su culpa (culpa de su víctima) que recibiera un disparo. Tendría que haberme entregado el dinero más rápido". Es decir, el mundo está siempre en contra mía y eso justifica mis acciones en contra del mundo.

En la categoría B entra también el trastorno límite de la personalidad, según Carver:

Las características más comunes incluyen el pánico, el miedo al abandono, las relaciones sociales inestables, una imagen personal inestable, las conductas impulsivas o de daño personal, tales como la promiscuidad, el abuso de sustancias tóxicas y el consumo de alcohol, las ideas y los intentos recurrentes de suicidio, las lesiones autoinfligidas y la automutilación, los sentimientos crónicos de vacío emocional, la ira inadecuada e intensa...

Es interesante entender este punto de Carver en relación con las personalidades limítrofes, porque nos lleva a sumar dos cuestiones: en primer lugar, la persona víctima no sólo justifica sus acciones contra el mundo, sino que no se hace cargo de sí misma, y en segundo lugar, antes de ser ignorada es capaz de hacer lo que sea para llamar la atención, con tal de "ganarse" la "caricia consoladora" que la coloque de inmediato en el reflector.

Existe otro tipo de personalidad, que Carver define como histriónica:

tiene un patrón dominante que comprende una demostración emocional excesiva y una necesidad de atención importante. Los individuos con este tipo de personalidad son excesivamente dramáticos y con frecuencia son percibidos por el público como el tipo de persona que se conoce como la "reina de los dramas". A menudo son sexualmente seductores y muy manipuladores en sus relaciones.

¡Qué importante es identificar con quién nos relacionamos o cómo lo hacemos! En el ámbito de la salud mental, la clave reside en detectar a tiempo el tipo de personalidad del otro. En el caso de alguien que se coloca como víctima, siempre hay patrones y formas de conducta que se declaran y logran identificarse pronto. A cada uno de nosotros corresponde querer relacionarnos con alguien así o no, pero no debemos dejar pasar la posibilidad de ver a fondo con qué tipo de personas lo hacemos, para no quejarnos después de los resultados de ciertas relaciones en nuestra vida que generaron advertencias para nosotros, pero que las dejamos pasar por desconocimiento.

Las víctimas se quedan en una zona en la que no avanzan, se tienen baja autoestima, son ansiosas e inseguras; no toman decisiones fácilmente, pues para hacerlo dependen de la mirada y del impulso de otro. Culpan al mundo, a Dios, al otro, al vecino, de los problemas propios y ajenos, pero no se hacen responsables de sí mismas. No han madurado en los aspectos emocional, afectivo o económico para valerse por ellas, para cuidarse, para salir adelante. De manera consciente o inconsciente deciden quedarse en una zona más confortable —o que por lo menos así les parece— en la que el otro sea quien avance y las "jale" porque no se creen capaces de triunfar por sí mismas; son dependientes y prefieren que las "abracen por pobrecitas" que ser ignoradas y que su presencia pase inadvertida. No progresan, eligen vivir con depresión, frustración y descalificación. No saben cómo establecer relaciones sanas y frecuentemente se involucran con personalidades abusadoras o engañosas, con tal de conservar su estado de víctimas. Disfrutan al verse en riesgo, y a medida que éste aumenta sienten más poder para contar varias veces la forma en la que "abusaron" de su persona. No hay salida fácil para este tipo de personalidades.

Por otra parte, ¿qué hay de las personalidades "cómplices"? En lo que se refiere a la complicidad, que también es una postura que no genera bienestar en las formas de relacionarse, es interesante conocer e identificar cuándo se es cómplice, tanto en el aspecto positivo como en el negativo. El término *complicidad,* que procede del latín *complex,* se refiere a la actitud de quien manifiesta o siente solidaridad o camaradería. Puede tener diferentes matices, según el caso. Complicidad es la cualidad de ser cómplice, para bien o para mal.

Podemos hablar en términos de pareja, de amistad, de criminalidad, de trabajo... y en todos estos ámbitos la complicidad encierra empatía, conexión, un vínculo con el otro, un lazo —momentáneo o de mayor duración— que tiene un fin muy claro. La complicidad se expresa en diversas formas y sus alcances abarcan desde miradas, roces corporales, insinuaciones, hasta la verbalización en toda su expresión. En las relaciones humanas, ya sea con familiares, amigos o desconocidos, puede haber lazos emocionales, afectivos, cordiales y sinceros, y otros que involucran interés, conveniencia, compromiso, utilidad, oportunismo, revanchismo... y en todos ellos cabe la complicidad.

Si estamos entre mucha gente o a solas, podemos lanzar a quien amamos, a quien nos gusta, miradas sutiles, insistentes, cómplices; en una junta el jefe puede buscar a propósito la mirada de su más fiel escudero, intentando que continúe con su presentación; cuando hacemos bromas entre amigos, no podemos evitar observar la expresión de cada uno buscando aprobación, exigiendo adeptos, buscando cómplices. O qué tal las señales de los amantes cuando, aburridos en el ambiente de una fiesta, establecen contacto visual para apoyarse en silencio y enviarse mensajes que estimulan todas las áreas de su cerebro provocando "complicidad"; así, inventan un lenguaje que únicamente ellos comprenden, para encontrarse de nuevo en otro lugar, solos. Es asombrosa la cantidad de adrenalina que generamos al saber que el otro nos entiende y nos conoce con una mirada, en secreto; éste es uno de los actos más seductores en la complicidad y en el reforzamiento silencioso que se logra entre dos personas.

El contacto visual, gestual o escrito genera complicidad. Más del 80% de la comunicación entre seres humanos se produce sin el uso de las palabras. Para la complicidad uno de los aditamentos más sutiles y efectivos es el silencio con una mirada, un gesto, un guiño, una ceja levantada... es así como los cómplices se encuentran de manera efectiva y sin equivocaciones. Se comprenden tan bien que se mimetizan, se apoyan y se avalan con tan sólo mirarse de reojo.

Pero la complicidad también encierra una veta negativa, de confabulación destructiva en el ámbito de las ideologías, los valores y las convicciones que trastocan el entorno. Veamos algunos ejemplos: aquellos que se unen con tal de tumbar a otro del puesto; los muchos que, llevados por el instinto de supervivencia, se convierten en cómplices de asesinatos, extorsiones, despojos y engaños en las cárceles y fuera de ellas; la complicidad institucional que sirve como vehículo para amordazar entidades y personas al servicio de los intereses más oscuros; hasta los terrenos cotidianos como en las escuelas donde los niños construyen amistades sobre fango, a base de la hegemonía del más fuerte, el más perspicaz, la más rebelde, el que tiene más labia o la más perversa...

Para el derecho, un cómplice es quien participa —directa o indirectamente— en un delito, coopera en su perpetración, ya sea planeándolo, promoviéndolo, ejecutándolo o presenciándolo. En sí, hay diversas formas de complicidad a los ojos de las leyes de cada país.

Eduardo Cabau, médico psiquiatra y psicoterapeuta español con una formación multidisciplinaria en la que destaca el psicodrama,[1] explica que en la vida ocurren cosas de todo tipo: buenas, malas y regulares, y los seres humanos generamos, a través del drama, un escudo, un método de defensa para cubrirnos de la incertidumbre que ese tipo de cosas nos generan. Es decir, representamos lo que nos causa sufrimiento (el drama) a manera de obras de teatro con un argumento fijo, donde nunca ocurre nada nuevo y los "actores" son siempre los mismos o similares. Es ahí donde el especialista, a través de la psicoterapia y sus herramientas, trabaja con la movilidad de los roles y del sistema de creencias de cada uno. En la vida todos interpretamos diferentes papeles: podemos ser víctimas o verdugos, y esa movilidad nos hace humanos y, por lo tanto, dramáticos.

Pero cuando nos estacionamos en un papel, se origina un problema, y entonces pasamos del drama al melodrama, donde nada se mueve, todo se vuelve repetitivo y en forma invariable caemos en una zona de confort, en una vida segura. Entonces, inconscientemente buscamos actores o cómplices melodramáticos, para poder representarlo y mantenerlo como parte de nuestra realidad el mayor tiempo posible.

Así es la vida, una búsqueda permanente de alguien que nos avale, que nos consecuente, que esté dispuesto a seguirnos o a quien estamos dispuestos a seguir. La pregunta es si lo hacemos por razones válidas, positivas e inofensivas para las personas, ¡incluyéndonos, por supuesto!

---

[1] El creador del psicodrama es Jacob Levy Moreno, quien define esta técnica como un método para sondear a fondo la verdad del alma a través de la acción.

La complicidad es una herramienta poderosa. Hay ámbitos en los que no se debe dejar escapar esa complicidad que motiva, que construye, que impulsa el nacimiento de proyectos valiosos, empresas útiles, misiones loables. Hay otros en los que hay que despojarse de ese lazo que destruye, que se vuelve un círculo vicioso que no conduce a nada e impide avanzar hacia una mejor versión de nosotros mismos.

Después de entender la victimización y la complicidad, cabe resaltar que se abre un camino sano para enfrentar las situaciones que causan sufrimiento, abandono o rechazo en la vida. No podemos dejar a un lado que también es notorio cómo hay personas que superan circunstancias francamente duras, como la muerte de un hijo, la ausencia del padre o la madre en la edad adulta, una grave enfermedad o una violación. Su actitud, palabra clave, es enfrentar la situación, "sacar la casta" y encontrar soluciones ante lo inesperado. No se quedan cruzadas de brazos, sino que echan el cuerpo por delante para salir de las pruebas extremas de la vida. No fluctúan entre ser víctimas o cómplices; simplemente saben qué deben hacer y cómo tienen que hacerlo; parece que recurrieran a toda su maquinaria interna para descubrir los mejores caminos posibles que las lleven a salir adelante. Ojalá las personas de este tipo fueran las que más abundaran; sin embargo, no es así.

En el contexto anterior, la maestra Sandra Schaffer aborda el tema presentando un caso para estudio, en el que narra cómo Ernesto, un adolescente, a pesar de la adversidad, decide no erigirse en víctima o cómplice de las circunstancias. Sandra nos involucra en momentos que se presentan en la vida y situaciones que nos exigen asumir el papel de víctima o el de cómplice, alimentando —sin desearlo— una circunstancia negativa.

Conocí a Sandra Schaffer en 2011. Después de varias ocasiones de hablar con ella y escucharla razonar sobre el comportamiento humano, percibí que tiene conceptos muy claros y acertados al respecto, y cuenta con gran experiencia en la atención clínica. Sandra conoce a fondo los temas de ansiedad, comportamientos compulsivos y depresión, por ejemplo, y sabe que muchos de estos comportamientos llevan a las personas a comportarse como el nombre de este capítulo lo indica: como víctimas o como cómplices... Sí, pareciera que ante ciertos sucesos, tendemos a irnos a un bando o a otro, o quizás a oscilar entre ambos, dependiendo de la conveniencia y de la circunstancia; pero el caso que ella presenta para este trabajo nos indica que el péndulo puede permanecer en su centro sin oscilar a los extremos. Es decir, sí hay una forma más sana de enfrentar las situaciones que nos toman por sorpresa en la vida, y tal es el caso de Ernesto.

"Ernesto, un niño resiliente"

La vida de Ernesto ha sido un rompecabezas difícil de armar. Su discapacidad lo ha hecho diferente. En ocasiones ha pensado que los seres humanos no siempre crecemos como seres maduros y con sabiduría. Cuando sientes que tu vida se derrumba, cuando de golpe llega a tu puerta la adversidad, ¿cómo respondes?

Hay quienes se consideran víctimas y de inmediato señalan a otros como culpables de su condición; algunos se aíslan y, en su soledad, se sienten indefensos, en tanto que otros más se enojan y lastiman a quienes los rodean.

Sin embargo, también hay personas que, a pesar del dolor, buscan dentro de sí mismas la manera de manejar la adversidad, logrando que la situación mejore. Ése es el caso de Ernesto.

Nació hace quince años en el seno de una familia diferente: sus padres —ambos— tienen una discapacidad intelectual, condición que limita su funcionamiento cognitivo y provoca que requieran apoyos en distintas áreas de la vida.

El efecto de etiquetas tales como "subnormal", "anormal", "deficiente" o "alumno con necesidades especiales" marcó su desarrollo desde la infancia. Siempre se ha visto luchando contra la profecía autocumplida en la que su destino estaría ligado a las etiquetas que le habían colocado. Muchas veces sus múltiples diagnósticos venían a señalar y dirigir la atención siempre a aquello que no sería capaz de lograr. Su entorno pretendía que, a mediano y largo plazos, la profecía se cumpliera.

Por otra parte, las etiquetas tienden a hacernos olvidar o no considerar las demás características o capacidades que como personas podemos tener. Por consiguiente, tendemos a crear una visión estereotipada de nosotros mismos. Muchas de estas visiones han sido, y son, imprecisas y poco confiables. Ernesto ha trabajado arduamente con su entorno, incluidos sus padres y su abuelo, para hacerles entender que su condición no responde a los atributos que le han asignado.

Desde sus inicios en la escuela, sus problemas de lenguaje y la nasalización de su voz le hacían ver como una persona incapaz de expresar sus ideas y sentimientos. A pesar de los retos que experimentó durante toda su educación preescolar y primaria, buscó dentro de sí y encontró las opciones para manejar la adversidad y lograr que las cosas mejoraran.

Para Ernesto, ser resiliente es tener la habilidad de reírse incluso de uno mismo, demostrar empatía y, de manera muy importante, poseer la imaginación para planificar la vida en una forma realista, pero sobre todo creativa. Es el arte que ha tenido que plasmar en un lienzo para salir de las tormentas. Ha sido capaz de transformar las circunstancias, gracias a sus fortalezas. Es importante anotar que no es invulnerable, ya que ello significaría una incapacidad para aceptar sus propias limitaciones y reconocer sus imperfecciones.

Durante su desarrollo, muchos pensaron que por su discapacidad él "no podía hacer nada"; sin embargo, esto hubiera implicado renunciar a su potencial y a su fortaleza interior, y no saber utilizar los retos que la vida le presentaba.

Sus padres se divorciaron. Ello significó una ruptura familiar importante. Su hermano mayor —quien también tiene una discapacidad— y él consiguieron formar un vínculo que los mantuvo fuertes durante el proceso. Su abuelo, aun cuando fue cómplice del matrimonio de sus padres, asumió el reto de darles los apoyos que ambos necesitaban desde entonces y hasta hoy.

Todos sabemos que un ambiente negativo y disfuncional afecta el desarrollo sano de la personalidad, pero esto no sucedió en el caso de Ernesto. A pesar de que el divorcio de sus padres constituyó un factor de riesgo para su estabilidad emocional, logró convertirse de una persona indefensa, en otra positiva y con capacidad de crecimiento personal, sacando partido a lo que estaba a su alcance. Tuvo que aprender a perdonar. Con ello recobró la paz interior para dejar de dañarse a sí mismo. Así es capaz de aceptar sus errores y los de los demás. Ello los hace conscientes de que no son seres perfectos, tanto a ellos como a Ernesto.

Para comenzar con el proceso resiliente fue necesario que el chico hiciera las paces con el pasado y sanara las heridas de modo que pudiera ir hacia adelante. Uno de los elementos más importantes es saber expresarnos para poder conectarnos con nuestro ser interior. Para ello se requiere ser asertivo.

Debemos empezar por valorarnos a nosotros mismos, respetarnos, confiar y aceptarnos. Debemos definir cuáles situaciones aceptamos y cuáles no. Su discapacidad no era un factor que impidiera o determinara su futuro en forma inamovible. Consideraba siempre sus fortalezas por encima de sus debilidades. Logró aceptar su condición de modo que no fuera una barrera para su desarrollo personal.

Dejando de lado todos los conceptos conocidos sobre la inteligencia elaborados en forma clínica, Ernesto consideraba que tenía otro tipo de inteligencia. La teoría de Howard Gardner, en la cual sostiene que no sólo existe un tipo de inteligencia, sino varios, le ayudó a determinar que haría uso de una inteligencia diferente para potenciar sus habilidades; supo utilizar la inteligencia emocional en forma importante para sus relaciones humanas.

Su sentido del humor ha sido el motor en este largo viaje. Se ha reído de sí mismo en muchas ocasiones y con ello ha contribuido al bienestar general de las personas que lo rodean. La risa acorta distancias y libera presiones. Cuando nos encontramos con una persona alegre y risueña, de inmediato queremos estar cerca de ella.

El contexto al cual siempre ha pertenecido ha sido el medio ambiente regular. Sin embargo, los niños que no tienen discapacidad juzgan a personas como él con estereotipos; piensan que son menos seguros de sí mismos, incompetentes en el aspecto académico, y más problemáticos en lo que a su comportamiento se refiere.

Los ven como seres conformistas, retraídos, con mayor necesidad de supervisión y menos felices que ellos. Los perciben como seres inútiles para la sociedad y los devalúan socialmente estigmatizándolos, reduciendo sus posibilidades de participar en la comunidad. Sólo mediante la convivencia estrecha con ellos ha sido posible cambiar su actitud.

Si bien el fenómeno de la exclusión social no es nuevo, en los últimos años está adoptando características preocupantes. La exclusión se construye sobre la metáfora de "dentro y fuera"; los excluidos son los que no cuentan, son insignificantes y sobran. La exclusión añade impotencia, fragilidad y, en pocas palabras, entre ellos, las personas con discapacidad constituyen poblaciones sobrantes. El rótulo de discapacitado supone disminución, y la palabra en sí puede predisponer a una connotación negativa sobre la persona y a que ésta se reconozca en ella con un sentido que puede resultar peyorativo. De esta manera, nos detenemos sólo a señalar lo que alguien no puede hacer debido a que sus facultades lo limitan para ello, sin contemplar la posibilidad de que se le capacite para actividades de otro tipo.

Son diferentes las actitudes que adoptamos frente a alguien con una discapacidad. El abanico se despliega desde quien presenta una total indiferencia y al no adoptar responsabilidad alguna se erige como cómplice de "abandono" ante la situación, hasta aquel que, con afán de ayudar, se muestra sobreprotector haciéndose cargo de todo y de todos sin permitir su crecimiento. En ambos extremos el resultado es el mismo: la persona con discapacidad asume un papel pasivo que la instala en su cuadro, agravando así su propio estado y convirtiéndose, en forma automática, en alguien no resiliente.

Me he permitido explicar cómo Ernesto ha sido un ser con discapacidad resiliente. Está convencido de que, para que las personas como él lo sean, requieren un reconocimiento social desde el colectivo, en el que se les posicione de acuerdo con las capacidades que sí tienen y que pueden ser potenciadas para vivir en sociedad. Con ello, podrán desarrollarse positivamente a pesar de las difíciles condiciones de vida.

El concepto de resiliencia es sumamente importante porque permite trabajar en el ser humano aspectos fundamentales de su personalidad y potenciarlos para prepararlo para la inclusión tanto de él como de su familia.

La nueva cultura de la diversidad será aquella que contemple los valores como auténticos aun cuando sean diferentes, y deberá crear conceptos como "sociedades resilientes", para que todos seamos capaces de construir un mundo mejor.

Ahora Ernesto es un adolescente y cursa la educación secundaria. Recibe los apoyos que requiere para su desarrollo integral. La aceptación de su discapacidad se proyecta en sus compañeros como una fortaleza, en sus maestros como una enseñanza y en su familia como un ejemplo de lucha frente a la adversidad.

"Soy Ernesto —nos dice este adolescente—. Veo con claridad que tendré oportunidades en mi futuro y me considero una persona feliz. Espero que mi testimonio funja como un ejemplo para todas aquellas personas que viven una condición diferente como es la mía. Ser víctima no es la respuesta. Nos cierra y encierra lo mejor de nosotros mismos."

Para concluir, la vida nos presenta desafíos constantes. Ante cada problema o situación estresante podemos adoptar dos posturas, la de víctima o la de una persona que asume la responsabilidad de lo que le ocurre y actúa. La forma de pensar como víctima nos resta poder porque, en vez de centrar nuestra atención en cómo conseguir resultados, más bien pensamos que el daño que hemos sufrido es irreparable y que estamos condenados a vivir el resto de la vida con ese problema o sufrimiento. El ser víctima puede ser una buena excusa para no hacer lo que debemos hacer. Si actuamos como víctimas, será muy difícil que alcancemos nuestras metas. Cuando asumimos la responsabilidad de lo que nos sucede tenemos el poder de producir resultados, ya que nuestra actitud hacia la vida es distinta. Procuremos no proceder con miedo, pues esto paraliza. Hay que buscar al experto y obtener un buen diagnóstico para saber cuál es el tratamiento adecuado. Así nos comprometeremos con nosotros mismos para hacer de cada desafío un peldaño que nos lleve a encontrar nuestro bienestar físico y emocional.

EN EL TINTERO

La maestra Schaffer se refiere al término *resiliente,* el cual se relaciona con el hecho de que las personas como Ernesto tengan la capacidad de recuperarse frente a la adversidad o los traumas, y afronten las situaciones de la vida con ánimo y deseos de superación. Con ello buscan sacar a relucir los aspectos óptimos de sí mismas, potenciarse de manera positiva y desarrollarse con herramientas y recursos mucho más sanos en los aspectos mental y emocional, con miras a enfrentar cualquier adversidad de vida.

El contexto social y la educación impulsan a estas personas a enfrentar esos desafíos sin mirar más que el objetivo de salir adelante. La autoestima juega un papel fundamental para que sean resilientes. Quererse, cuidarse y saberse importantes las ayuda a no quedarse en un vacío de desprotección y en la dependencia de que otro las saque de la adversidad. La resiliencia es una aptitud que no todos los seres humanos tienen, pero que pueden desarrollar. Por los testimonios de personas con resiliencia, observamos que rebosan actitud positiva y encaminan hacia el bien lo que ha salido mal, es decir, la situación no las dirige a una patología sino a la obtención de mayor salud y estabilidad mentales.

A los resilientes les es fácil sobreponerse, readaptarse, sobrevivir y enfrentar con valor las situaciones que los toman por sorpresa. No se convierten en víctimas de la situación, pero tampoco en cómplices, esto es, no colaboran, apoyan, ayudan, impulsan o cubren al otro o a sí mismos.

En términos comparativos, las personas resilientes son como el pavimento, que también lo es porque sus "estructuras" soportan el peso y la deformación que causan las cargas móviles que tienen diversas magnitudes; a pesar del "peso", su capacidad de recuperación es instantánea, o sea, son resilientes o elásticas. *Resilio,* en latín, significa "volver atrás, volver de un salto, rebotar, resaltar", y el término *resiliencia* fue adoptado por las ciencias sociales para definir la capacidad que algunos poseen, pese a nacer y vivir en situaciones de alto riesgo, de desarrollarse sanos y exitosos en el aspecto psicológico.

Superar y ser transformado positivamente es el mensaje que deseo que quede en muchos lectores. Entender que la vida conlleva riesgos y adversidades, que nada es estático ni dura para siempre, y que en nosotros está "adaptarnos" a esos nuevos cambios de la mejor manera posible. Quizá no crecimos en un entorno y con una educación que hayan propiciado que seamos resilientes, pero podemos aprender; podemos, ante las circunstancias que nos toman por sorpresa, sacar lo mejor de cada uno y enfrentar dignamente nuestra propia vida.

No se trata del otro, de la mirada del otro, del entorno en que nos movemos; se trata de nosotros mismos, de cómo nos vemos, de qué pensamos internamente de nuestra persona, de cómo queremos proyectarnos.

La resiliencia es una capacidad humana universal, basta con aprenderla. Es parte del proceso evolutivo y se enseña desde que somos niños. La vida es bella, pero ante la adversidad, ¿cómo estamos enseñando a nuestros hijos a sacarse adelante? Las verdades son sencillas aunque dolorosas, mentir es complicar lo sencillo. Bajo esta óptica, no caer en complicar la verdad nos permite desarrollarnos mucho más sanamente... como Ernesto.

Así es que ¡ni víctima ni cómplice! Lo más recomendable y sano es ser resiliente.

12. Hasta ahora me entero

CON LA COLABORACIÓN DE EMILIA KANAN

Una interrogante que constantemente viene a nuestra mente es: ¿por qué nos enteramos en última instancia de cuestiones con las que estamos directamente relacionados? Recuerdo que hace tiempo una mujer me contó que fue la última en percatarse de que su marido pertenecía a la mafia rusa y traficaba con obras de arte. ¿Por qué? ¿Qué pasa en nuestro cerebro que "no capta las señales"? ¿O es que no queremos captarlas por múltiples razones? Por comodidad, por miedo al cambio, por no querer conflictos, por no acabar con nuestros deseos... ¿Cuál es el motor que nos mueve a no ver lo que a diario ocurre frente a nosotros en pequeños detalles que no advertimos?

Todas las personas contamos con un sentido instintivo, ese que llamo "nuestra voz interna", que nos dice: "¡Cuidado!, no te asocies con esa persona... No me gusta ese novio para ti, hija, ¡atención!... No vayas por esa calle..." Se le llama presentimiento, es decir, que es previo al sentimiento, una señal que te indica que algo no va bien. Y viene a nosotros por una razón: esa señal puede salvarnos la vida, evitarnos sufrimiento, alejarnos del peligro; representa protección para nosotros y aun así la anulamos, dejamos de sentirla o de escucharla: "No tiene importancia, ¿estaré loca?... ¿Por qué no me 'late' si se ve tan buena gente?... ¡Qué mal pensada soy!... Veo moros con tranchetes, eso no va a suceder..." Así podemos tapar e intentar acallar esa vocecita interna que al final suele no equivocarse.

"Algo me decía que mi hija consumía drogas (voz interna), pero no hice caso... al cabo de los años murió de una sobredosis." "Algo me decía que ese hombre era un trepador social y que sólo me usaba, pero no hice caso... al final mis cuentas de banco quedaron a su nombre."

El "algo me dice" constituye la frase con la que abre esa voz interna; después viene el "pero", ese término que borra nuestro instinto, que nos aleja de ese valioso foco interno y no nos permite ver cuán fundamental es prestarle atención.

Quizá con quienes más se manifiesta esa voz interna es con los hijos: algo nos huele mal y en ese instante revisamos sus cosas (rompiendo toda privacidad sin importarnos porque sabemos que en el fondo los protegemos), algo nos vibra raro y logramos que el golpe sea menos duro de lo que podría ser. Estamos muy alerta en ese sentido y justificamos lo que sea con tal de hacerle caso a esa voz interna, a ese instinto materno que los cuida. Pero cuando crecen y llegan a la edad adulta, ya no permitimos que ese presentimiento aflore tanto, como si ya no necesitaran nuestra protección.

¿Cuántas veces nos ha ocurrido esto? ¿Que sabíamos algo y, sin embargo, nos lanzamos al ruedo sin protección alguna? Blindar nuestro corazón, nuestro cuerpo, nuestra mente, nuestra espiritualidad, nos salva por momentos de entrar en laberintos en los que no deseamos estar y a los que, sin embargo, nuestra terquedad nos empuja. Esos niveles de terquedad caen en la tontería, en la irresponsabilidad. Es como si nos dijeran: "tírate de la azotea", y nuestra voz interna nos dice: "¡por supuesto que no!", pero nos tiramos de todas maneras. ¿Quién sería responsable de las consecuencias? ¿Quien nos dijo que nos tiráramos o nosotros que lo hicimos?

Algo similar significa el título de este capítulo, "Hasta ahora me entero", que nos remite a los tres monos místicos, Mizaru, Kikazaru e Iwazaru, mencionados en el capítulo 1, y que representan las actitudes "no oigo, no veo, no hablo". Lo interesante, y es ahí donde el tema se enlaza con el que ahora nos ocupa, es que no se especifica lo que los monos no ven, oyen o dicen, aunque tradicionalmente se ha entendido como "no escuchar el mal, no ver el mal y no decir el mal". Esto proviene del uso de esos tres sentidos para la observación del mundo. Son una negación del mal.

También se conoce que los tres monos eran guardianes simbólicos del Mausoleo del Tôshôgû, de Tokugawa Ieyasu, en Japón, encargados de evitar que los visitantes al templo interrumpan el sueño del shogun. Se les ha conocido como delatores de las malas acciones de los seres humanos, entre otros significados ancestrales.

Nos detenemos en el primero, en el uso de esos tres sentidos para observar al mundo. Cuando los seres humanos son muy pequeños, no es necesario que miren, digan o escuchen cosas porque todavía no es el momento de diferenciar entre lo bueno y lo malo; con el tiempo aprenderán a ser prudentes. Prudencia es la capacidad de comprobar información, de analizar varios escenarios antes de tomar una decisión para lograr evaluar sus consecuencias en la medida de lo posible.

Prudencia es la palabra clave en el aprendizaje, justamente para no precipitarnos, para reflexionar, asumir la responsabilidad de lo elegido y de la decisión tomada, tomar el tiempo necesario para evaluar posibles daños, considerar opciones, alcanzar el equilibrio interior. Lo contrario, la imprudencia, es no involucrarnos, dejar pasar, lavarse las manos, omitir, ser visceral, adoptar una actitud impulsiva. ¡Qué diferentes escenarios los de la prudencia y la imprudencia! No se trata de no asumir riesgos que están fuera de nuestras manos, pero vale la pena una introspección para evaluar qué es lo mejor y más sano para nosotros. Y aun en la equivocación queda rectificar pero sin dañarnos. Eso implica querernos, cuidarnos, atendernos como prioridad, tener autoestima suficiente para no entregarnos del todo, medir las consecuencias y saber lo que nos hace bien y lo que nos hace mal.

En otra interpretación, los monos sabios son una representación de nuestra mente. Los monos no se están quietos, se mueven de un lado a otro sin parar. El primero nos enseña a no escuchar tantas cosas que nos hacen mal, como discursos negativos o sonidos que nos alteran; nuestros oídos son un filtro y todo lo que entra a través de ellos llega directo a nuestro cerebro y nos conforma. El segundo nos enseña a mirar hacia adentro, a dejar de hacerlo hacia afuera para ver nuestro interior y no ver ya lo que nos aísla de nosotros, de nuestro crecimiento (no hay algo afuera que sea más poderoso que lo que llevamos dentro; debemos taparnos los ojos para ver lo bellos que somos por dentro y que nada de afuera nos distraiga de nuestro interior). El tercer mono nos enseña a pensar antes de hablar, a criticar menos, a cuidar lo que decimos. Así, los tres monos sabios se colocan por jerarquía en función de sus habilidades y sus discapacidades, es decir, la unión de los tres hace un mono que escucha, ve y habla. Juntos pueden alcanzar objetivos que no lograrían por separado.

La unión de nuestras habilidades y discapacidades nos impulsa a lograr objetivos. En nosotros está ser uno, dos o los tres monos unidos para alcanzar un mayor control interno frente al mundo. Todos los días tomamos decisiones, cientos de ellas, y sin duda, no en todas nos ubicamos en nuestro centro; oscilamos como un péndulo de izquierda a derecha, sin tomar en cuenta la representación de nuestra mente que son los monos sabios.

Cada minuto vivo es un buen tiempo para tomar mejores decisiones. Aquellas que nos lleven a sentirnos mejor y a desarrollar nuestro interior. No dejemos pasar la oportunidad, porque cada minuto también cuenta para cualquier mala decisión.

Emilia Kanan, psicoanalista mexicana con quien he compartido muchas reflexiones de vida, señala que amar con autoestima, valor y ética es necesario para contar con bienestar y salud mental; culpar al otro de lo que nos pasa es irresponsable cuando somos nosotros quienes elegimos a esa persona y decidimos compartir nuestro tiempo y espacio.

En este capítulo Emilia nos guía a una reflexión que vale la pena tomar en cuenta.

El amor romántico: cuando no lo vi venir...

Al amor casi nunca lo vemos venir... nos sorprende fortuitamente cuando menos lo esperamos, y nos coloca ante la deliciosa oportunidad de gozar lo más hermoso que la vida puede ofrecer: un sentimiento intenso, pasional y recíproco, aunque nunca perfecto ni eterno y tan lleno de dicha como de momentos de tristeza. Ese amor puede resultar en una experiencia que transforme y enriquezca nuestro ser y nuestra vida infinitamente.

El amor tiene la fuerza de cambiar a un ser humano para bien o para mal, y ese cambio puede perdurar quizá para toda la vida. Pocos aspectos de nuestra vida emocional son capaces de evocar sentimientos tan intensos y tan conflictivos como los que provoca el amor romántico.

Cuando Cupido nos sorprende, creemos que sus mieles serán eternas, pero al tornarse amargo el sentimiento lo maldecimos y juramos no volver a caer en sus redes.

Y puede volverse amargo debido a que el encuentro con la posibilidad de amar a otro ser humano moviliza angustias inconscientes profundas y arcaicas relacionadas con el terror a la separación, al rechazo y al abandono.

Si estas angustias inconscientes están ancladas en nuestro carácter, pueden convertir al amor romántico en una experiencia decepcionante, dolorosa y destructiva, ya sea por nuestra forma de conducirnos, por nuestra desafortunada elección de pareja o por ambas cosas.

La elección de nuestro objeto de amor está en gran medida condicionada inconscientemente por nuestra historia, por lo que somos, por lo que no somos y quisiéramos ser, porque podemos acercarnos más o acercarnos menos, porque en el fondo sabemos que sufriremos y así pagaremos culpas arcaicas y obsoletas, porque intuimos que podríamos tener una felicidad que somos capaces de tolerar o que no somos capaces de tolerar y sí de sabotear, porque vemos señales y decidimos no verlas y hacernos cómplices, porque nos topamos con el amor de nuestra vida y lo dejamos ir sintiendo que no lo merecemos o que no nos merece...

Hoy día, el amor romántico está en crisis y, a pesar de que lo deseamos intensamente, la frustración y la impotencia que provoca el no encontrarlo generan una crónica insatisfacción en la vida de muchas personas que buscan desesperadamente respuestas que el mundo de hoy nos proporciona y se han convertido casi en un dogma popular.

Estas respuestas, aunque falsas, ofrecen una disminución transitoria del sufrimiento de vivir una vida sin amor; algunas son: "el amor romántico es cosa de siglos pasados, es una pérdida de tiempo que sólo termina en tragedia, es completamente impráctico", "ya no hay gente decente en la cual se pueda confiar", "ya no hay verdaderos hombres por ningún lado", "las mujeres de hoy ya enloquecieron", "el amor romántico ya no es una prioridad en la vida de nadie"... Es decir, todas estas explicaciones modernas promueven la idea de que el entorno es el responsable de nuestra desolación amorosa y que la resignación es la única salida de este sufrimiento emocional; por ello se considera "normal" creer que, en esta vida, la felicidad amorosa ya no es una opción.

Como psicoanalista, estoy en desacuerdo con esas ideas seudotranquilizantes, con esos mitos modernos. Y es que, a pesar de ellos, a mi consulta acuden hombres y mujeres que no se resignan a vivir sin el amor romántico que tanto añoran y que, no obstante sus mejores intenciones y esfuerzos, no han conseguido.

La incapacidad para realizarse amorosamente con una pareja se localiza en el psiquismo de la persona, en enormes angustias inconscientes que por definición no conoce y que provocan la construcción de barreras a través de rasgos caracterológicos. Estos rasgos actúan de manera activa como defensa para no enamorarse, o en caso de hacerlo evitan sostener ese enamoramiento, porque el acto de enamorarse, aunque conscientemente deseado, de manera inconsciente constituye una amenaza interna grave.

Las conductas automáticas y repetitivas que se derivan de estos rasgos de carácter provocan en el inconsciente lo que más se teme conscientemente: decepciones y fracasos amorosos constantes y repetitivos que resultan traumáticos.

La motivación inconsciente de estas conductas automáticas hace que la persona nunca las cuestione y que le parezcan normales, sin siquiera imaginar que son barreras activas que la defienden de las angustias que despierta la intimidad amorosa.

Estas barreras caracterológicas son:

- Miedo al sexo
- Miedo a ser controlado
- Necesidad de sufrir y compulsión a torturar
- Depresión
- Compulsión al aislamiento
- Miedo a perder la libertad
- Actitud de "yo no necesito a nadie"
- Narcisismo
- Envidia
- Búsqueda compulsiva de la pareja perfecta

A continuación describiré, desde el punto de vista psicoanalítico, los rasgos de carácter que subyacen a los trastornos de la vida amorosa. En forma consistente haré hincapié en los procesos inconscientes, ya que éstos son muy importantes para la comprensión del tema que nos ocupa.

Miedo al sexo

Esta barrera se presenta cuando el coito sexual aterroriza y amenaza inconscientemente, provocando incapacidad para disfrutar la intimidad sexual adulta. Sin embargo, en la vida cotidiana no se manifiesta temor a la sexualidad, todo lo contrario.

La mujer que tiene miedo al sexo actúa como diva vampiresa; es muy seductora, femenina, exhibicionista, hace alarde de sus atributos sexuales y en muchas ocasiones es promiscua. Considera que cada hombre con el que entra en contacto es "el definitivo", que "ahora sí, encontró al hombre de su vida".

De inmediato le imprime un carácter sexual a sus relaciones incipientes, quiere tener orgasmos y no puede, es frígida. Se "enamora" de hombres que no están disponibles y que no tienen ningún interés en ella, y siente apatía y repulsión por los hombres adecuados y disponibles que la desean.

Compite con las demás mujeres para seducir y conquistar hombres, ya que al ganar se siente segura y poderosa. No obstante, cuando gana, se angustia y se aterra porque inconscientemente confunde al novio, marido o amante con su padre, con quien, por supuesto, la sexualidad está prohibida. Es por ello que después de conquistar a este hombre tan deseado empieza a mostrarse fría, distante, infantil, berrinchuda, exagerada y dramática; cualquier situación la convierte en conflicto, provocando discusiones y pleitos.

Todas estas conductas tienen la finalidad de crear una enorme distancia entre ella y el hombre al que tanto desea, pero al que tanto teme.

Para ella, amar a un hombre con una connotación sexual equivale inconscientemente a traicionar a su padre seductor, del cual sigue, de forma edípica, enamorada.

Para ella, amar a un hombre también significa, a nivel inconsciente, haber destruido a su madre, ya que compitió envidiosamente con ella y le ganó arrebatándole al marido. De esta fantasía se desprende una enorme carga de culpa —también inconsciente— que paga, sin saberlo, saboteándose la vida.

Por su parte, el hombre que inadvertidamente se siente aterrado por el sexo es un Don Juan encantador, seductor y promiscuo que huye ante la posibilidad de tener intimidad sexual y emocional adulta con una mujer, lo que expresa con su huida, disfunción eréctil o eyaculación precoz.

Otra modalidad de hombre aterrado por el sexo es el que se comporta en forma tan infantil que termina por hartar y alejar a las mujeres con las que se relaciona.

Para el hombre aterrado por el sexo amar a una mujer implica, en su inconsciente, traicionar a su madre y destruir a su padre, con la enorme culpa que de esto resulta y que lo instiga a arruinar su vida.

Miedo a ser controlado

En los casos que nos ocupan, el temor a ser controlado es de tal magnitud que imposibilita enamorarse. A esta persona se le dificulta sentir; marca su distancia para evitar la intensidad emocional, por el terror inconsciente de colocarse en una posición de vulnerabilidad; por eso aísla sus emociones de sus pensamientos mediante la intelectualización. Todo esto constituye un mecanismo instalado inconscientemente, cuyo propósito es mantener un riguroso control sobre su mente y su cuerpo.

Quien presenta este miedo es alguien con quien podemos contar y en quien podemos confiar. Tiene una ética personal muy sólida. Gracias a su personalidad obsesivo-compulsiva es estructurado, disciplinado, ordenado, perseverante y, por ende, muy productivo y capaz de éxitos laborales y profesionales importantes.

Por otro lado, es rígido, desconfiado, tacaño, intolerante, a veces inflexible tanto para cambiar sus planes como para aceptar puntos de vista distintos del suyo; es obstinado, parsimonioso, meticuloso y perfeccionista. Todo esto, junto con su enorme tendencia a la intelectualización, lo lleva constantemente a enfrascarse en discusiones interminables con el propósito de tener la razón.

Si bien muchos de estos rasgos de carácter son positivos para lograr el éxito en la vida, cuando se llevan al extremo es porque inconscientemente el temor a ser controlado es enorme y, por ende, surge en este ser humano la imperiosa necesidad de ejercer control sobre sí mismo, sobre los demás y sobre el mundo que lo rodea. De lo contrario, la vulnerabilidad lo lleva al otro extremo, a la falta total de control, situación que resulta insoportablemente aterradora y humillante.

Justo por esto, para una persona así, enamorarse significa inconscientemente la realización de su peor pesadilla: perder el control y ser controlado por el ser amado.

En caso de que lograra enamorarse, experimentará su necesidad y deseo del otro como comprobaciones inconscientes de que ha perdido el control y ha sido atrapado, por lo cual vive resentido con su pareja, a quien constantemente devalúa y critica, y con quien de manera cotidiana entabla una lucha de poder desgastante. Por consiguiente, aunque puede comprometerse en lo formal, le es muy difícil lograrlo en el aspecto emocional; es tacaño para dar afecto, retiene sus emociones para sentir que no pierde el control y su intolerancia llega a niveles extremos, demandando que su pareja sea perfecta y denigrándola hasta provocar que lo odie. ¿Cómo sería una relación en la que ambos fueran así? Viene a la mente la película titulada *La guerra de los Roses*...

Un obsesivo-compulsivo, como lo es la persona a quien aquí definimos, puede entonces escoger a alguien que también lo sea, para sentirse a salvo, ya que así queda garantizado que siempre habrá una lucha de poder que hará imposible enamorarse. También podría escoger a una pareja con muchas cualidades sociales y/o físicas, pero con aspectos para él insoportables, tales como el desorden o la impuntualidad; el propósito es pelear constantemente y así evitar el riesgo de enamorarse.

Otra opción sería escoger a una persona que necesite ser rescatada y sea frágil en los aspectos emocional, intelectual o social, con una necesidad enorme de depender; así podrá ejercer el control de la relación con mucha facilidad, lo cual resulta ser, inconscientemente, un alivio.

Con la pareja que escoja, la sexualidad será rutinaria, mecánica, aburrida y poco espontánea, además de que la usará como un escenario que sirva para ponerse y poner al otro a prueba. De esta forma, las relaciones sexuales se convierten en un campo de batalla donde se busca ejercer control, dominio y sometimiento.

De lo anterior concluimos que el miedo a ser controlado constituye una defensa en contra del amor.

Necesidad de sufrir y compulsión a torturar

Cuando se usa el sufrimiento como defensa para no enamorarse, inconscientemente se buscan parejas abusivas y sádicas que lo brinden en dosis elevadas.

La teoría psicoanalítica define que alguien es masoquista cuando alberga deseos amorosos intensos hacia un tirano y cuando el maltrato le produce placer. De manera consciente o inconsciente, la víctima se siente valiosa por haber sido "elegida" y, por consiguiente, deseada y necesitada por un sádico al que desde el principio justificó e idealizó.

El masoquista considera "normal" sufrir como forma de pagar el precio para conservar ese estatus de "elegido" por alguien que parece necesitarle tanto pues, de no ser así, no se tomaría la molestia de lastimarlo consistentemente.

El sádico usa el placer que deriva de agredir como defensa activa ante cualquier oportunidad de enamorarse, ya que su agresión lo protege del terror de la vulnerabilidad y de perderse en brazos de un amor.

El "elegido" inconscientemente le regala su vida al agresor, y pone su destino y su futuro en sus manos. Lo convierte en el tema central de su vida sobre el cual borda obsesivamente sin parar, considerando que la vida sólo cobra sentido a partir de su relación con él; por eso le resulta muy difícil dejarlo, sin importar que la relación sea de una pésima calidad.

Necesita pensar —y de hecho se convence de ello— que es el responsable de la agresión desmedida de su tirana pareja, ya sea por lo que hizo o dejó de hacer; es decir, en su mente, siente que tiene el poder casi mágico de cambiar a este agresor, pero todavía no ha encontrado la fórmula secreta para hacerlo. Así, las conductas destructivas quedan justificadas y evita tener que confrontarse con la idea de abandonarlo.

El odio y el resentimiento que poco a poco surgen por someterse a un tirano se transforman, a nivel inconsciente, en una admiración ciega, para así justificar sistemáticamente la crueldad de la persona.

El masoquista sabe que el sádico deriva un gran placer de ser cruel, así que le da gusto poniéndose ante él como la persona sobre la cual puede descargar su agresión. El masoquista cree inconscientemente que así se convierte en alguien indispensable para el sádico, puesto que le da el placer de lastimarle en forma ilimitada.

Aquel que recurre al sufrimiento como defensa contra el enamoramiento tuvo padres fríos, distantes emocionalmente y en ocasiones crueles. Aprendió que sometiéndose, sufriendo e inspirando lástima lograba a veces extraer amor de ellos. Así, el sufrimiento se convirtió en una forma poderosa de seducción para movilizar la culpa de los padres lo suficiente hasta lograr que le otorgaran un poco de amor.

Inconscientemente, el niño en estas circunstancias hubo de justificar la crueldad de sus padres y de idealizarlos, ya que los necesitaba para sobrevivir. También tuvo que someterse a ellos, debido a que contraatacarlos no era una opción porque se quedaría sin estas figuras.

De tal manera, seducir sufriendo se convierte en un rasgo de personalidad que esta persona usará a lo largo de la vida en la dinámica de las relaciones amorosas, ya que cuando más sufre es cuando más logra que la quieran. De manera automática e inconsciente, traslada todo lo anterior a la pareja conflictiva que es idealizada de inmediato, pensando: "este hombre (o esta mujer) es tan maravilloso(a), que ya me enamoré". Confunde la idealización de este agresor con el enamoramiento. Como presupone que el sufrimiento es una condición indispensable para que alguien lo ame, desde el principio recibe su agresión y lo seduce con su sufrimiento para garantizar que tarde o temprano el tirano le dé muestras de afecto.

¿Por qué idealiza inconscientemente al agresor? Primero, para justificar seguir con él, ya que lo ha convertido en el centro de su vida. Segundo, para no confrontarse con esta desafortunada decisión ni con la enorme incapacidad para limitar la agresión de la que es objeto. Tercero, para no pensar en por qué tiene la necesidad de recibir tal agresión. Cuarto, para sentir que "eleva" su autoestima al considerarse importante y valioso por haber sido "elegido" por alguien tan aparentemente grandioso y maravilloso, al que a cambio le entrega su vida. Quinto, porque, en su fantasía, cree haberse convertido en indispensable para su pareja con la garantía concomitante de que ésta nunca lo abandonará; por ello, sufrir se convierte, en su inconsciente, en una fuente importante de placer.

Para el masoquista, sufrir y tener por quién sufrir se ha convertido también en una forma de defensa para no encontrar el amor que tanto desea pero al que tanto teme, porque no sabría cómo "amar" sin la presencia de un torturador.

A nivel consciente y en el día a día, la víctima se queja con mucho dolor, pero justifica la agresión de su tirano, con la esperanza de que su sufrimiento será compensado con un poco de amor. Mientras tanto, la crisis y el drama cotidiano le hacen sentir que lo más valioso que puede otorgar a su amado es su sufrimiento, al que confunde inconscientemente con amor. Le es difícil entender por qué ese sufrimiento-amor no seduce lo suficiente a su amado torturador como para detener su agresión.

Por su parte, al agresor le produce un enorme placer someter y sentir que tiene un control absoluto sobre otro ser humano, quien no está dispuesto a abandonarlo. Esto último lo hace sentirse menos malvado pues, haga lo que haga, lo siguen queriendo.

Pero la agresión desmedida es también una forma de pedir que le pongan límites, porque él no puede ponerlos ni entender cómo, a pesar de su pésima conducta, el amor de la otra persona por él perdura. Por ende, con su agresión suplica que lo abandonen, aterrorizado ante la posibilidad de enamorarse.

El sádico se identificó con su agresor inicial, alguno de sus padres o ambos. Desde pequeño logró sentir poder y control sobre los demás al aterrorizar con su agresión, de la cual también fue objeto. Por un lado, actuar la agresión como lo hacían sus padres lo hacía sentir que ellos lo querían y valoraban. Pero, por otro lado, la culpa consciente e inconsciente lo hacía sentir malvado y rechazable, así que tenía la necesidad consistente de comprobar una y otra vez que, a pesar de lo inapropiado de su conducta, los padres no lo abandonarían. Por esta razón, es enorme el placer que el torturador deriva al agredir. Denigrar al otro lo hace sentir aunque sea un poco valioso porque no lo abandonan.

Es tanto el permiso que recibe para lastimar, que sólo ante la probabilidad real de que su "víctima" lo abandone él cede a la seducción del sufrimiento de ella, para así aplacarla y crear en ella nuevamente la ilusión de que él la "ama". Así, ambos se pierden en esta fantasía: él "se siente enamorado" porque, no obstante su terrible conducta, no lo abandonaron, y le parece increíble que alguien pueda quererlo pues se sabe monstruoso.

Pero ese episodio de "enamoramiento" es fugaz, al ser ambos presas del pánico ante la cercanía emocional y la posibilidad real de enamorarse.

Dado lo anterior, en muy poco tiempo el tirano vuelve a lastimar para poner distancia con respecto al ser amado y sentirse así aliviado por no tener que acercarse más. La víctima, ante el dolor y la desilusión, recurre a justificarse y concluye que seguramente "él se puso así" por algo que ella hizo o dejó de hacer; convencida de que es su responsabilidad hacerlo feliz y no ha descubierto cómo hacerlo, asume la culpa. En consecuencia, siente que merece ser castigada. El sufrimiento vuelve a ser su defensa y su esperanza, porque sabe que, tarde o temprano, él volverá a ser invadido por el pánico, ahora ante la idea de que lo abandone, y se dejará seducir por ese sufrimiento que le comprueba que es querido.

El sufriente se queda resguardado en su sufrir y se protege así de la angustia que le provoca enamorarse de verdad porque le aterra el rechazo; sólo sabe cómo lograr amor pasajero seduciendo con su sufrimiento a un agresor tirano que siente el mismo pánico ante el amor. Para los dos, inconscientemente, enamorarse equivale a quedarse sin nada. El torturador, motivado por su impotencia emocional, necesita tener un control total sobre un ser indefenso que lo idolatre: es tal su incapacidad de amar que la única forma de acercamiento emocional que se permite es a través de ejercer un poder absoluto sobre otra persona a la que puede poseer como si fuera un objeto de su propiedad. Su sensación de poder emana del tener dominio sobre otra persona, a la cual no destruye por completo porque la necesita, pues sólo agrediéndola se siente vivo.

Depresión

El depresivo es incapaz de enamorarse debido a que siente y piensa que si se atreve a pedir lo que necesita en el aspecto emocional destruirá la relación.

Siente que al conceder importancia a sus necesidades emocionales enojará tanto al ser amado que éste terminará por abandonarlo. Por consiguiente, nada pide, para no correr el riesgo de quedarse solo. No se da cuenta de que lo que provoca con eso es que el ser amado busque a alguien que lo haga sentir que en verdad necesita su amor. Sin embargo, el depresivo se enoja porque quisiera que el objeto de su amor adivinara sus necesidades, y como no lo hace, termina odiándolo. Esta situación le causa culpa, siente que su odio destruye la relación. Entonces, opta por no pedir y vuelca el odio hacia sí mismo.

El depresivo está tan inmerso en sentirse abandonado que no puede interesarse por lo que lo rodea y por quienes forman parte de su vida. Su capacidad para amar está inhibida y siente que su valor como persona es bajo; de hecho, a veces quisiera recibir un gran castigo por considerarse tan poca cosa.

Conviene diferenciar a la persona crónicamente depresiva de aquella que está deprimida por estar de luto.

En la situación de luto la persona está inmersa en un sentimiento de vacío, tratando de resignarse ante la pérdida de un ser amado;

a la vez, está absorta en recuerdos, sintiendo una enorme tristeza por quien ya no está.

Un duelo normal concluye cuando la persona logra aceptar la vida sin ese ser querido; esto permite que se sienta libre para volver a amar, ya que el que se fue va perdiendo la preponderancia que antes tenía. Así, poco a poco, con el paso del tiempo, la tristeza disminuye a medida que se disipan la culpa y los pensamientos obsesivos acerca de lo que pudo o creyó poder hacer por el otro y no hizo. Quien resuelve su luto podrá volver a amar porque tuvo la capacidad emocional de encontrar un nuevo objeto de amor.

Pero hay personas que, al no poder aceptar la pérdida del ser amado, se refugian eternamente en su luto y lo usan como una defensa para no volver a amar. Idealizan al amor perdido y viven añorando lo que pudo ser y no fue.

Por otro lado, el depresivo crónico es el que vive deprimido y siente que vivir así es normal, que así es la vida. Siempre ha tenido una estima personal muy disminuida, su personalidad está empobrecida, cree que nada vale y que por eso nada merece. Presenta dificultades para dormir y/o para despertar, dificultades con la alimentación, con la concentración y la memoria, disminución o ausencia de energía vital, al igual que un empobrecimiento general de su personalidad e incapacidad para sentir placer.

Vive reprochándose todo, incluso su propia existencia. De modo inconsciente, esos reproches se dirigen a quien ama o a quien quisiera amar, por sentir que lo que le dan es poca cosa, y la agresión que de esto se desprende la dirige contra sí mismo sintiéndose perpetuamente triste y devaluado.

Al depresivo sólo le importa que lo quieran. No ama a la pareja por sus cualidades, su mayor preocupación estriba en si lo aman o no. Se culpa y se flagela porque no es amado tanto como quisiera ni de la forma en que quisiera. Tiene hambre de amor, sus demandas son insaciables, se aísla para que nadie se dé cuenta de cómo es y para no arriesgarse al rechazo; por lo tanto, es superficial. Se presenta ante los demás como cree que éstos quieren que sea. Inconscientemente piensa que su madre era distante por culpa de los propios defectos y demandas sin límite.

En resumen, es superficial con su pareja, ya que teme destruirla con sus demandas insaciables: concluye que al pedir amor destruye, y este temor le impide amar.

Busca como pareja a otro depresivo que tampoco le pedirá nada, ya que ambos vivirán aterrados de destruir la relación en caso de atreverse a mencionar sus necesidades emocionales. Se creen inadecuados y malas personas por necesitar amor.

Compulsión al aislamiento

La persona aislada, aunque presente físicamente, está ausente en el aspecto emocional. Se siente desconectada, extraña, desenfocada, desinteresada; para ella, nada tiene un significado importante y, a veces, hasta se siente muerta en vida. Todo esto podría confundirse con un cuadro depresivo, pero no es así.

El aislado es alguien que ya renunció a conectarse con los demás, a pesar de necesitarlos. Presenta un gran retraimiento emocional, sus relaciones con los demás están huecas, se siente vacío de sentimientos y de vitalidad. Aunque podría describirse a sí mismo como deprimido, no se trata de depresión, sino de un manejo de la angustia a través de convertirse en alguien inaccesible, casi inexistente para los demás, refugiado en el trabajo, o entregado a abstracciones, teorías y a todo lo que lo mantenga alejado de las relaciones humanas. Establece las relaciones indispensables.

En tanto que el depresivo teme que sus demandas destruyan la relación, el aislado cree inconscientemente que su necesidad de amor es destructiva, así que cancela sus relaciones. Se vuelve indiferente hacia los demás y demuestra cómo éstos le son indiferentes. El único lugar donde se siente vivo es en el mundo de sus fantasías, dentro del cual se relaciona con gente fantaseada, sintiéndose allí a salvo.

La persona aislada está hambrienta de amor y de comida, pero rechaza a ésta y a la gente. Se angustia terriblemente al sentir esa hambre.

Miedo a perder la libertad

La persona aislada, hambrienta por devorar, tiene la fantasía inconsciente de que los demás comparten la misma ansiedad por devorar y que, inevitablemente, el precio de relacionarse será perder su libertad y su identidad, ya que la invadirán y acabarán por succionarla. El aislamiento le asegura que sus angustias no se convertirán en realidad porque evita por completo cualquier cercanía emocional.

Si alguien que teme perder su independencia se permite entablar una relación, le ocurre que cuando se separa, aunque sea por un corto tiempo, se siente inseguro y perdido. Sin embargo, cuando se reúne con el ser amado siente que éste lo va a absorber y comienza a experimentar que pierde su individualidad. Ante esto, surge la necesidad de separarse de nuevo. Por eso algunos pasan la vida yendo de una relación a otra, de un matrimonio a otro, siempre necesitando amor y siempre temiendo quedar atados, secuestrados, privados de su libertad.

Este terror irracional de perder independencia se puede traducir en la búsqueda insaciable de una tercera persona, para así sentir que es capaz de conservar su independencia y de "liberarse" de la pareja secuestradora que lo ha despojado de su vida.

El miedo constante a perder la libertad es una defensa contra el amor, ya que odia a la pareja, a quien vive como si fuera un enemigo del cual tiene que defenderse porque su única intención es someter y controlar.

Actitud de "yo no necesito a nadie"

Ésta es una defensa caracterizada porque la persona parece estar afectivamente anestesiada, ya que no "padece" sentimiento alguno ni siente que necesita nada ni a nadie. La angustia ante la cercanía humana propició la construcción de una personalidad mecanizada, robotizada, que lo lleva a funcionar más como sistema que como persona, pareciendo un instrumento disciplinado que cumple haciendo las cosas necesarias de una manera correcta. Ayuda a la gente pero jamás se involucra emocionalmente. Cumplir es el tema de su vida, y su vida es una rutina donde no cabe nadie, no hay tiempo para nadie. Esa rutina es una protección activa contra el amor.

Narcisismo

La mayor preocupación del narcisista es amarse a sí mismo. Tiene una enorme necesidad de sentirse perfecto, y si no le parece que la otra persona es un reflejo perfecto de él, la desecha.

Es decir, no ve a los demás, es como si sólo viera sus sombras. Si no puede vivirlos como seres independientes, sino únicamente como extensiones de su persona, ¿cómo puede amar a otro al que ni siquiera ve?

Aterrado por tener que necesitar a alguien, se ocupa en devaluar a los demás creyendo que nadie tiene nada bueno que ofrecerle; concluye que por fortuna no necesita de gente que es tan poca cosa, para la cual no tiene tolerancia.

El tema de su vida es él, las conversaciones tienen que ser acerca de él. Requiere constante adulación, confundiendo la idolatría con amor. No establece empatía con nadie, jamás piensa en cómo se siente la otra persona y, por lo tanto, no tiene consideración alguna hacia las necesidades emocionales de nadie. Sólo disfruta cuando es admirado y se aburre cuando los reflectores no están puestos en él y no está rodeado de admiradores. Idealiza a quienes quisiera que lo fueran y desprecia a quienes no lo son.

En lo superficial parece encantador, pero se siente con el derecho natural de controlar, poseer y explotar a los demás sin sentirse culpable.

Su vida emocional está vacía y le aterra la posibilidad de depender emocionalmente de alguien, debido a su enorme desconfianza y desdén por los demás. Su grandiosidad y su egocentrismo constituyen una defensa ante el pánico a reconocer su enorme vulnerabilidad, su inferioridad, y su incapacidad para dar y recibir amor. Su fantasía inconsciente es que se haga realidad su peor pesadilla: que al estar vulnerable y expuesto alguien descubra sus imperfecciones, su inseguridad y sus sentimientos de inferioridad.

De niño fue usado como trofeo por los padres, quienes se adornaban con los éxitos de su hijo, momentos en los que le mostraban afecto y aceptación. Cuando terminaba el episodio en el que el hijo hacía sentir grandiosos a los padres, éstos se tornaban fríos, indiferentes y lejanos, mostrando rechazo. Y esto es precisamente lo que el narcisista hace con sus parejas.

El narcisista tiene el convencimiento absoluto de que su pareja lo usará como lo usaron sus padres, de modo que hace lo mismo que le hicieron: usa a sus parejas como trofeos y cuando dejan de darle gloria, sin más ni más, las desecha sin remordimiento alguno.

El narcisista, que suele sentirse consumido por la envidia hacia los que tienen felicidad y fama, divide al mundo en dos grupos: el de los ricos y famosos que están llenos de gloria, y el de los despreciables y mediocres que nada valen. Pensar que exista la posibilidad de pertenecer a este último grupo le horroriza.

También le aterra la idea de necesitar el amor de alguien, porque esta dependencia implica odiar, envidiar, exponerse al peligro de su explotadora pareja, ya que piensa que sin lugar a dudas será usado, rechazado y finalmente desechado por ésta.

Por ende, opta por colocarse en posiciones importantes en los aspectos social o público o se convierte en líder de alguna institución para rodearse de admiradores que, una vez "exprimidos", pasan a ser objeto de su explotación. Ahora bien, si estos admiradores llegan a manifestar su deseo de dejarlo, lo ofenden.

Por eso el narciso siempre está en busca de admiradores nuevos, lo cual explica su infidelidad crónica. Un narcisista no puede amar a nadie.

Envidia

La envidia es un sentimiento humano y todos la hemos sentido de una u otra forma. Se puede tener envidia "de la buena", que es cuando nos sentimos felices de que alguien tenga algo que deseamos pero que no tenemos. Pero si una persona es inherentemente envidiosa, es decir, si la envidia es el tema de su vida, es porque a nivel inconsciente odia sentir que necesita a los demás. Cuando ve que otra persona tiene algo de lo que él carece, en seguida es invadido por el odio, y procede a denigrarla y a devaluarla. El envidioso no tolera ver cualidades en los demás, no tolera no poder tenerlo todo, siempre siente que le falta más, que nada es suficiente y que lo que tiene es poco. Inconscientemente se siente poca cosa.

Su preocupación más importante gira alrededor de por qué no tiene lo que los demás sí tienen. Vive carcomido por su envidia, la cual hace extensiva a su pareja.

Cuando las carencias emocionales son enormes, la envidia se vuelve el tema de la vida, y cuando el inherentemente envidioso establece una relación de amor, ésta se convierte en una pesadilla porque odiará a su pareja por todo lo que ésta tuvo y tiene y él no tuvo ni tiene (incluidos el nivel socioeconómico, el tipo de familia de origen, las oportunidades en la vida, el nivel educativo, las capacidades intelectuales y emocionales, los atributos físicos, entre otros factores).

Muchas veces la envidia se vive a nivel inconsciente, ya que de otra manera resulta horrible sentirse y verse tan monstruosamente envidioso. Y es esta envidia la que protege a quien la experimenta de sentir amor.

Cuando la envidia es desmedida e incontrolable, el envidioso huye para proteger a la pareja de su agresión, razón por la que muchos de ellos son infieles.

Búsqueda compulsiva de la pareja perfecta

Hay quienes presentan una absoluta intolerancia hacia sus parejas cuando éstas tienen problemas personales o manifiestan alguna debilidad o defecto. Esto es grave, porque nadie está libre de defectos, debilidades o conflictos.

El buscador compulsivo comienza sus relaciones con enormes expectativas, idealizando de manera importante a su pareja, en la que, de manera inconsciente y compulsiva, busca la figura de los padres idealizados que hubiera querido tener pero que no tuvo, ya que ningún padre es perfecto. Sueña con encontrar a los padres perfectos en una pareja perfecta y este sueño es lo que le da sentido a su vida; por ende, busca incansablemente.

Esta idealización tan irracional que hace tanto de los padres como de la pareja es, en el fondo, una defensa para no comprobar el insoportable temor inconsciente de que ambos podrían resultar ser monstruosos. Por eso no tolera imperfección alguna en su pareja, ya que de tenerla, ésta se convierte en el monstruo temido, decepcionándolo profundamente y despertando las decepciones que vivió en la infancia con sus padres.

La decepción ante la imperfección es de tal magnitud que recurre a denigrar a la pareja sin piedad, olvidándose de todas las cosas que en un principio le encantaron de ella. Este profundo coraje lo lleva a desechar a esa pareja para iniciar en seguida la búsqueda de la siguiente. El volver a crear una nueva idealización le da la esperanza de que el amor y la felicidad perfectos existen.

Esta búsqueda compulsiva de la pareja perfecta es una defensa para evitar una relación de amor con un ser humano real, con todas sus virtudes y sus defectos.

Conclusión

Estamos acostumbrados a responsabilizar de nuestra carencia de amor al ambiente narcisista e impersonal en que vivimos. Al hacerlo, damos por sentado que tenemos que resignarnos a una vida sin amor. Sin embargo, espero haber mostrado a través de las definiciones de la ciencia del psicoanálisis, dedicada al estudio sistemático del funcionamiento y los contenidos del inconsciente, que es posible descubrir aquellos temores internos que motivan conductas que matan el amor. Esto nos otorga la posibilidad de cambiar patrones viciados que se apoderan de nuestra vida amorosa, y por ende, de cambiar nuestra historia.

Es decir, el conocimiento personal por medio del psicoanálisis nos libera de sentirnos víctimas y rehenes del mundo externo.

Así, una historia de fracasos amorosos o una vida desprovista de amor puede cambiar dentro de una psicoterapia psicoanalíticamente orientada a hacer conscientes esos rasgos de carácter inconscientes que sabotean nuestros intentos de amar, que provocan una mala elección de pareja y nos hacen actuar de tal forma que sofocamos una pasión amorosa para quedarnos sin nada.

13. Veo pero no veo

CON LA COLABORACIÓN DE RAYMUNDO MORADO

Conocí a Raymundo Morado y quedé impresionada. Encontrar en estos días a un buen filósofo de profesión que además imparta cursos para desarrollar nuestra capacidad de pensar no es fácil. Recuerdo que analizaba cuán fundamental es el acto de pensar para tomar decisiones y cómo influye en nuestra vida de manera tangente. Sin embargo, son pocos los que piensan, los que desarrollan la capacidad de utilizar la lógica para aminorar, como él dice, los golpes y "las sorpresas". Se trata de mejorar la racionalidad; aprender a valorar no un solo escenario probable sino los múltiples a los que puedes verte expuesto si tomas el camino *A* o *B*. Pensar tiene que ver con razonamiento y con solución de problemas. Es la posibilidad de acceder a nuevas verdades, nuevas formas que sustituyan a las anteriores. Es interesante saber sobre la elaboración del pensamiento porque se ha demostrado que la manipulación de los conceptos en una persona, por ejemplo, proviene de la relación inmediata que ésta haga del concepto y el efecto emocional, y no del concepto y el concepto mismo.

En el caso de algunas personas, el ensayo y error no expande su experiencia, justamente para no repetir patrones de conducta; por el contrario, el ingreso constante de las emociones ante algo que sucede, que es real, obstaculiza su forma de pensar.

Si pudiera explicar este proceso con sencillez, diría que en la mente pensamos, elaboramos con base en los conocimientos obtenidos a lo largo de la vida. Lo que sabemos, lo que hemos leído, lo que nos alimenta intelectualmente, como nuestra base de datos. En la parte emocional sentimos, elaboramos la tristeza, la ira, el rencor, por ejemplo, y en múltiples ocasiones confundimos una zona con otra. Imaginemos a una persona discutir desde su parte intelectual, fundamentándose en lo que cree y sabe, con otra que discute desde su parte emocional, exponiendo sólo lo que siente. La comunicación entre ambas sería un caos.

El pensamiento es el procesamiento de la información para resolver problemas y una de las estrategias para buscar estas soluciones es a través del razonamiento lógico. Es importante entender que nuestro pensamiento se desarrolla en un ambiente de percepciones, de memoria y de influencias culturales. Esto quiere decir que no todas las culturas presentan la misma lógica de pensamiento, es decir, no todas están igualmente preparadas o al unísono para responder de determinada forma ante un concepto o, más allá, un suceso. De ahí se desprende la inteligencia, que es un proceso de conocimiento e interiorización de la realidad.

Si bien caemos una y otra vez en la misma situación lastimosa o, por ejemplo, continuamos relacionándonos con personas que nos maltratan, no encontraremos la solución desde la emoción de lo que eso significa; es desde la inteligencia donde hallaremos los procesos necesarios para lograr una respuesta acertada que nos beneficie y no nos victime. Podemos buscar en el cajón de la lógica o hurgar en el cajón de la búsqueda a ciegas. En este último cabe la pregunta: ¿Por qué ocurre lo que ocurre? ¡Quién sabe! Pero sucede. El cajón funge, por llamarlo de alguna manera, como un depositario de fe en el que la respuesta reside en la sencilla explicación: "porque me tocó", sin pasar por un proceso lógico para entender por qué te tocó.

Es ahí donde, a partir de su conocimiento, Raymundo aborda la explicación del tema de este capítulo, llamado "Veo pero no veo". Y en un juego de palabras entraría el enigma siguiente: ¿vemos pero no queremos ver porque no nos conviene? ¿No vemos porque no hemos desarrollado la posibilidad de pensar en diferentes escenarios que, a su vez, nos llevan a diferentes escenarios, y, por el contrario, terminamos "casi siempre" en la misma conclusión? ¿Vemos pero reiteramos las mismas formas de conducta porque no conocemos otras?... Muchas preguntas surgen de este juego de palabras del cual, sin duda, no hay otra forma de salir que usando nuestro conocimiento y no mezclando éste con nuestra parte emocional.

Como señala Raymundo: hay que ser capaz de ver muchas alternativas. La lógica es la ciencia de las posibilidades, no del pensamiento rígido y único.

El riesgo de vivir

El sufrimiento que brota de esta fuente [de las demás personas] lo encontramos tal vez más doloroso que cualquier otro.

SIGMUND FREUD

Todos estamos expuestos: al medio ambiente adverso, al cuerpo que nos traiciona, al infierno que pueden ser los otros. Pero el mundo puede también ser bello, el cuerpo puede ser una oportunidad de gozo, y los demás, fuentes de amistad y cooperación. Es difícil leer los dramáticos testimonios presentados en este libro sin preguntarnos: ¿Cuán expuestos estamos nosotros mismos a situaciones similares? ¿Están a salvo nuestros seres queridos? ¿Hay algo que podamos hacer para prepararnos, para prever, para aminorar los golpes y maximizar la dicha?

Por supuesto, hay mucho que podemos hacer y multitud de consejos por seguir, desde mejorar la nutrición, practicar medicina preventiva y ahorrar para el futuro incierto, hasta concluir nuestra educación, evitar a las personas dañinas y comprar un seguro médico. Muchos libros, personas y fuentes nos hablan de cómo prepararnos para situaciones extrañas, adversas, incluso extremas y potencialmente fatales. Y vivimos en un mundo donde nos han ocurrido, o conocemos a alguien a quien le han ocurrido, cosas terribles.

La amenaza del dolor nos ayuda a entender desde la religión budista hasta la ingeniería genética. Decía Freud que hay tres fuentes de dolor: nuestro propio cuerpo, la naturaleza exterior y las relaciones sociales. (La fuente de mayor dolor, continuaba, son las relaciones con otros seres humanos.) Es por ello natural intentar prevenir esos tres tipos de dolores.

Sin embargo, nuestras fuerzas son siempre escasas. Aunque intentemos prevenir dolores corporales, incluso los multimillonarios van a morir. Podemos hacer ejercicio y comer bien, pero todavía no hay protección segura contra el Alzheimer, muchos cánceres o el dengue. Sabemos de la brutalidad con la que la naturaleza puede golpearnos. Quienes piensan en la naturaleza como una madre tierna olvidan o desconocen cómo es la vida en la sierra tarahumara y en la selva lacandona. La naturaleza nos regala huracanes, temblores e incendios. Además, tenemos que soportar a los otros ciudadanos, los familiares molestos, las autoridades corruptas y los amigos ingratos. No es de sorprender que pensar nos atemorice.

¿Por qué no pensamos en las consecuencias antes de actuar? No existe una sola respuesta. Hay causas psicológicas, sociales, fisiológicas, entre otras, que provocan que no razonemos como nos convendría. Entre todas estas causas, destacan tres miedos importantes.

Para prever riesgos y, en general, conducir nuestra vida de manera adecuada, necesitamos recabar información, considerar las alternativas y tomar decisiones. Pero cada una de esas cosas trae aparejado un miedo. Tenemos miedo a preguntar y quedar mal, a que piensen que somos muy ignorantes. Tenemos miedo a ver otras alternativas porque a veces son muy dolorosas o muy tristes, pero debemos reconocerlas como opciones, a pesar de su carácter desagradable. Otro miedo es el que nos despierta tomar una decisión, lo cual puede ser una responsabilidad avasalladora.

Estos tres miedos bloquean nuestra capacidad de pensar. Por fortuna, una buena ayuda contra ellos es la lógica. A medida que clarificamos algo y vemos qué es lo que está ocurriendo, el miedo decrece. A la luz del día las cosas son menos temibles que en la oscuridad.

La lógica ayuda a perder un poco el miedo a que nos consideren ignorantes, a enfrentar alternativas desagradables o a tomar decisiones que impliquen una responsabilidad enorme.

La vida sin razón

> No quiero comprender un poco.
> No quiero tener razón.
> *Antigone*, JEAN ANOUILH

A veces vamos derecho al desastre. A veces nos acompaña un amigo, a veces todo un país. Y cuando la vida nos toma por sorpresa, nos preguntamos por qué no vimos el enorme y obvio precipicio hacia el que tan alegremente caminábamos. Pudo haber sido por un orgulloso desafío como el de la Antígona de Anouilh, que acepta pagar el precio de sus nobles ideales. Más a menudo es simplemente porque nos hemos acostumbrado a no pensar.

Nos lastimamos al pensar porque estamos mal entrenados para hacerlo. Una mala educación puede instalarnos en una mecánica de pensar lo mínimo posible. Pensar poco es más económico y evita problemas, aunque al mismo tiempo nos gustaría pensar y tomar buenas decisiones, resolver problemas en nuestra familia, nuestra salud, nuestra comunidad. Oscilamos entre la tentación de no pensar y un constante deseo de llegar a los resultados correctos.

Pensar implica muchas cosas y por ello nunca pensamos completamente ni dejamos de pensar completamente. Por ejemplo, una parte importante de pensar es la curiosidad. Los seres humanos sentimos una enorme curiosidad. Nos interesa enterarnos de lo que sucede. Nuestro interés no es universal, algunas cosas nos aburren, pero siempre hay algo que nos interesa. Por ello, lo primero sobre lo que hay que construir es sobre la curiosidad. Sin una buena enseñanza que nos dé información adecuada y pertinente, las personas no tienen las bases sobre las cuales pensar. Y, para empeorar el asunto, a menudo se nos esconden elementos cruciales de información para que no pensemos. Hay toda una cultura de ocultamiento de la información y, al mismo tiempo, un enorme deseo de enterarnos de lo que ocurre. Terminamos con un panorama gris, de rumores y de medio saber que no permite tomar buenas decisiones.

Necesitamos tener mayores apoyos en la escuela para encontrar la información que requerimos y para saber cómo usarla, ya que, una vez que contamos con ella (en los afortunados casos en que llegamos a tenerla), debemos procesarla. No se nos enseñan las técnicas y los buenos hábitos para pensar bien. Por ejemplo, a veces usamos frases como: "Todas las mujeres son empáticas" o "Todos los políticos mienten". Aun sin decirlo, vivimos bajo estas generalizaciones.

Por ello es importante preguntarnos qué excepciones hay, qué casos no siguen la regla. En los aspectos importantes de la vida, cuando vayamos a tomar una decisión crucial, será útil preguntarnos si hemos visto todos los casos o si estamos generalizando demasiado. Debemos cuidar lo que técnicamente llamamos "cuantificadores": ¿cuántos? ¿Todos o sólo algunos? Por lo menos debemos preguntarnos constantemente: ¿siempre?, ¿nunca?, ¿todos?, ¿ninguno?, ¿jamás? Cada vez que se nos presenten cuantificadores de este tipo, es bueno hacer el ejercicio de preguntar objetivamente si estamos pensando en todos los casos o si pasamos por alto excepciones que son importantes para tomar una decisión.

El término técnico con el que se denomina a la información es *premisas*. Se trata sencillamente de la base de información sobre la que trabajamos. Pero no queremos nada más ese montón de datos. Queremos sacar conclusiones, algo que pueda ser útil o importante. Para este fin, con frecuencia formulamos argumentos y razonamientos de manera automática. Decir "no me gusta usar la lógica" es como decir "a mí no me gusta respirar". Pensar no es opcional. Tomamos decisiones hasta cuando decidimos no decidir. Siempre estamos obligados a dirigir nuestra vida o a decidir que otros la dirijan.

Es crucial el acceso a la información. Si queremos controlar a un pueblo, lo lograremos al dificultar a sus habitantes que vayan a la universidad, porque el conocimiento es poder. Para que no tengan poder, les prohibiremos el acceso a la información. Para una buena educación es fundamental que nos enteremos, que oigamos la radio, que leamos revistas, que tomemos cursos. Hay muchos cursos para todas las edades en los que podemos completar gradualmente nuestra información. Aprender no es cosa sólo de la escuela, sino de toda la vida. Siempre podemos aprender algo nuevo.

No se trata de que busquemos amasar poder, sino de ser gente con poder, capaz de vivir mejor y de resolver problemas. Y una buena educación en lógica es una enorme herramienta para aumentar nuestro poder de pensar y tomar decisiones.

Pero la mayoría de las formas de educación en todo el mundo, hay que confesarlo, son muy malas para enseñar lógica. Hay lugares donde los niños empiezan a aprender lógica desde la primaria, pero esto no es general. Algunos estados en México lo están implantando, como el Estado de México o Chiapas, pero todavía nos falta mucho apoyo y mucho desarrollo. Falta gente preparada para enseñar a otros a pensar.

¿Qué es lo que aprenderíamos? Una de las cosas que se hacen en los buenos cursos de lógica es aclarar de qué estamos hablando. Si va a ser nuestra felicidad lo que esté en juego, entonces necesitamos entender qué es la felicidad para nosotros. No para otras personas o para sabios famosos, sino para nosotros. ¿Qué es la felicidad? ¿Qué es una buena familia, una vida buena, una sociedad que funcione correctamente? ¿Qué significa eso para nosotros? Y aquí no podemos ir al diccionario porque el diccionario no sabe lo que nosotros pensamos.

Probable mata a posible

En la evaluación de las probabilidades juega un papel
importante cuán imaginable es algo.

Judgment under Uncertainty,
AMOS TVERSKY y DANIEL KAHNEMAN

Uno de los principales secretos de la vida buena es no jugar a las posibilidades sino jugar a las probabilidades. Si nos limitamos a pensar en
lo que puede ser, dejaremos todo nuestro dinero sobre la mesa de ruleta, toda nuestra paciencia esperando que nuestra pareja deje de beber
o toda nuestra economía en las manos de un político que nos prome-
te la luna y las estrellas.

Las posibilidades son tan posibles unas como las otras, aunque no
tan probables unas como las otras. Ciertamente, podríamos ganar a
la ruleta; es una posibilidad. Pero al pensar así ya no consideramos
lo que es probable que ocurra, sino lo que es posible. Las posibilidades matan.

La prudencia aconseja no sólo comparar cuál alternativa es mejor,
sino también sopesar cuán probable es que esa alternativa ocurra. De
poco sirve una gran bolsa en la lotería si es algo que ocurre una vez en
un millón. En cambio, no es tan malo tomar un avión si la probabilidad de una catástrofe es mayor en la carretera.

La pregunta no es cuán posible es algo, hay que preguntarnos
cuán probable es que ocurra. No basta, pues, pensar en lo que puede ser; debemos pensar también en cuán plausible es que algo sea.
Y entonces decidir, combinando nuestros deseos, nuestra inteligencia y nuestro conocimiento del mundo, que no viene en dos sabores
exclusivamente.

Por desgracia, los seres humanos somos notoriamente malos a la hora de juzgar probabilidades. Tenemos problemas al combinar probabilidades, al estimar la probabilidad de un hecho conjunto, incluso cuando
los hechos que lo componen son mutuamente independientes. Pensar
en posibilidades (o en lo que imaginamos que es posible) es más sencillo, y también más irresponsable.

La opción que no examinamos

> ...buscar y saber reconocer quién y qué cosa, en medio del infierno, no es infierno, y hacerlo durar, y darle espacio.
>
> *Le città invisibili*, ITALO CALVINO

La lógica es la ciencia de lo necesario, y por ello tiene que revisar todas las posibilidades, todas las alternativas, sin omitir ninguna. A diferencia de otras disciplinas en las que sólo tenemos que pensar en lo que es posible en los aspectos histórico, político o físico, la lógica tiene que examinar absolutamente todas las opciones. Pero pensar tanto es difícil. Resulta tentador no hacerlo.

Una manera muy común de pensar menos es pensar desde una óptica simplista. Por ejemplo, viéndolo todo como totalmente bueno o totalmente malo, de manera "maniquea". Los maniqueos somos personas con pensamientos incompletos. Nos falta la imaginación y la creatividad necesarias para ser buenos lógicos. Todo lo vemos en términos de sí o no, blanco o negro, conmigo o contra mí. Los maniqueos pensamos que los opuestos excluyentes y contrarios son las únicas opciones. Nuestros dilemas son pobres, y nuestras dicotomías, todo lo que conocemos de la realidad.

A veces es muy difícil no ser maniqueo. Pero la vida no es blanco/negro; la vida es compleja y nuestro pensamiento debe hacer honor a esa complejidad. Entre el todo y la nada hay una enorme gama de grises, gradaciones, sutilezas que debemos reconocer y manejar. No es que todo sea lo mismo y no haya diferencias. Es que hay más de dos diferencias. Irse a los extremos es atractivo, pero la vida es más compleja e interesante.

Hay que ser capaz de ver muchas alternativas. La lógica es la ciencia de las posibilidades, no del pensamiento rígido y único. La lógica es aprender que hay muchas formas diferentes de solucionar los problemas.

No se trata de seguir recetas. La lógica no nos mete en una sola manera de pensar. Lo que un curso de lógica busca es que los alumnos se den cuenta de que hay muchas maneras diferentes de ver las cosas. Cada uno tiene que encontrar su propio camino, pues a veces lo que le sirve a nuestro vecino no nos sirve a nosotros, nuestros hijos o nuestro trabajo.

El arte de vivir es no encallar en la única inflexible posibilidad, sino descubrir dentro de lo malo lo no tan malo, dentro del desastre nacional las posibilidades de nuevos inicios. Aunque no es todo ni es nada, puede ser suficiente.

El riesgo de pensar

> Así, la conciencia nos acobarda a todos, y el matiz original de la decisión se desvanece con el pálido toque del pensamiento.
>
> *Hamlet*, WILLIAM SHAKESPEARE

Entonces, ¿por qué no pensamos? A veces por miedo al dolor del ridículo, a encarar alternativas, a contraer la responsabilidad de decidir. A veces por falta de información o entrenamiento. A veces porque confundimos posibilidades con probabilidades, o porque no vemos alternativas más ricas y variadas.

¿Cuál es la solución? No es una solución sino muchas, que exigen el trabajo de muchas personas en muchos frentes. Una de las herramientas podrá ser promover mejores cursos de lógica y habilidades de pensamiento, de razonamiento crítico y método científico, de análisis y creatividad.

La solución, a fin de cuentas, es prepararnos mejor para las amenazas de la vida y también para sus maravillosas e inesperadas oportunidades de felicidad.

14. ¿Quién fue?... el gallo copetón

CON LA COLABORACIÓN DE JORGE BUCAY

Este capítulo lo titulé así pensando en el "juego de pipis y gañas, a qué jugaremos, la mano cortada, quién la cortó, el rey o la reina o fue el gallo copetón"... ¿te acuerdas? Ese juego siempre me ha hecho reflexionar sobre la culpa porque aquel al que le toca el pellizco final en la mano es quien carga con la culpa de la mano cortada. Es curioso, pero así es la vida, encontrar culpables o sentirse culpable parece un juego frecuente.

El sentimiento de culpa es uno de los más destructivos que podemos experimentar los seres humanos. Consciente o no, tiene consecuencias, y la más profunda es el autoflagelo. Si bien entendemos que es de humanos errar, hay personas que son educadas para no equivocarse o pagar fuertemente la consecuencia de hacerlo. El sentimiento de culpa no ayuda a crecer.

Ahora bien, ese sentimiento de culpa tiene una parte sana, a la cual llegaremos si aprendemos que hay otros caminos y otras oportunidades para rectificar, enmendar o corregir el error. Pero si nos quedamos repitiendo una y otra vez que hicimos algo mal o cómo fue que lo hicimos, únicamente nos flagelaremos pensando que no podemos lograr algo mejor y que cargar la cruz de la culpa es un merecido castigo impuesto por nosotros mismos.

La mente es muy poderosa, y en ella construimos un espejo que refleja lo que creemos que somos o podemos hacer. Si la culpa nos invade, nos debilita y nos impide ver lo que realmente somos capaces de mejorar o perfeccionar, afrontarlo y sobre todo solucionarlo. Si supiéramos que no podemos reparar algo ¡nos trastornaríamos en el aspecto emocional! El perdón, la comprensión y la compasión son sentimientos y actos que pueden ayudarnos a reducir al mínimo la culpa, así como a trabajar positivamente con ella.

Por lo común, la vergüenza que sentimos al hacer algo mal nos orilla a reparar los daños y no caer en la depresión, la ansiedad y el castigo constante al que nos sometemos, convencidos de que nada podemos hacer para corregirlo.

Dejando a un lado al culpable en el sentido legal, hay muchos motivos por los que podemos dejarnos dominar por este sentimiento: cuando traicionamos, cuando comemos demasiado, cuando estamos ausentes, cuando pedimos ayuda o cuando decimos no. La culpa nos envuelve porque estamos educados para quedar bien con el otro y no con nosotros mismos. Si hiciéramos el ejercicio de ser realmente lo que queremos ser sin culpas, viviríamos mejor, con mayor plenitud y de una forma más honesta, porque no cumplir con las expectativas de los demás nos lleva a sentir más culpa que no cumplir con las propias. Parece más fácil romper nuestras promesas internas que romper las que involucran a alguien más. Pero ¿hay mayor traición que traicionarse a uno mismo? El mundo no se disfruta complaciendo a otros, se disfruta desde la autoestima que nos permite compartir y coincidir con ellos.

Si vemos a la culpa, considerada nuestra enemiga, como una gran oportunidad para crecer, para conocer qué queremos y qué no queremos, para darnos un lugar preponderante ante cualquier decisión, esa enemiga se convertirá en una aliada en la identificación de nuestros propios límites. Hoy es una buena oportunidad para dejar de culpar y de sentir culpa. No hay pretexto alguno que avale ese sentimiento estancado y no resuelto. Enfrentemos y liberémonos de la culpa, todos merecemos una segunda oportunidad.

"La culpa, las lamentaciones, el resentimiento, las quejas, la tristeza, la amargura y todas las formas de falta de perdón son causadas por exceso de pasado y falta de presencia. La mayoría de las personas encuentran difícil creer que es posible un estado de conciencia totalmente libre de negatividad", escribe Eckhart Tolle en su libro *El poder del ahora*.

El diccionario define la palabra *culpa* como "un sentimiento de responsabilidad o remordimiento por alguna ofensa, crimen o equivocación, ya sea éste real o imaginario". La culpa es esa parte de la conciencia humana que nos confronta y nos condena por ciertas acciones y pensamientos. Es una de las emociones más complicadas de la condición humana. Por eso pedí a Jorge Bucay, escritor de libros importantes sobre el análisis de la conducta humana, que colaborara con su punto de vista en relación con este tema. A continuación presento su opinión.

La culpa

Casi todos conocemos, por experiencia propia, cómo se siente la culpa, y no pocas veces nos preguntamos qué significa esta horrible sensación. ¿Es un reflejo condicionado por la educación? ¿Un pensamiento? ¿Un sentimiento?

Todo parece indicar que no se trata de un verdadero sentimiento, sino de una respuesta condicionada por la educación. Un subproducto antinatural inventado por nosotros y los que nos precedieron.

Pero ¿por qué es la educación tan afecta a generar culpas?

Quizá sea cierto que si no sintiéramos culpa, todos seríamos psicópatas, autoritarios, criminales y antisociales.

Quizá la culpa sea una especie de bozal para evitar que nos mordamos los unos a los otros.

Sin embargo, creo que no es así. En todo caso, casi todos estamos más o menos convencidos de que no es el temor a sentirnos culpables lo que nos impide cometer un asesinato o lastimar al prójimo. Si la metáfora del bozal fuera acertada, la culpa resultaría ser un bozal que se le pone sólo a los perros que no muerden.

Seguramente junto con su hermano de nacimiento, el miedo, la culpa es el símbolo emblemático de nuestras neurosis más cotidianas. En lo personal opino, a diferencia de algunos prestigiosos colegas, que la culpa nada tiene de elogiable y en nada ha beneficiado a la humanidad. Más bien, ha dañado mucho a muchos individuos y con ello ha producido enormes pérdidas desde el punto de vista social.

Pero puedo entender por qué la hemos inventado. Si decidiéramos crear una nueva sociedad partiendo del preconcepto de un hombre esencialmente malo, dañino, cruel y destructivo, no tendríamos más remedio que desarrollar los mecanismos para controlarlo (la represión y el castigo) y también, por supuesto, los mecanismos para que se autocensure. A la cabeza de estos últimos está la culpa.

Sin embargo, si partiéramos de la idea de un ser humano esencialmente noble, generoso, amoroso, solidario y creativo, no habría necesidad de inculcar esa culpa ni de educar de manera represiva.

Entonces, está claro desde qué concepto del mundo y de la humanidad ha evolucionado nuestra cultura y también que, a partir de allí, la culpa sólo puede servir para hacernos entrar en conflicto, así como para volvernos más neuróticos y, por tanto, menos auténticos.

La secuencia del camino de la culpa es ésta:

- Hago (o dejo de hacer) algo, lo cual daña (o imagino que daña) a otro o a otros.
- Me hago cargo de haber defraudado al que esperaba otra cosa de mí (o imagino que él esperaba, porque en su lugar yo esperaría otra cosa de él).
- Me juzgo sin piedad (como juzgaría a otros en mi situación) y me encuentro culpable del daño producido porque podría haberlo evitado (o imagino que debería haber sido capaz de evitarlo).

Si se sigue este camino no es posible llegar a otro puerto más que al que implica condenarme a cargar con mi propio desprecio (como condenaría a otros en una situación equivalente).

Las conclusiones parecen obvias: en la medida en que todos y cada uno de nosotros empecemos a revisar nuestras propias exigencias, dejaremos de colocar a la crítica y la acusación en el afuera, aprenderemos a encontrarnos responsables y no culpables, aceptaremos que no somos infalibles y que al cometer errores a veces lastimamos a los otros. Así conquistaremos la posibilidad de perdonar y de perdonarnos. Y ése será el primer paso.

El segundo será, por fuerza, dejar de compadecernos del sufrimiento de los "pobres" llorosos que aparentemente llevan sobre sus hombros la eterna tortura de la culpa y del miedo a ser juzgados. Debemos aprender que demasiadas veces, detrás de la mayoría de ellos se esconde un ser autoritario y exigente que proyecta hacia sí mismo el propio dedo implacable con el que vive juzgando a los demás.

Entonces asumiremos sin temores una maravillosa realidad: que la culpa no es necesaria y se puede vivir sin ella.

15. Más conciencia, más control...

CON LA COLABORACIÓN DE DANIEL GOLEMAN

Daniel Goleman, autor de *Inteligencia emocional,* uno de los libros más vendidos en los últimos tiempos en el mundo, comparte en este capítulo algunos textos que nos permiten reflexionar sobre dos asuntos fundamentales en la vida humana: la autoconciencia y el autocontrol.

En una charla reciente que sostuve personalmente con Daniel comprendí que sus conclusiones sobre estos dos temas son muy valiosas y él las propone para este trabajo como una salida más hacia el conocimiento y la conciencia, de modo que no existan pretextos y evitemos decir ¡no la vi venir! ante una determinada situación.

Cuando comenté con Goleman el título de este libro, no hizo más que sonreír... "I didn't see it coming", le dije. "I have a lot to tell you about that, Fernanda" (Tengo mucho que decirte al respecto, Fernanda), contestó, y aquí comparto su valiosa aportación a este trabajo.

Autoconsciencia

La conciencia de uno mismo es el primer componente de la inteligencia emocional, lo que tiene sentido si recordamos que, miles de años atrás, el oráculo de Delfos aconsejaba: "conócete a ti mismo". La autoconsciencia significa tener un profundo entendimiento de nuestras emociones, fortalezas y debilidades, necesidades e impulsos.

Una persona con alto grado de autoconsciencia reconoce cómo sus sentimientos la afectan a sí misma y a otros. Asimismo, comprende el efecto de las situaciones en su temperamento y las razones profundas de sus frustraciones. Irá un paso más adelante y desplazará su furia hacia algo más constructivo.

La autoconsciencia se extiende al entendimiento que cada uno de nosotros tiene de sus valores y metas. Una persona muy autoconsciente sabe hacia dónde se dirige y por qué. Por su parte, alguien que carece de autoconsciencia está dispuesto a tomar decisiones que le traerán agitación interna pues pisotean sus valores. En contraste, las decisiones de la persona autoconsciente son acordes con sus valores.

¿Cómo podemos reconocer la autoconsciencia? La persona con alta autoconsciencia es capaz de hablar con apertura y precisión, aunque no necesariamente de manera efusiva, acerca de sus emociones y el efecto de éstas en su propio ser. Es franca al admitir sus fallas y las afronta con una sonrisa. Una de las marcas claras del autoconocimiento es un sentido del humor que la hace capaz de burlarse de sí misma.

El autoconsciente conoce sus fortalezas y sus debilidades y se siente cómodo al hablar de éstas; muchas veces tiene un afán por la crítica constructiva. Siente confianza en sí mismo y comprende a fondo sus capacidades. Es más propenso a pedir ayuda y menos propenso a fallar, por ejemplo, en situaciones difíciles de afrontar en la vida. Además, se adapta a las circunstancias.

Autocontrol

Los impulsos biológicos del autocontrol tienen que ver con muchas emociones. No podemos dejarlos a un lado, pero sí podemos hacer mucho por manejarlos. El autocontrol es como una conversación interna continua, es el componente de la inteligencia emocional que nos libera de ser prisioneros de nuestros sentimientos. Quienes están comprometidos con esta conversación sienten —como cualquiera— mal humor e impulsos emocionales, pero encuentran la manera de controlarlos y canalizarlos en forma útil.

¿Por qué es tan importante el autocontrol? En primer lugar, la persona que está en control de sus sentimientos e impulsos es razonable y capaz de crear un ambiente de confianza y equidad. Segundo, quien logra dominar sus emociones puede manejar los cambios.

Muchas de las cosas negativas suceden por falta de autocontrol. (De hecho, en varios de los capítulos del presente trabajo los comportamientos impulsivos son los que llevan a los individuos a crearse problemas.) Las señales del autocontrol emocional son claras: propensión a la reflexión y al pensamiento, conformidad con la ambigüedad y el cambio, integridad y habilidad para decir no a los instintos impulsivos.

A menudo el autocontrol no se recompensa. Muchas veces, una persona que puede dominar sus emociones es tachada de fría y falta de pasión. En cambio, las explosiones de aquella con temperamento vehemente se consideran como signos de carisma y de poder.

La impulsividad funciona en contra. En mis investigaciones, las demostraciones extremas de emociones negativas nunca han surgido como motor para un buen liderazgo.

EN EL TINTERO

Son interesantes los conceptos y definiciones que Goleman plantea sobre la importancia de conocernos a nosotros mismos y no tener miedo de explorar los aspectos negativos o positivos de nuestra persona. Saber sobre nosotros nos conduce a tomar mejores decisiones, a conocer nuestros límites y las áreas en donde manifestamos lo mejor y lo peor de nosotros; no sorprendernos de nosotros mismos nos alienta a que todo aquello que se presente en el camino no sea motivo de sorpresa. Tener un proceso reflexivo ante las eventualidades o sucesos de vida nos permite comprender mejor por qué sucede lo que sucede.

Con respecto al autocontrol, me parece que es justo uno de los asuntos que nos fallan en el ámbito educativo. Controlamos lo que no deberíamos, como no llorar o no gritar, cuando en el desahogo de esa expresión está el autoconocimiento. Es decir, es en esa habilidad en la que se logra controlar las emociones y no explotar sin juicio. Decirnos "no llores o no grites" significa "guarda y no te expreses"; así, poco a poco, nos convertimos en una olla exprés que un día de éstos seguramente reventará.

Regular nuestras emociones y aprender sobre lo que son y cómo se sienten nos llevará por mejor camino. El autocontrol es una habilidad que requiere entrenamiento y a fuerza de repetición se logra dominar.

Con su aportación a este trabajo, Goleman nos brinda herramientas importantes para trabajar en nosotros mismos y lograr que el péndulo de las emociones se agite menos y permanezca en su centro.

16. ¿Con qué te quedas?

Diez meses después...

Ella se recordó con lágrimas durante innumerables noches en silencio, a oscuras, con un gran vacío, con una profunda desolación, sin rumbo, sola. Al empezar el día se ponía una máscara para no morir de tristeza, se arreglaba y salía a trabajar. La demanda impuesta por sus labores cotidianas la alejaba de esas noches de insomnio, como si hiciera una pausa en el tiempo. Pero el sufrimiento regresaba.

La frase "¡ya no te quiero!" retumbaba en su mente, en sus entrañas. Sentía abandono, coraje y un gran miedo. El ánimo externo inyectado por quienes la querían parecía disolverse porque no le encontraba sentido a lo que sucedía. Así transcurrió mucho tiempo, así pasó muchas noches. Lloraba con el agua de la regadera, parecía que arrastraba el cuerpo... Un día, frente al espejo, vio lo mal que se veía; el tiempo de sufrimiento ya le había pasado la factura.

Sin dejar de observar su imagen, recordó todo lo que había pasado por su piel y se abrazó. No había alguien más a quién abrazar... El instinto la hizo, sin darse cuenta, enredarse entre sus propios brazos y así se quedó un largo rato sentada en una esquina del baño, llorando como si sus ojos fueran un mar al que no se le acababan las gotas. ¿Cuánto tiempo pasó así? No importaba, estaba con ella sintiendo su cuerpo y las heridas profundas por todos lados. ¡Qué dolor! Le faltaba el aire, pero no se soltaba. Nada tenía que ver lo de afuera: su familia, sus amigos, su trabajo, ni siquiera el pasado, porque en aquel instante algo se había hecho presente...

Era ella abrazándose sin soltarse, rescatándose a sí misma del hoyo tan profundo en el que se había permitido estar por años. Poco a poco la frase lapidaria "ya no te quiero" dejó de causar el efecto de abandono, mientras ella persistía en el abrazo. De pronto comenzó a sentir tranquilidad. Con la mente en blanco, con dolor en todo el cuerpo, se percató de que las lágrimas afloraban más despacio y empezó a apretarse menos en ese abrazo. Se sentía rendida, agotada, triste, sin fuerza física...

A partir de ese momento, todas las noches se abrazó al dormir y sus "sueños" comenzaron a mejorar, a ser reparadores, a encontrar rumbo y entendimiento para lograr volver a andar y confiar...

El abandono al que ella le tenía miedo empezaba a perder sentido.

EN EL TINTERO

Guardar el sufrimiento, no afrontarlo, es injusto para ti, no lo mereces. Sacar las cosas a la luz, observar, compartir, reflexionar o cuestionarte las experiencias que han marcado tu vida te hará crecer internamente. ¡Ya es tiempo!

No tengas miedo, confía en ti, escucha tu voz interna, esa que no se equivoca, que te susurra verdades que aparentemente no te conviene escuchar... entiende que al final, si no las escuchas, la única persona que se engaña ¡eres tú!

En el reflejo de historias tan valientes como la tuya, te invito a abrir tus cajones, a sacar las vivencias, a reconciliarte contigo y con las oportunidades de vida que al fin y al cabo son valiosas.

Nadie te hará salir de esas zonas oscuras que te entristecen, que te enojan, que te hacen rebelarte, que te duelen, porque sólo tú puedes afrontar con valentía y dignidad todo aquello que te has permitido vivir.

Que esos instantes en que te descubres diciendo ¡no la vi venir! sean una pausa para resguardarte, hablar contigo con sinceridad y preguntarte por qué decidiste vivirlo. Cuando logres encontrar esas respuestas la vida te sonreirá, te reconciliarás contigo y te sentirás más en contacto con quien eres. Estas revolcadas te invitan a conocerte internamente, saber hasta dónde eres capaz de llegar, de entregar, de mimetizarte con lo que no te gusta para ser aceptada y querida como persona.

Como dice la psicoanalista Alexis Schreck: "Cada quien elige el tamaño de la cebolla con la que va a llorar", y yo agregaría: importa mucho el tiempo que te dediques a picarla. Hay procesos que deseamos que sean eternos y que llevamos como un lastre, llorando por las esquinas del interior de nuestro ser. No te enfermes por tus propias decisiones, dale un lugar a tus errores, no te regales esos tiempos perdidos, mal gastados. Lo que decidiste ya lo hiciste, no lo guardes, digiérelo; pero después, a lo que sigue, porque la vida está llena de gratas sorpresas, de plenitud y felicidad, si son éstas con las que quieres vincularte.

Dejar de sentir culpa es un paso gigantesco para cada persona. Es clave aceptar tus propias decisiones, no recriminarte, no tirarte para que te levanten con espátula, eso se llama autoflagelarse. Pica la cebolla del tamaño que elegiste en el tiempo que desees, pero ¡no te tardes! porque la vida se va en un tronar de dedos, y entonces ya no hay más posibilidades.

El propósito fundamental de nuestra vida debiera ser buscar la felicidad constante, no la momentánea, que es la que llega a través de un logro o un buen momento, para luego pasar y dejar de sentirse días después. Me refiero a la que construimos con base en el entrenamiento de sabernos, cada instante, agradecidos y positivos con el objetivo de encontrar lo mejor de lo que está sucediendo.

Felicidad en inglés es *happiness,* derivación de la palabra islandesa *happ,* que significa "suerte" o "azar". De tal modo, parece que desde su origen dejamos a la casualidad y a un poder superior la posibilidad de ser felices, y esto me parece muy alejado del camino de responsabilizarnos de nosotros mismos. Es necesario eliminar de manera gradual los factores que nos llevan al sufrimiento mediante el ejercicio de insistir en los que nos hacen sentir bien y, como consecuencia, ser aptos para desarrollar bienestar que nos lleve al estado de felicidad que esperamos.

Al sufrimiento hay que darle un fin; es decir, es válido encontrarle un sentido para que logremos regresar a los principios de la felicidad, pero si seguimos revolcándonos en sus redes ahí nos quedaremos atrapados hasta que nos enferme, nos debilite, nos reste la capacidad de pensar y de sentir. Hagamos el ejercicio de preguntarnos: ¿cuánto del sufrimiento que vivimos cotidianamente tiene un fin? Lo que nos enoja, nos pone de mal humor, nos irrita, nos mantiene en niveles próximos a la depresión, nos inmoviliza, nos hace sonreír menos, aburrirnos de la vida y dejar de ver lo positivo... ¡todo se traduce en formas de alimentar el sufrimiento! Por supuesto que vamos a sufrir por la pérdida de un ser querido, de un amor... no obstante, vale la pena darnos cuenta y cuestionarnos acerca de cuáles son las causas que lo ameritan y no convertir ese estado en una constante de la que ya no podamos salir.

Sufrir en la vida es humano, incluso necesario, pero debemos desarrollar tolerancia a la frustración cuando algo no sucede como esperamos, y el tema es cómo vamos a transformar esa experiencia en algo que nos alimente de valor, voluntad y crecimiento para ser mejores personas.

Si el sufrimiento forma parte de nuestra vida, entonces ¡hay que aceptarlo! Situarlo, reconocerlo, detenernos, verlo y empezar a hacer conciencia, a saber qué lo provoca. Comparto un ejemplo que me parece que ayuda a profundizar en este asunto. Durante unos años tomé un medicamento antidepresivo y cuando quise suspenderlo sentí que me moría, como si toda posibilidad de esperanza y bienestar estuviera depositada en una pastilla. En terapia, me di cuenta de que lo que me hacía sufrir mucho era el abandono de las personas. En mí, ese asunto era un botón lo suficientemente poderoso para hacerme sentir muy mal. Ya que acepté esta situación, identifiqué mi vulnerabilidad frente a ella y empecé a mejorar hasta llegar a vivir con bienestar, con menos angustia de sentirme expuesta a que el otro se fuera, me dejara o desertara de la vida a mi lado. El camino de todo este trabajo es largo de contar, no lo recorrí de la noche a la mañana, requirió de mi parte tolerar la frustración que implicaba y recuperarme poco a poco. Sentía miedo de que la otra persona se fuera porque no me tenía a mí misma y parecía que con él o ella se me iba la vida... ¡pues claro! ¿Cómo no? Todo lo depositaba en el de enfrente, no en mí, y cuando se iba me quedaba vacía, ya que en mí no había ningún tipo de trabajo interno que sustentara esas carencias propias.

En algunas corrientes de pensamiento el dominar esto se conoce como madurez, pero yo le llamo enfrentar nuestros monstruos y despojarlos gradualmente del poder que les otorgamos para que hagan con nosotros lo que quieran. Nosotros mandamos, no ellos. Cuando los descubrimos, los enfrentamos, los conocemos, les restamos fuerza y luego ¡ya no asustan tanto!

Este ejemplo me hace reflexionar en si hemos desarrollado o no nuestro sentido de tolerancia a la frustración. ¿Estamos realmente preparados para evitar que el sufrimiento nos consuma y sea el que dirija el camino de nuestra vida? ¿Es la frustración algo que podemos manejar con calma y dejar que nos invada para después aceptarla?

Siendo mujer, el hecho de estar rodeada de muchas más y expuesta ante un público femenino, además de las observaciones que he realizado por muchos años en distintos foros, me han permitido concluir que las mujeres nos alejamos mucho de la posibilidad de conocer la verdadera fuente de nuestro sufrimiento. Le tenemos miedo, hacemos como que no pasa nada y vivimos mucho en función de los demás y de lo que hemos desarrollado en entendidos colectivos, a través de los cuentos, de las historias románticas, del imaginario; así, pese a desconocer su origen, nos entregamos de lleno a la cultura del sufrimiento. Para lograr vivir algo bueno tenemos que pagar con lágrimas en el camino.

La creencia de que alguien va a llegar a salvarnos y a resolver nuestro estado de ánimo, de que lo que tenemos no es suficiente —¡nos falta más!— y que lograrlo depende de otro, es una constante que se repite en miles de mujeres, sobre todo las expuestas a las historias románticas que transmiten el mensaje de "yo no sirvo para nada y él de todas maneras me desea a su lado porque soy a través de él", las cuales crean situaciones patéticas.

Esperamos que sean los otros quienes actúen de forma positiva, en lugar de crear esa posibilidad. Que los otros nos quieran en lugar de querernos a nosotros mismos.

Llegar al estado de bienestar más cercano a la felicidad implica percibir por qué nos sucede lo que nos sucede o por qué tenemos lo que tenemos. *Enfrentar* es palabra clave para lograrlo. Planteo la posibilidad de mantener un estado mental pacífico que poco a poco nos conduzca a tomar la decisión correcta que nos dará un ánimo permanente y no pasajero.

Dicen que la vida no es fácil, pero ¿cuán fácil la vivimos? Hay que aprender a entender que la violencia y la agresividad provienen de algún lugar que tiene que ver con algo que no se logra o con el aburrimiento, porque los momentos desagradables brotan cuando nos sentimos frustrados en nuestro esfuerzo por lograr amor y afecto.

En lo que se refiere al aburrimiento, Bertrand Russell lo consideraba como el mayor peligro para los seres humanos, aun antes de la escasez económica. Cuando dejamos de imaginar, de confiar, de crear, de pensar, y todo lo queremos resuelto, sin sufrimiento ni esfuerzo, el aburrimiento aparece como por arte de magia y su fiel compañera es la conocida depresión.

Hoy se ha estudiado a fondo nuestro cerebro y, en materia de información sobre los sentimientos y demás, se han hecho grandes descubrimientos. Por ejemplo, se sabe que los sentimientos positivos se experimentan en el lado izquierdo del cerebro, situado atrás de la frente, y las personas se sienten deprimidas si esa parte del cerebro no responde.

Por el contrario, los sentimientos negativos están conectados con el lado derecho del cerebro y basta "alimentar" esta parte para que no se generen los químicos necesarios para lograr mantenernos en equilibrio emocional. En *Un mundo feliz*, de Aldous Huxley, los personajes de la novela tomaban "soma" para sentirse mejor... Mi pregunta sería: ¿habrá en algún momento la posibilidad de que la "máquina imaginaria de la felicidad" del doctor Nozick exista?

Reflexiona sobre esta escena: ¿enchufarnos a un aparato porque por voluntad propia no logramos sentirnos bien, felices, plenos, y depender así de las dosis, el tiempo y los botones que apretemos para lograrlo, como en la novela? ¡Qué fácil pero qué triste sería la vía para ser feliz! Volveríamos al círculo vicioso de depositar en el exterior nuestra responsabilidad de serlo.

Pienso que muchas cualidades se pueden desarrollar a medida que nos demos cuenta de lo significativamente positivas que son para nosotros la cordialidad, la empatía, la afabilidad, la generosidad, hasta la compasión. Lograrlo permitiría que diéramos pasos significativos para que nuestra vida transcurra en paz, más feliz, con voluntad, buen ánimo, con sentimientos positivos. Los beneficiados no sólo seríamos nosotros mismos, sino todo aquel que nos rodea.

Así como la doctora Schreck decía que uno elige el tamaño de la cebolla... así también una cantante española me comentó, de manera simple: "Fernanda, uno debe entender que el justo tiempo para el sufrimiento dura hasta que empiezas a invadir el espacio de la gente que quieres". Es decir, cuando empezamos ya no sólo a lastimarnos, sino a lastimar a los demás —que nada nos han hecho— porque decidimos seguir sufriendo por nuestra falta de responsabilidad de "sacarnos adelante", ¡ya perdimos!

La invitación es a dejar de actuar por actuar, como si estuviéramos ya conectados a una máquina que nos pasa corriente para iniciar el día y disfrutarlo. A conseguir que nuestro tiempo, nuestros días y nuestra vida sean más significativos. A pensar, desechar, meditar qué sí hacemos y decidimos a nuestro favor, y qué hacemos y decidimos en contra. A reordenar, reinventarnos desde las preguntas: ¿esto me hace bien? ¿Qué factura me pasará la vida si decido estar donde sufro?... A identificar dónde habrá que ver al sufrimiento como un enemigo, como un estado antinatural. No aprovechar esta maravillosa posibilidad que es la vida sino adentrarnos en lo negativo de la misma es quitarnos el aire, ahorcarnos, suicidarnos lentamente.

La infelicidad consiste en sentirnos aprisionados en nuestra piel y en nuestro cerebro, en hablar de lo mismo, en contar la misma historia dolorosa una y otra vez como si ésa fuera la única forma de llamar la atención y empatar con la mirada del otro, del oyente, quien creemos que sólo así nos va a abrazar, a cuidar y a lamer nuestras heridas. Así contado, ¡suena patético!

Hay que trabajar en tener la mente más flexible para ver los problemas desde diferentes ángulos, y tomarnos el tiempo para modificar los comportamientos que nos hacen caer una y otra vez en historias similares que lastiman.

Es cierto que con una pastilla antidepresiva, cocaína o heroína segregamos serotonina y todas las "inas" que necesita nuestro cerebro para sentir placer... pero esto también se logra a través del ejercicio, de reírnos más, de albergar pensamientos positivos, de mantener la visión de agradecimiento frente a la vida, y de muchas formas más que son sanas y nos hacen sentir bien. Entonces, ¿en qué invertimos? ¿En el enojo, en el rencor, en la envidia, en la intolerancia, en la crítica, en usar a los demás, en vivir en un ambiente tenso, estresante, frenético...? Invertir en nosotros es parte de lo que deseo que obtengamos como resultado de la lectura de estas páginas.

Tal vez en muchos casos invertimos en la desestabilidad, en quien nos provoca inseguridad y falta de autoestima. Porque no hemos generado antes en nosotros seguridad y autoestima de manera individual es que nos relacionamos con las personas que van a tocar nuestro talón de Aquiles, lo no resuelto, lo que nos hace llorar, las heridas, las huellas. No está en el otro resolverlo, a cada uno de nosotros corresponde curar nuestras heridas con amor propio, con seguridad, con el tiempo que sea necesario ¡para que cicatricen y ya no sangren al paso de quien sea!

Es posible que muchas de las personas que ahora leen estas páginas hayan asistido a alguna de las conferencias que imparto. En una en especial hago un ejercicio en el cual pido a los asistentes que cierren los ojos, recuerden el momento más feliz de su vida y pongan en pausa esa imagen... Cuando les pido a algunos que narren con brevedad ese instante feliz de su vida, ¡95%! de ellos responde: "Cuando me casé, cuando nacieron mis hijos, cuando viajamos en familia". Son muy pocos los que narran momentos en los que hayan sentido felicidad solos o solas frente a su propia responsabilidad. No hemos aprendido a proveernos de "nuestros" momentos de felicidad. Las estadísticas relacionadas con el tema indican que de 1950 a la fecha la gente no es más feliz, punto. Según lo detectado en mis conferencias, las personas son felices a través de alguien o algo.

Los seres humanos hemos conquistado el espacio exterior de manera constante, pero poco hemos logrado conquistar en nuestro interior. Dicen, y yo concuerdo con ello, que las mejores cosas de la vida son gratis. Pocas son las personas que en uno de estos ejercicios han referido momentos felices a solas; sin embargo, cuando lo hacen, los momentos son muy bellos: se recuerdan viendo un atardecer, llegando a un lugar donde deseaban estar desde hace mucho tiempo, subidas en un árbol cuando eran niñas, en una carretera, respirando tranquilidad después de que todos en casa se han ido... Todos son ejemplos que marcan un inicio de verse viviendo felices consigo mismas y de gozar la sencillez de lo que significa. ¡Qué bueno que existan momentos compartidos de felicidad!, pero es importante que ésta sea tanto hacia afuera como hacia nosotros mismos. No hay que olvidarnos de hacer lo que nos gusta, de alimentarnos y nutrirnos individualmente. Como diría Ortega y Gasset en su ensayo sobre el amor —y con mis palabras—, no olvidemos la importancia de preparar el terreno con nosotros mismos para lograr amar, estar listos para el amor, fertilizarnos a través de vivencias propias que nos alimenten, que nos gusten, que nos motiven para después permitir que alguien llegue a nuestra vida a continuar el camino del crecimiento amoroso.

¿Quién vive bien pensándose pequeño, poca cosa, amargado, miedoso? Eso suele deberse a que depositamos en alguien más la responsabilidad de hacer con nosotros lo que se le dé la gana, porque, además, en forma macabra, esa persona disfruta al ver pequeño al otro, bajo el yugo de su poder y sometido a sus caprichos o deseos. Ese otro tendrá que fertilizarse, regalarse bondad, momentos únicos y propios que le permitirán recuperar el valor de su presencia, reencontrarse por la vía de regalar a su persona lo que realmente le gusta disfrutar.

Quienes viven de los demás, de las historias, la risa, el humor y el entorno del otro, andan por la vida como rémoras comiendo de lo que hay en la ballena y de las sobras que se desprendan. Y se desdibujan, se pierden, se mimetizan, copian, dependen, se olvidan de fertilizarse en el terreno del cuidado y amor propios.

En los últimos años —y aunque parezca ciencia ficción no lo es— los seres humanos nos encontramos en el camino de acabar con la escasez material, pero no hemos dejado de verla venir interiormente. Vivimos de manera más funcional, más práctica, más comunicada, y, sin embargo, hay más depresión, más suicidios, más abandonos, más maltrato, más enfermedades, más soledad... Entiendo que el número de habitantes del planeta crece y eso hace que aumenten las estadísticas de la población, pero basta ver nuestro entorno inmediato para darnos cuenta de que lo importante no es sólo la cantidad sino la calidad de las relaciones humanas. Hoy podríamos cuestionar a Jeremy Bentham, filósofo de la Ilustración, quien en el siglo XVIII sostenía que la mejor sociedad era aquella en la que los ciudadanos eran más felices; entonces, ¿qué hemos hecho mal para no ser más felices?

En este epílogo podemos reflexionar sobre cuándo no ser feliz ha sido nuestra responsabilidad y en cuántas ocasiones, que suelen ser las menos, no lo es. Espero que este trabajo deje una semilla para quien desee ver las cosas desde una óptica distinta de la cultura del sufrimiento que está latente en nuestra sociedad, y para quien desee vivir mejor sin echar culpas ya al vacío ajeno. En todo caso, si hay culpas que achacar, la más grande debemos sentirla con nosotros mismos por no tomarnos en cuenta; por ceder ante los demás en contra de nuestras ganas internas; por no escucharnos; por no sentir lo que nuestro cuerpo quiere decir; por permitir la incomodidad a costa de lo que sea; por dormir mal; por llorar tanto; por depositar en otro nuestra dignidad; por regalar nuestro tiempo en espera de una caricia, de un "te quiero", de una mirada; por ser indiferentes ante nosotros mismos y darle paso a gente extraña que no merece algo de uno...

¿Dónde nos quedamos en el camino? Nos abandonamos tiempo atrás por cumplir, por estar, por pertenecer. Todas las historias que contiene ¡No la vi venir! me estrujan el corazón. Hay que intentar evitar esa expresión que ponemos cuando la vida nos toma por sorpresa y algo duele.

Nadie ni nada es más importante que tú, y tu estar y sentirte bien en esta vida. ¡No te olvides de ti!

Rendirte ante tus heridas más profundas, abrazarlas, cuidarlas, sanarlas y no soltarte, te hará descubrir que hay algo en ti, muy profundo, que acaba por rescatarte para encontrar y reconocer tu valor.

La vida es una forma de ser y estar única e irrepetible. Y, en ese trayecto, aprender a tenernos a nosotros mismos es sabio.

Datos biográficos

Jorge Bucay

Terapeuta gestáltico y escritor argentino nacido en 1949. Algunos de sus libros son: *Cartas para Claudia, Déjame que te cuente, Cuentos para pensar, Amarse con los ojos abiertos, Recuentos para Demián, De la autoestima al egoísmo, El candidato (novela).* Su serie "Hojas de ruta" consta de: *El camino de la autodependencia, El camino del encuentro, El camino de las lágrimas* y *El camino de la felicidad.*

En sus libros, Bucay ofrece herramientas terapéuticas al lector; cuenta, describe, narra, analiza, cuestiona… Pareciera que no le habla de manera personal, pero sus narraciones terminan siendo un diálogo constante, frontal, una guía clara hacia el reencuentro con uno mismo. Sus cuentos son el interlocutor ideal para llegarle a quien los lee a la médula con historias simples, sencillas, que lo enganchan —sin soltarlo— y reflejan los aparentes dramas de la vida cotidiana, pero que tienen solución cuando los hacemos conscientes. Bucay usa un lenguaje claro, comprensible, muy digerible; lleva de la mano y recuerda al lector a cada momento: "voltea a verte, escúchate, conócete… sé responsable de quién eres".

Jorge Bucay no escribe libros, escribe diagnósticos y sus recetas médicas; escribe juicios con sus sentencias; escribe informes y sus dictámenes… No escribe "Los diez pasos para…", escribe cómo aprender a caminar y conocer el camino.

Sus libros develan la pluma de un experto en "ser humano", no sólo por serlo, sino por ser un hombre que comprende la naturaleza en su totalidad: sus pulsiones, arrebatos, miedos, pasiones, ilusiones… en fin, todo lo que somos, lo que escondemos, lo que rechazamos, lo que olvidamos, lo que queremos ser. Y nos guía en el camino paso a paso. Nos desafía permanentemente en esta tarea, nada cómoda, de ser distintos, de buscar la mejor versión de nosotros mismos, por dolorosa que sea.

El doctor Jorge Bucay no realiza tareas asistenciales. Su actividad profesional se centra en acompañar a sus libros y en su tarea como editor de la revista de psicología positiva *Mente Sana*. Es también columnista de la revista *FERNANDA*, editada por Grupo Medios.

Contacto:

www.mentesana.es

www.bucay.com

Pedro Ferriz de Con

Nacido en 1950, es ingeniero civil, egresado de la Universidad Iberoamericana, y cursó la maestría en matemáticas aplicadas en el Fleming College de Lugano, Suiza.

Muchos han sido los medios de comunicación en donde se ha desempeñado, sobre todo en la radio y en la mayoría de los canales de televisión abierta y cerrada. En ellos ha proyectado el perfil de los principales personajes de nuestro tiempo, intercambiando conceptos con presidentes y primeros ministros de diversos países, empresarios, así como líderes políticos, religiosos y sociales. Dialoga constantemente con la juventud, con los sectores ofendidos y agraciados, con los dueños de las ideas y la ciencia. Busca a los inquietos y a todos, menos a los mediocres y conformistas.

A partir de enero de 2000 es conductor de la primera emisión de Imagen Informativa, en el 90.5 de FM, en la capital de la República Mexicana y su red de estaciones en las principales ciudades.

Reconocido conferencista tanto dentro como fuera del país, vive a lo largo de su carrera periodística los cambios fundamentales que hacen —en México— la diferencia entre la mordaza y la libertad.

La oportunidad que ofrece este tiempo en su desempeño profesional marca una relación muy estrecha con su auditorio, que espera de sus comunicadores investigación, comentario y compromiso. Su estilo es cercano y agresivo, directo e identificado con las causas de la sociedad actual, bajo la premisa de que comunicar en este país no significa sólo hablar con la capital de la República Mexicana.

Las ideas de descentralizar, abrir los contactos con todas las corrientes políticas, separarse del poder y reclamar los sentimientos de quien ve o escucha en los medios masivos de comunicación han movido no sólo su carrera periodística, sino su misión en la vida. Hoy, cuando después de toda nuestra historia contemporánea llegamos a acariciar la democracia, Pedro Ferriz de Con se siente orgulloso de haber motivado a muchas generaciones de mexicanos hacia los cambios necesarios, la idea de movimiento, la participación y la exigencia por la rendición de cuentas. Premisas de honestidad, valor y una declaratoria de guerra contra la corrupción, la negligencia y la pobreza, animan su trabajo cotidiano.

Pedro Ferriz de Con se convierte en el primer comunicador en participar del lado de la empresa como concesionario de medios de comunicación, reto que marca un parteaguas en la trayectoria de los comentaristas de este país y de muchos otros. Su más grande anhelo profesional se cumple cuando liga a Imagen Telecomunicaciones con uno de los consorcios más reconocidos de América Latina, el Grupo Empresarial Ángeles, lo que le da al medio una proyección y un peso que le hará crecer hasta donde alcance la imaginación.

Buscador de talentos, armador de equipos de información, hoy tiene un reto: "lograr para México un marco de justicia para todos... y para cada mexicano, una oportunidad en la vida".

Contacto:

pedro@gimm.com.mx

twitter: @PedroFerriz

Daniel Goleman

Nacido en 1946, es psicólogo, escritor y autor de *Inteligencia emocional*. Ha transformado la manera en que el mundo (la familia, los amigos, los maestros y las instituciones) educa a los niños, así como el ámbito de los negocios.

La *Harvard Business Review* llamó a la inteligencia emocional —que descarta el CI como la única medida de la inteligencia— "una idea revolucionaria, un paradigma demoledor". Desde su lanzamiento, *Inteligencia emocional* ha sido un gran éxito en todo el mundo. Nombrado uno de los veinticinco "libros de gestión de negocios más influyentes", por la revista *Time,* se ha traducido a treinta idiomas, con más de cinco millones de copias impresas.

En su siguiente bestseller, *Working With Emotional Intelligence,* analizó la inteligencia emocional en el lugar de trabajo, destacando su gran importancia para lograr el éxito en cualquier entorno profesional. *Primal Leadership: Learning to Lead with Emotional Intelligence* (coescrito con Richard Boyatzis y Annie McKee) dio a conocer nuevas evidencias científicas de que las competencias emocionales del líder tienen un enorme efecto en el desempeño del grupo y la base de la organización.

En 2008, *The Wall Street Journal* incluyó al doctor Goleman en su clasificación *top 10* de los pensadores de negocios influyentes. En 2002 fue nombrado uno de los diez principales intelectuales de negocios por el Accenture Institute for Strategic Change. Reportero en el área de la ciencia del comportamiento y el cerebro para el *New York Times* durante doce años y dos veces nominado para el Premio Pulitzer, fue galardonado por la American Psychological Association con el Lifetime Achievement Award. También fue nombrado en el Thinkers50 de 2011, un listado definitivo de los pensadores del mundo de negocios más importantes.

El doctor Goleman está expandiendo su artículo "¿Qué hace un líder?", publicado en la reedición más solicitada en la historia de la *Harvard Business Review,* para publicar un libro con el mismo título, el cual saldrá a la luz en 2012.

Contacto:

http://danielgoleman.info

contact@danielgoleman.info

info@danielgoleman.info

Speaking engagements (agencia de representación): info@roycecarlton.com

Emilia Kanan

La doctora Emilia Kanan Farca es psicoanalista didáctica y ex presidenta de la Sociedad Psicoanalítica de México, A. C. Es psicoanalista didáctica de la Asociación Psicoanalítica Internacional (IPA), de la Federación Psicoanalítica de América Latina (Fepal) y de la Confederation of Independent Psychoanalytic Societies (CIPS). Colabora como catedrática en la Sociedad de Psicoanálisis y Psicoterapia, y fue docente de la cátedra de psicopatología en la Universidad Iberoamericana.

Durante toda su trayectoria profesional ha incursionado en los medios de comunicación masiva con dos propósitos principales: educar en salud mental y difundir información acerca de las vicisitudes de la conducta humana y sus repercusiones en la calidad de la vida emocional de las personas. Con esta misma intención, ha participado de manera destacada en múltiples foros y congresos nacionales e internacionales.

La doctora Kanan vive en la ciudad de México y se dedica a la consulta privada con adolescentes, adultos y parejas.

Contacto:

Teléfono: 5596 9380

emiliakanan@hotmail.com

Raymundo Morado

A los dieciséis años ganó el Premio Nacional de Poesía del Injuve. Hizo su licenciatura en el Colegio de Filosofía de la UNAM, obtuvo maestrías en ciencias de la computación y filosofía, así como el doctorado en filosofía por la Universidad de Indiana en Bloomington. Fue acreedor al premio a la excelencia académica de la Escuela de Posgrado de la Universidad de Indiana.

Desde su regreso a México ha trabajado en el Instituto de Investigaciones Filosóficas de la UNAM, donde es investigador titular. Obtuvo el Reconocimiento Distinción Universidad Nacional para Jóvenes Académicos en el área de Docencia en Humanidades y fue Visiting Scholar tanto de la Escuela de Informática como del Departamento de Filosofía de la Universidad de Indiana en Bloomington.

En 1996 fundó el Taller de Didáctica de la Lógica (TDL), que se reúne dos veces al mes mediante videoconferencias interactivas transmitidas por internet. Sobre estos trabajos, compiló *La razón comunicada,* antología de materiales del TDL y el primer libro de este tipo en el mundo. En estos momentos, el TDL es el esfuerzo más permanente y estructurado en el mundo sobre didáctica de la lógica.

Ha impartido cursos y conferencias, entre otras, en la Universidad de Indiana, la UNAM, la Universidad Veracruzana, la Facultad de Humanidades de la Universidad Autónoma del Estado de México, la Universidad Juárez del Estado de Durango, el Instituto Tecnológico Autónomo de México, el Tribunal Federal de Justicia Fiscal y Administrativa, el Instituto Federal Electoral, la División de Posgrado de la Escuela Libre de Derecho en Puebla, la Universidad Andrés Bello de Venezuela y el Kazakhstan Institute of Management, Economics and Strategic Research (KIMEP) en Almaty, Kazajstán.

Desde la década de 1980 ha publicado más de sesenta trabajos sobre filosofía de la lógica, especialmente en el área de lógicas no deductivas.

Fue catedrático fundador del doctorado en finanzas públicas de la Universidad Veracruzana y fundador de *Modus Ponens: Boletín Mexicano de Lógica*. Ha organizado reuniones académicas y congresos internacionales, y fue el primer coordinador del diplomado en Lógica del Instituto de Investigaciones Filosóficas; el primer presidente de la Academia Mexicana de Lógica; el primer coordinador del Consejo Consultivo Mexicano de la Filosofía, y presidente de la Asociación Filosófica de México.

Contacto:

morado@unam.mx

http://www.filosoficas.unam.mx/~morado/home.html

Sandra Schaffer

Nació en 1956 en la ciudad de México.

Realizó sus estudios de licenciatura y maestría en la Universidad de las Américas. Posteriormente estudió una especialidad en terapia narrativa para niños, adolescentes y adultos, así como la especialidad en neurociencias y su aplicación al *biofeedback* y el *neurofeedback*.

Ha participado como ponente en distintos congresos de *neurofeedback* y déficit de atención.

Ha llevado a cabo por dos años consecutivos un proyecto con el Instituto de Asistencia e Integración Social (Iasis) en el albergue para adolescentes de Coruña, proporcionándoles terapia de *neurofeedback* y terapia emocional con el fin de integrarlos a sus estudios y que consigan un empleo.

En la actualidad dirige un proyecto de investigación sobre déficit de atención y atención terapéutica con la Fundación Aldeas S.O.S. De manera continua imparte talleres sobre disciplina y límites, pruebas neuropsicopedagógicas, así como un taller teórico-práctico sobre el tratamiento de *neurofeeback*.

Es directora del Centro Psicoaprende, centro integral de diagnóstico y tratamiento para niños, adolescentes y adultos con problemas de aprendizaje, de lenguaje, cognitivos, de conducta y neurológicos. Asimismo, es presidenta de la Fundación de Neurociencias para el Desarrollo Integral del Individuo, A. C., cuyo objetivo es orientar y ayudar a niños, adolescentes y adultos de escasos recursos con problemas neurológicos, emocionales, cognitivos, de aprendizaje y de lenguaje.

Contacto:

www.psicoaprende.com

schaffer_sandra@yahoo.com

psicoaprende@yahoo.com.mx

Teléfonos: 5589 2731 y 5294 5220

Facebook: Psicoaprende

Índice onomástico

No la vi venir, de Fernanda Familiar
se terminó de imprimir en enero de 2013
en Quad/Graphics Querétaro, S. A. de C. V.,
Fracc. Agro Industrial La Cruz El Marqués
Querétaro, México.